新世纪高等学校教材

体育学基础课系列教材

毛振明　甄志平◎主　编

体育管理学

肖林鹏◎主　编

北京师范大学出版集团
BEIJING NORMAL UNIVERSITY PUBLISHING GROUP
北京师范大学出版社

图书在版编目（CIP）数据

体育管理学/肖林鹏主编. —北京：北京师范大学出版社，
2011.1（2017.1重印）

新世纪高等学校教材. 体育学基础课系列教材
ISBN 978-7-303-11710-9

Ⅰ. 体… Ⅱ. 肖…… Ⅲ. ①体育-管理学-高等学校-教材
Ⅳ. ①G80-05

中国版本图书馆 CIP 数据核字（2010）第 208547 号

营 销 中 心 电 话	010-58802181　58808006
北师大出版社高等教育分社网	http://gaojiao.bnup.com.cn
电 子 信 箱	beishida168@126.com

出版发行：北京师范大学出版社　www.bnup.com
　　　　　北京新街口外大街 19 号
　　　　　邮政编码：100875
印　　刷：北京中印联印务有限公司
经　　销：全国新华书店
开　　本：730 mm×980 mm　1/16
印　　张：18.5
字　　数：320千字
版　　次：2011 年 1 月第 1 版
印　　次：2017 年 1 月第 2 次印刷
定　　价：28.00 元

策划编辑：饶　涛　祁传华	责任编辑：祁传华
美术编辑：毛　佳	装帧设计：毛　佳
责任校对：李　菡	责任印制：陈　涛

编 委 会

主　　编：肖林鹏

编　　者：(按撰写章节顺序排列)

肖林鹏　杨晓晨　魏　来　郇昌店

卿　平　侯　斌　刘海元　靳厚忠

李豪杰　苗治文　张春萍　唐建军

张文健　甄志平　陈锡尧

前　言

　　当前，我国体育管理学学科体系初步形成，并已为我国孕育培养了大批高层次体育管理人才。随着体育管理实践的日益丰富与复杂，对体育管理学科建设提出了新的要求。如何进一步探寻整理体育管理的基本规律，形成适合我国特色的体育管理学学科体系已成为广大体育管理界同仁的共识。体育管理学教材是体育管理学科的重要载体，基于此，在宏观把握我国体育管理学实际的基础上，参照我国体育管理学教学培养目标及学生实际发展需求等，我们编写了这本体育管理学教材。

　　本书力图理论结合实际，博采众长为我所用，充分吸收国内外体育管理实践的成功经验和最新的研究成果，在理论和框架上力图有所突破和创新，以形成一部探讨体育管理学共性问题为主的教材。为进一步突出管理的特色，同时也避免和国内同类教材重复，本书在内容体例设计上力图简洁、明朗，基本遵循是什么（概念）、管什么（内容）、怎么管（方式）的范式进行编排。在编写中既充分考虑体育管理学的教学需要和实际情况，同时又兼顾学科前沿，强调学术性、丰富性和实用性的综合。

　　全书由肖林鹏负责大纲制定、串编与统稿。本书编者具体分工情况如下：肖林鹏教授（天津体育学院社会体育与管理系）负责第一章、第二章第一节、第六章第一节、第七章（合写）；杨晓晨讲师（天津体育学院学报编辑部）负责第二章第二、三节；魏来博士（国家体育总局人力资源开发中心）负责第二章第四节；郇昌店讲师（天津体育学院社会体育与管理系）负责第二章第五、六节；卿平副教授（成都体育学院经济管理系）负责第三章；侯斌教授（华中师范大学体育学院）负责

第四章；刘海元博士(教育部体艺卫司体育处)负责第五章；靳厚忠博士(中央财经大学体育经济与管理学院)负责第六章第二节；李豪杰博士(广州体育职业技术学院)负责第六章第三节；苗治文博士(辽宁师范大学体育学院)负责第六章第四节；张春萍博士(北京体育大学管理学院)负责第七章第一节(合写)；唐建军教授(北京体育大学运动训练系)负责第七章第二节(合写)；张文健教授(温州大学体育学院)负责第八章第一节；甄志平博士(北京师范大学体育学院)负责第八章第二节；陈锡尧教授(上海体育学院经管学院)负责第八章第三节。

本书得到北京体育大学秦椿林教授、武汉体育学院孙汉超教授、天津体育学院李宗浩教授的悉心指导与帮助，以上专家对本书提出了许多宝贵意见与建议，在此谨致谢忱！

北美体育管理学会(NAASM)主席、俄亥俄大学商学院李明教授为本书的英文词条进行了校正，并为本书提供了相关国外数据及材料，在此深表感谢！

本书参考了国内外同仁的大量研究成果，在成果引用过程中难免挂一漏万，有所疏漏，欢迎批评指出，以便再版时更正。

鉴于编者水平有限，加之体育管理学又是一门迅速发展的学科，书中难免有不妥或错讹之处，敬请读者不吝指教。

本书主编肖林鹏教授联系方式：linpengxiao@yahoo.com.cn

编写组
2010 年 8 月于天津

内容提要

　　全书共分八章，分别从体育管理的要素（体育人力资源、体育物力资源和体育财力资源）和具体体育管理实践领域（学校体育管理、社会体育管理、竞技体育管理和体育产业管理）两个维度重点对体育管理的基本内容、方法等进行了介绍。

　　第一章，现代体育管理导论，主要介绍了管理、体育以及体育管理学学科等概念性内容，本章内容旨在帮助读者了解体育管理学的基本特征及基本问题，理解体育与体育管理的基本关系，了解体育管理学的学科体系；第二章至第四章，分别从体育管理资源要素——人力资源、物力资源和财力资源角度，介绍这些资源要素体育管理的培育、开发、配置与利用等内容。第五章至第八章，按不同的领域分别介绍学校体育管理、社会体育管理、竞技体育管理和体育产业管理，内容主要涉及各管理实践领域的基本概念、管理体制、运行机制等问题，旨在使理论与实践的相关内容做到融会贯通。

　　全书参考借鉴了近几年来国内外体育管理学方面的有关著述，并力争做到博采众家之长，将各种不同的学术观点融为一体，力求为读者提供全面、系统的前沿知识。

　　该书适用于全国普通高等体育院校、高师体育院（系）研究生、本专科学生使用，亦可作为体育专业成教学员及体育干部培训教材，同时也可作为体育教师的教学以及体育行政管理人员的工作参考用书。

目 录

第一章 导 论

【内容提要】

管理是人类历史上极其重要的社会实践活动。体育管理是社会实践发展的产物。分析管理与体育管理的概念是研究现代体育管理的逻辑出发点。体育管理学科是随着管理科学、科学技术以及体育事业的迅速发展而逐步形成的。体育组织是体育管理活动的载体,体育管理活动均是在组织中发生发展并完成的。资源是人类社会赖以生存发展的物质基础,体育管理离不开资源,体育资源作用的发挥依赖于有效的培育、开发、配置与利用等环节。本章对体育管理与体育管理学、体育组织、体育资源等事关体育管理的基本问题进行了阐述。

【学习目标】

- 掌握体育管理、体育组织、体育资源的概念
- 掌握体育管理的系统
- 理解体育管理体制的类型
- 了解体育管理学的学科体系
- 明确体育组织的结构与设计
- 掌握体育资源整合的基本方式

第一节 体育管理学概述

管理是人类社会的重要实践活动之一。管理活动的载体是组织,管理活动的真谛在于通过一定方式整合资源,以实现组织的目标。管理系统一般包括管理主体、管理中介和管理客体三大部分。现代体育作为城市社会工业文明时代的大众文化,是在市场经济发展过程中,从社会下层以自下而上的方式自发地朝着覆盖全社会的方向发展、成长起来的。体育管理学是体育科学与管理科学的一门交叉性基础学科。

一、体育与管理

（一）什么是体育

直至近代以前，人类社会的体育还是以分散、自发、小规模的状态而存在的。近代以后，由于工业革命、生产的社会化、工业城市的兴起、人口的集中，造成人们对包括体育在内的各种需要的激增和增长。体育开始进入现代发展阶段，并日渐成为以集中、自觉、大规模状态存在为特征的"现代体育"。我们今日所闻、所见、所论的中国体育，从根本上说乃是 19 世纪末叶不断传入中国的西方体育与中国本土文化培育的那些可以称为体育的身体运动文化现象经过冲突和融合而发展起来的体育（袁旦，1998）。

辩证唯物主义把人的需要分为生存、享受和发展三个层次。现代社会生产的不断发展，在很大程度上已经可以满足人类的生存需要。人类还有相当多的物质能力，有充裕的闲暇时间来满足和丰富人类本身的精神、文化、娱乐和休闲等方面的生活需要。当人和社会的基础层次需要得到一定程度的满足后，必然要向更高层次的需要递进。体育即是属于人类为满足自身享受和发展需要而创造的一类实践，体育本质上乃是人们为娱乐享受和促进身心健全发展而创造的，人们以自觉意识支配下的身体运动作为主要手段，对自己的身心进行改造使之臻于完善的实践。"体育"自其产生后，一切时代体育的共同本质，是一切时代的体育之为体育的根据，所以是体育的最一般、最抽象的本质。一切时代所谓的"体育"，如果失去了这种本质规定性就不再是真正意义上的体育。而且这种本质是在个体的人这一层面上所论的体育的本质（袁旦，1998）。

本书采用袁旦教授的观点，认为体育（Sport）是指人们为满足娱乐享受和促进身心健全发展而创造的，以自觉意识支配的身体运动作为主要手段，对自己的身心进行改造并使之臻于完善的实践。

现代体育的飞速发展，客观上是社会以各种管理方式干预、利用、领导和组织体育的结果。现代体育发展的实践表明，体育不再像以往仅是少数"有闲人"享有的专利，而是一种几乎为所有社会成员所共同享有的东西。所以，现代体育在人们社会生活中已经成为一种经常的、普遍的、稳定的存在。正如物质生产领域中的情形，生产的社会化使管理在大生产中成为现代社会强大生产力中不容忽视的生产力要素，社会对体育的管理也成为现代社会发展体育的总体能力中占据重要地位的一种能力要素。因此，现代体育之所以在各国乃至全世界取得巨大发展，成为今天人类社会生活中规模最为巨大的一种文化现象，除了因为各国乃至世界经济、社会发展提供了可能性外，另一重要原因就是各国都对体育实施不同形式的管理，并在国际间形成巩固的联系，构成了相互联系的管理体制。可见，体育与管理的结合是现代体育得以发展壮大的重要因素。

(二)什么是管理

1. 管理概念在西方

管理自古有之，由于管理活动日趋复杂、管理环境和不同组织的管理目标千差万别，以及研究管理活动的诸多学者所处的文化背景、时间、立场和采用方法的不同，人类对管理的认识差异较大。正如黑格尔所说的那样：对于名词不断深入的定义过程就是概念的建立过程(徐子健，2008)。人们给管理下过许多不同的定义，不同的学者从不同的角度来解释管理，原因就在于它的内涵与外延随着社会的进步与发展而逐渐丰富与扩大。

西方科学管理之父泰勒(Frederick W. Taylor)认为："管理就是确切地了解你希望工人干些什么，然后设法使他们用最好、最节约的方法完成它。"在泰勒的眼里，管理就是指挥他人能用最好的工作方法去工作，所以他在其名著《科学管理原理》(1980)中就曾提出：第一，员工如何能寻找和掌握最好的工作方法以提高效率？第二，管理者如何激励员工努力地工作以获得最大的工作业绩？

行为科学的代表人物梅奥(Elton Mayo)认为，管理就是做人的工作，其主要内容先从研究人的心理、生理和社会环境的相互影响为中心，激励员工的行为动机，调动人的积极性。

诺贝尔经济学奖获得者西蒙(Herbert A. Simon)对管理的著名断语则是："管理就是决策。"在西蒙教授看来，管理者所做的一切工作归根结底是在面对现实与未来、面对环境与员工时不断地作出各种决策，使组织的一切都可以不断运行下去，直到获得满意的结果，实现令人满意的工作目标。

管理过程理论的代表人物孔茨(Harold Koontz)认为，"管理就是设计和保持一种良好的环境，使人在群体里高效率地完成既定目标"。它强调了管理的服务功能，说明管理是为有效地实现组织目标而服务的过程。

管理大师德鲁克(Peter F. Drucker)认为，管理就是界定企业的使命，并激励与组织人力资源去实现这个使命。界定使命是企业家的任务，而激励与组织人力资源是领导力的范畴，二者的结合就是管理。

唐纳利(James H. Donnelly)认为，管理就是由一个或者更多的人来协调他人的活动，以便收到个人单独活动所不能收到的效果而进行的活动。

雷恩(Daniel A. Wren)认为，管理就是发挥某些职能，以便有效地获取、分配和利用人的努力和物质资源，来实现某个目标。

穆尼（James D. Mooney）则更简洁地声明："管理就是领导。"

……

对管理的定义有重大影响的是法国人亨利·法约尔（Henri Fayol），自从其在《工业管理和一般管理》中提出管理就是实行计划、组织、指挥、协调和控制的解释后，这种管理概念就产生了一个世纪的影响。以法约尔（Henri Fayol）为代表的强调管理职能的学者们认为，管理就是通过别人来使事情做成的一种职能。强调从职能角度定义管理的学派尽管对职能内容的描述不尽相同，但就其管理的定义而言，均落在管理的职能上。针对这种缺陷，日本著名经营管理学者占部都美认为："法约尔关于管理的定义仅说出了管理是由计划、组织、指挥、协调和控制五项要素构成，而并未给管理确定统一的概念。"（占部都美，1984）乌尔里希则干脆认为，法约尔没有确立一定的决定什么是管理、什么是组织的准则（乌尔里希，1990）。

以"协调"视角认识管理的学者认为，管理就是由一个或多个人来协调他人的活动，以便收到个人单独活动所不能收到的效果。如美国学者西斯克（Henley L. Sisqo）认为："管理是通过计划工作、组织工作、领导工作和控制工作的诸过程来协调所有的资源，以便达到既定的目标。"上述这些观点特别注重指导、管制、协调等职能的作用，认为在社会中人们之所以形成各种各样的组织和集团，完全是因为集体劳动所能取得的效果是个人劳动无法取得的，或者仅能在很小的规模上花费很长的时间才能取得。由此，人们必须结合在一起形成组织去进行社会性的活动。但是，要真正收到这种结合后的"群体效应"，必须具有一个先决条件，即群体成员的活动必须协调一致，为此就需要一种专门协调群体内各成员之间关系的活动，这种活动就是管理。

正如科学管理奠基人泰勒（Frederick W. Taylor）曾经郑重声明"管理不是一种理论，而是一种发展"。唐纳利（James H. Donnelly）等人也强调："管理的含义随着时间的推移而有所变化，将来也将继续变化。"被称为"现代管理学之父"的美国管理学者德鲁克（Peter F. Drucker）提出，管理就是实践而不是实施。管理不是了解而是行为。美国著名管理学家孔茨（Harold Koontz）给管理下的定义则是："管理就是设计并保持一种良好环境，使人在群体里高效率地完成既定目标的过程。"

2. 管理概念在中国

中国的方块字，每一个字都有它的字义，都有它的内涵和外延。所以，任何一个词语，都可视为相关字的一种合理外延结构。正因如此，任何一个中国词语，其意义的本源，几乎都可以追溯到构成该词语的有关文字的内涵意义上去，并由此可以更为准确地理解该词语的深刻词义或语义。"管理"一词也是如此。"管"，我国古代指钥匙(《左传·僖公三十二年》记云："郑人使我掌其北门之管，若潜师以来，国可得也。")，后来被引申为管辖、管制之意，体现着权力的归属。"理"，本义是治玉(《韩非子·和氏》云："王乃使玉人理其璞，而得宝焉，遂命曰：'和氏之璧'。")，后来被引申为整理或处理。"管"、"理"二字连用，即表示在权力的范围内，对事物的管束和处理过程。另外，"管"在词典中的诠释主要是指"过问"、"负责"的意义。"理"在词典中的诠释主要是指"纹理"、"整齐"、"秩序"、"处治"的意义。这样看来，"管理"的含义，就是"负责处治"：首先是负责，明确责任、目标、任务，其次是如何负责，即负责的表现就是处治的有秩序、稳定、有条不紊。

近年来，国内众多学者也对管理下了不同定义。长期以来，我国学界也多从管理职能的角度定义管理。后来，这种"职能论"认识逐渐为"协调论"所取代。芮明杰教授认为，"管理是对组织的资源进行有效整合以达成组织既定目标与责任的动态创造性活动"。按照芮明杰教授的说法，管理职能之说不过是管理分工后的产物，不能用分工来割裂它们之间的内在联系。此种说法，给长期以来管理概念的一贯认知带来了新的刺激与启迪。以下观点均与芮明杰教授的观点有颇多相似之处：

喻旦辉、孙曼林等人(2006)认为，管理就是在特定的环境下，一定组织中的管理者，通过计划、组织、领导、控制等职能来协调组织资源和职能活动，有效地实现预期目标的活动过程。

林根祥(2006)认为，管理是通过计划、组织、领导和控制等环节，通过协调组织内外的人、财、物、信息、时间等资源，达到有效实现组织目标的过程。

曾旗(2006)认为，管理是管理者按照客观规律的要求，为了实现特定的目标，对组织所拥有的资源进行计划、组织、领导和控制等活动的过程。

谈留芳(2006)认为，管理是通过计划、组织、领导和控制，协调以人为中心的组织资源与职能活动，以有效地实现目标的社会活动。

吴亚平(2007)认为，管理是在特定的环境下，对组织所拥有的资源进行有效地计划、组织、领导、控制，以期高效率地达到组织目标的过程。

……

对于管理的概念，国内学界还有一些其他的见解，如认为"管理是一种文化"，"管理是一门艺术"，等等。这种管理概念上的"百家争鸣"现象集中反映了由于社会发展所造成的管理实践本身的复杂性。但值得注意的是这些对管理认识的不同见解都有其共同的一面。因此，把这些带有共性的内容揭示出来，可以为我们认识管理的概念提供帮助。在以上的管理概念中，我们可以发现管理概念的诸多共性，如管理存在于一定组织中、管理需要借助于一定的方法手段、管理的对象是资源、管理是为达成一定目的的行为过程等。

3. 管理的内涵

管理概念的多样化，反映了人们对管理的多种理解以及各管理学派的研究重点与特色。但是，也应看到，不同的定义只是观察角度和侧重点不同，在总体上对管理实质的认识还是有共通之处。为了对管理进行比较广泛的研究，而不局限于某个侧面，本书采用如下定义：

所谓管理（Management）是指通过一定方式整合资源，以实现组织目标的活动。理解与把握管理的这一概念，需注意以下几点。

（1）管理的"载体"是"组织"，管理总是存在于一定的组织之中。"组织"与"管理"是相互依存、不可分割的两个概念。组织是完成管理活动的有力工具，是管理活动的实体，是管理活动实现的场所。缺少了组织，管理就缺少了"用武之地"；缺少了管理，组织就失去了生存和发展的内在机制，就会消亡。

（2）管理的对象是资源。资源包括人、财、物、时间、信息等类型，其中对人力资源的管理是现代管理活动的核心。组织所需的资源不仅包括属于组织所拥有的各种组织内部资源，还包括不属于组织所有但可以为组织所调动的其他组织资源或组织外部资源。为使资源发挥作用，促使组织目标实现，需要不断培育、开发及配置各种稀缺资源，需要通过有效方式来发挥资源利用的最大价值，即对各种资源进行系统、有效地整合。

（3）资源作用发挥需要通过一定方式进行整合。体育组织拥有的资源包括人力、物力、财力、信息、时间以及社会关系和组织声誉等，为了使有限的资源发挥最大的效用以最大限度地满足组织目标，必须通过一定的方式对资源进行整合，资源整合始终是一个动态的过程，世间根本就没有一劳永逸的管理。计划、组织、控制等"职能"活动是整合资源的方式，但它们本身并不是管理。资源的整合方式（管理方式）不仅包括计划、组织、控制等属于管理职能的内容，还包括各种管理的知识、技能、方法、手段、工具等。

（4）目标是管理活动的出发点和最终归宿。制定不同层次的管理目标是为了最终实现组织的既定目标。任何群体或组织都有社会赋予的既定目的，而既定目的的达成，均需建立在一系列目标体系实现的基础之上，每个子目标的实现均需资源的保障。管理目标的制定，管理资源的获取、协调及合理利用，正是管理工作的根本任务。

二、体育管理

（一）什么是体育管理

1. 体育管理的内涵

从我国学者译自国外有关著述的体育管理概念看，不同国家学者对体育管理（Spoprt management）的定义存有较大差异。如日本《体育管理学》教材（1968）认为，体育管理是为了有助于体育的目的、目标的实现，而作用于体育的一种手段（宇土正彦，1977）。苏联《体育运动管理学》教科书（1977）指出：体育管理是为完成一定任务、组织和协调它们的活动主体（管理者）对管理的客体经常有计划的作用。美国体育管理研究者德·森西等在《体育管理课程评价与需求评估：多角度的评价方法》（1990）一文中认为："体育管理就是一个高度包含并代表着无数与体育相关的领域范围，包括体育设备、体育旅游、公共和私人健身俱乐部、体育商品推销商、大学生体育与职业体育等等。"可以看出，他们把体育管理定义为"体育产品和服务的组织部门进行计划、组织、引导、控制预算、领导和评估技能的结合"；美国《体育管理学——基础与应用》（第3版）教材（2003）则认为，"体育管理是关于所有参与制造、帮助、推销或组织任何与体育、健身及娱乐相关产品有关的人、活动、组织和经营的一种研究和实践"。由上可知，以上定义是从不同侧面来界定体育管理概念的。

目前，我国学者对体育管理概念的定义大致有两类看法，一种是"职能论"，一种是"协调论"。

"职能论"的观点参照了管理的定义并从管理职能的角度定义体育管理。例如，我国第一本体育学院通用教材《体育管理学》（1989）指出：体育管理是为了实现体育事业或体育工作的目标，不断提高体育工作的功效所进行的确立目标，组织实施、评估效果等一系列综合活动。武汉体育学院徐家杰、孙汉超教授（1993）主编的《体育管理学》教材指出：为了实现体育事业或体育工作的目标，不断提高体育工作的功效所进行的目标与计划、组织与协调、控制与监督等一系列综合活动。北京体育大学秦椿林教授、袁旦教授（1995）主编的《体育管理学》教材指出：体育管理是指拥有一定管理权力的组织和个人对体育系统的人、财、物、信息、时间等基本要素进行计划、组织、协调、控制、监督的过程。罗时铭在论文中指出体育管理就是为实现体育目标，而对体育事业的发展实行计划、组织、指挥、协调和控制的过程。刘兵（2004）在《新编体育管理学教程》中提到，"所谓体育管理，就是对围绕体育的相关活动的计划、组织、指挥、协调和控制"。普通高等教育"十一五"国家级规划教材，体育院校通用教材《体育管理学》(2009)指出"体育管理的定义可以表述为：体育组织中的管理者，在一定环境和条件下对管理客体实施计划、组织、协调、控制、创新等职能，共同实现预定目标的活动过程"。

如前所述，管理职能只是帮助实现管理目标的部分方式或手段，它们本身并不等同于管理，管理体现为对各种现实资源的有效组织及整合活动。如果仅认为体育计划、组织、控制等行为就是体育管理，显然把体育管理看得过于简单，同时也混淆了作为管理的手段与作为管理活动本身的区别，而且这种认识也影响到体育管理科学化水平的提高。关于这一点，日本著名体育管理学者宇土正彦(1997)就曾明确指出："管理，其最终目的就在于实现体育的目的和目标，而管理本身正是为实现其目的而采用的手段和方法。但它不是体育的职能本身……"

20世纪90年代末以来，我国学界对体育管理概念的理解进一步拓深，开始出现以"协调"的观点来理解体育管理概念的趋势。如体育院校通用教材《体育管理学》(1999)指出，体育管理是体育组织中的管理者，对体育管理客体通过实施计划、组织、协调、控制职能，协调他人的活动，发挥各种资源的作用，实现预定目标的活动过程；高等学校教材《体育管理学》(2002)指出，体育管理就是指体育管理行为的事实者，通过采取管理和体育的方法，以实现体育管理的计划、组织、协调、控制和创新等职能，创造和谐的环境，充分发挥各种体育资源的合理资源，实现既定目标的过程。在该书再版时则进一步指出，"体育管理就是指体育管理行为的实施者，通过采取管理和体育的方法，以实现体育管理的决策、计划、组织、领导、控制、创新的职能，创造和谐的环境，充分发挥各种体育资源的合力作用，实现既定体育目标的过程"。

较之"职能论"而言，"协调论"更为客观、全面地反映了体育管理活动的过程，但依然未能完全揭示体育管理的本质，存在的主要问题是对计划、组织、控制等职能的定位问题。那么，如何给出一个既符合逻辑要求，又能反映体育管理实际的体育管理定义呢？

本书认为，体育管理是管理的下位概念，参照本书对管理概念的界定，可以这样认为：所谓体育管理是指体育组织中的管理者通过一定方式整合资源，以实现组织目标的活动。体育管理者整合资源的过程表现为对资源的培育、开发、配置及利用等活动，而整合资源的方式是对包括管理职能在内的管理知识、技能、方法、手段、工具、策略等的总称。

2. 体育管理的外延

长期以来，我国学界对"体育"一直进行着探讨。从操作角度出发，体育往往被划分为群众体育、竞技体育和体育产业三部分，在体育管理领域与此相对应的是群众体育管理、竞技体育管理和体育产业管理，这部分内容被称为是体育部门的管理。体育管理还进一步划分为社区体育管理、职工体育管理、娱乐体育管理、体育俱乐部管理等体育业务管理内容（秦椿林、李新华，1996）。孙汉超教授（2004）把社会体育管理、学校体育管理、竞技体育管理等内容作为体育事业的主要业务管理，体育人力资源、资金、物资、时间、信息等则被称为体育管理对象的要素管理。体育院校通用教材《体育管理学》（高雪峰、刘青，2009）将体育管理分为体育事业管理和体育产业管理两大部类，体育事业管理就是体育行政部门及体育事业单位为推行体育公共事务所进行的计划、组织、协调、控制、创新等，以满足社会和公众对公共体育服务要求的活动过程。社会体育管理、高水平运动训练管理、业余运动训练管理、学校体育管理均属于此类；体育产业管理，就是以满足社会不同人群的体育需求为目的，为实现经营目标所从事的各种管理工作的总称。体育市场开发与体育产业管理、体育俱乐部经营管理、体育赛事经营管理以及体育场馆经营管理均属于此类。

　　清晰界定体育的外延是把握体育管理外延的必要前提，本书借鉴李宗浩教授（2005）等提出的"体育教学、体育锻炼、体育游戏、体育运动训练和体育竞赛是实现体育目的的基本手段"，以及袁旦教授（1998）提出的"体育是手段和目的的统一体"的观点，从体育目的角度尝试对体育进行划分，并进一步将体育管理划分为体育教学（育）管理、体育锻炼管理、体育游戏管理、体育运动训练管理和体育竞赛管理。根据体育组织的性质，体育管理还可划分为体育行政管理、体育事业管理、体育企业管理以及体育社团管理。

　　随着体育管理实践的日益丰富，体育管理的外延会进一步扩大。从学科角度来划分，体育管理学分支学科将会大量涌现，体育管理学二级学科，诸如体育项目管理、体育组织管理、体育资源管理、体育管理原理、体育物业管理、体育信息管理等将会出现。体育管理学的某些二级学科也会产生更深层次的学科。例如，体育产业管理之下有可能产生体育休闲产业管理、体育旅游产业管理、体育广告业管理、体育市场管理、体育无形资产管理；社会体育管理之下有可能产生城市社区体育管理、乡镇体育管理、民族传统体育管理、伤残人体育管理、大众健身俱乐部管理；竞技体育管理之下有可能产生运动训练管理、体育赛事管理、职业体育俱乐部管理；体育人力资源管理之下有可能产生高水平运动员管理、教练员管理、裁判员管理、体育科技人员管理、体育教师管理、社会体育指导员管理、体育志愿者管理、体育经纪人管理等。

(二)体育管理系统

管理活动是以系统的形式存在的。李福海(2002)认为,从哲学的角度来看,管理由管理主体、管理中介、管理客体三要素构成。喻旦辉、孙曼林等(2006)则认为管理要素包括管理主体、管理客体、管理目标、管理职能和管理手段五大基本要素。本书认为,管理目标要素与其他要素不能在同一层面;管理职能和管理手段是实现管理目标的中介。因此,管理系统包括管理主体、管理中介和管理客体三大要素。

现代体育实践日益复杂,管理者所面临的各种变量不断增加。为了在变动的情景下保持和提高体育管理水平及绩效,管理者不仅需要掌握有关体育管理的科学理论及方法,还需要形成对体育管理工作的正确认知。系统原理是体育管理中的根本性、总的指导性原理(孙汉超、秦椿林,1999)。为此,我们需要掌握体育管理系统的结构及要素,并能应用系统的科学思维进行管理活动。

现代体育管理系统(Sport management system)是由体育管理主体、体育管理中介及体育管理客体三大要素构成。管理主体与管理客体之间的相互联系和相互作用(实质为内信息)构成了组织系统及其运动,这种联系和作用是通过组织而发生的。管理主体相当于组织的施控系统,管理客体相当于组织的受控系统。组织是管理主体与管理客体依据一定规律相互结合,具有特定功能和统一目标的有序系统。在管理的过程中,管理主体领导管理客体,管理客体实现组织的目的,而管理客体对管理主体又有反作用,管理主体根据管理客体对组织目的的完成情况调整自身的行为。它们通过这样的相互作用,形成了耦合系统,从而更好地实现组织的目的。在体育管理主、客体的辩证运动中,不断达成体育管理的目标(图 1-1)。

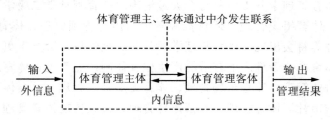

图 1-1 现代体育管理的系统结构

1. 体育管理主体

体育管理主体(Sport management subjective)是指具有一定管理能力,拥有相应的权威和责任,从事体育管理活动的人,也就是通常所说的体育管理者。体育管理者的外延较广,包括负责某一管理系统的领导者和从事具体管理事务的中层和基层管理者。他们在管理活动中处于主导和支配地位，其素质的优劣和管理水平的高低是影响管理功效的关键。各级各类体育管理组织机构是体育管理者实施管理活动的载体，是现代体育管理活动中行使管理职能、实现管理目标的组织保证。

2. 体育管理中介

体育管理中介(Sport management media)是指为实现体育管理目标而采用的手段、方法、途径、步骤等的总称(这些内容也可视为体育管理方式)。有效的体育管理中介是保证管理活动顺利进行、实现管理系统目标的重要因素。计划、组织、控制是体育管理中最基本的管理中介方式(也称为体育管理职能)。体育管理中介还包括各种体育管理的手段和方法。体育管理手段包括管理法规、管理信息和管理工具等。其中，管理信息既是管理的对象，也是管理的手段和工具。运用现代信息管理技术，不仅可以大大提高管理效率，而且也是实现管理现代化的一个重要标志。管理工具包括信息网络、计算机等。体育管理方法是用以达到体育管理目的、实现体育管理任务的手段和途径。不同层次的体育管理方法构成体育管理的方法体系。要想达到管理的目标，实现管理的任务和职能，除了遵循管理原则外，还必须探究管理方法，离开了管理方法，一切管理任务就无法完成。

3. 体育管理客体

体育管理客体(Sport management objective)是体育管理主体所能预测、协调、控制和支配的对象。体育管理客体也是体育管理的对象，主要指体育资源。按不同的分类标准，可把体育资源划分为不同的类型。如：按自然社会系统构成划分，可分为体育自然资源(地理环境资源、气候条件资源)和体育人文社会资源(科技资源、教育资源、经济资源、物质资源、民族资源、传统资源等)；按单位划分，可分为学校、社区、厂矿体育资源；按性质划分，可分为国有体育资源、社会体育资源、个人体育资源；按运动项目划分，可分为篮球、足球、排球、田径、乒乓球、羽毛球等资源；按表现形式划分，可分为有形资源和无形资源；按具体内容划分，可分为人才资源、体育场馆资源、资金资源、信息资源、科技资源等。体育管理中最直接的体育资源主要包括人、财、物、时间、信息等。

人，指被管理者。管理者和被管理者是相对的，如基层管理者相对于上一级管理机构和领导者而言是被管理者，但相对于具体操作者来说，则为管理者。通常所说的被管理者，大多指基层的具体操作者。被管理者在管理对象各要素中是最积极、最活跃的要素，系统目标的实现，最终取决于他们与管理者的有效合作。所以，说到底，体育管理的核心就是处理好体育活动中人与人之间的关系，充分调动各类人员的工作责任感和积极性。

财，指体育资金。任何管理都离不开一定的财力保证，管财是管理工作中的一项十分重要的内容。其中，生财是根本，聚财是保证，用财是关键。科学的管财必须做到努力开辟财源，正确聚集财力，合理分配和使用财力，提高经济效益。

物，指体育的物资。包括设备、材料仪器、场馆设施、运动器材、能源和自然资源等，是进行管理的物质基础。对物管理的目的，在于提高物的使用率，充分发挥其效用。

时间，指用于体育工作的时间。时间反映速度和效率，时间含有价值。管好时间，就是要在尽可能短的时间内，办更多更好的事。

信息，指体育工作需要的信息。信息是管理工作的命脉，是一种与人力、物力、财力等同样重要的宝贵资源。一切管理都是通过信息来控制和协调系统的运行，尤其是在当今信息社会里，信息已成为管理工作中占主导地位的重要因素。

4. 体育管理的目标

探究体育管理目标（Sport management object）是研究体育管理工作的首要问题，因为目标是一个组织通过决策和行动争取达到的意想目的，以及验证其决策行动同其意想目的相符程度的衡量指标。作为任何一项具体的体育管理活动或工作，一定有一个欲达成的具体目标，而管理活动的具体达成目标又一定是组织总体目标规定下的产物。这是因为，任何一个组织的存在一定有其目的性，否则该组织就不会存续。组织既定目标是其存续目的性的一个阶段性的表现。因此，任何体育组织的管理目标就是要实现组织既定的目标（芮明杰，2005）。组织既定目标可以被分解成各类管理活动的具体目标，这些具体管理目标的逐步实现将最终帮助实现组织的既定目标。以不同的分类标准，体育管理目标可分为不同类型，如按目标性质可划分为战略目标和战术目标；按时间可划分为长期目标、中期目标、短期目标；按层次可划分为高层次目标、低层次目标等。

5. 体育管理的环境

体育管理环境（Sport management environment）既包括体育管理主体、管理中介和管理客体所组成的组织内部环境，又包括政治、经济、文化、法律、自然等组织外部环境。体育管理的外部环境决定着管理主体、管理客体以及管理目标的性质，也决定着体育管理方式的具体采用。组织是一个开放系统，组织内部各层级、部门之间和组织与组织之间，每时每刻都在交流信息。任何组织都处于一定的环境中，并与环境发生着物质、能量或信息交换关系，脱离一定环境的组织是不存在的。组织是在不断与外界交流信息的过程中，得到发展和壮大的。所有管理者都必须高度重视环境因素，必须在不同程度上考虑到外部环境，如经济、技术、社会、政治和伦理等，使组织的内外要素互相协调。

（三）体育管理体制

1. 什么是体育管理体制

一般地说，所谓体制（System）是指社会组织系统的机构设置和管理权限划分的制度，其核心是社会组织系统中通过职能分工设计所形成的权利架构。我国学界普遍认为，体育管理体制（Sport management system）是指体育管理的机构设置、权限划分、运行机制等方面的体系和制度的总称。现代社会中，体育领域内的权利和利益通常归由政府或社会所有，或由它们分享。权利和利益的归属就决定了体育管理体制的性质和形态。由于一个国家的体育总目标总是反映着某些社会集团或者是大多数社会集团权利和利益分配的结果，因而一个国家的体育管理体制不仅是实现该国体育总目标的组织基础，还是某些社会集团在体育领域内权利和利益的保障。没有体育管理体制的正常运转，任何体育目标的实现、体育制度的落实、体育规章的执行以及权利利益的保障都是难以完成的。

体育组织的管理体制决定着体育组织的运行机制。体育组织的运行机制是体育管理体制的实质性反映，在不同体育管理体制下，体育组织的运行机制有着根本区别。在政府享有主要的支配权利时，体育的发展倾向于以政治和社会福利为目标，主要采取政府集中统一决策，强调上下级间的纵向信息沟通，以行政组织为主要约束方式，基本动力则来自于对社会共同利益的追求。当社会体育组织享有主要的支配权利时，体育的发展则以经济和市场消费为主要目标，各体育组织和个人分散决策，侧重于各利益主体间的横向信息沟通，主要以经济与法律为主要约束手段，以组织或个人追求自身利益为主要激励方式。正因为不同体育管理体制的运行机制不同，使得体育组织活动的各构成要素之间的联系方式、作用关系及其调控方式产生本质的区别。

2. 体育管理体制的类型

（1）政府管理型（Government management mode）。政府管理型也称作集权型、集中型。政府管理型体制的主要特点是由政府设立专门的机构管理体育。在政府型体育管理体制下，政府的权力高度集中，计划机制起主导作用。体育工作主要采用计划、行政的方式进行从宏观到微观及各个层次的全面管理。各种社会体育组织则不具备实质性的管理功能。

政府管理型体制的优势是，一是能够充分体现国家意志，能代表大多数社会集团的利益；二是有利于政府宏观调控；三是有利于社会资源的整合，使之服从和服务于政府体育总目标的实现；四是有利于推动公共体育服务的发展，这是由公共体育服务的混合产品性质所决定的，在公共体育服务的提供过程中，政府应该发挥主导作用。政府型管理体制的缺点是易于抑制社会对体育的参与和支持，因而会在很大程度上限制社会体育的发展。政府管理型体制主要存在于社会主义国家，如苏联、东欧各国、古巴及朝鲜等。我国1954年成立中华人民共和国体育运动委员会(原国家体委)后，"国家体委在国务院领导下，负责统一领导和监督全国体育事业"。各省、区、市都设立了体育行政机构，全国的体育活动统统归由体育行政部门管理。体育系统初步形成了体委一家管的政府管理型体制。

(2)社会管理型(Social management mode)。社会管理型也称分权型、分散型。社会管理型体制的主要特点是体育主要由各种社会组织进行管理，政府一般不设立专门的体育管理机构，政府对体育事务很少介入和干预。即使在介入和干预时，也通常运用市场机制的法律和经济手段来间接进行管理。在社会型体育管理体制中，权力分散于各社会组织中，各社会组织可以根据环境信息和自身的利益作出决策。政府对于各社会组织的管理主要是通过法律、经济、政策和教育的手段来引导和协调。社会管理型体制的优点是，一是利于调动社会力量参与和支持体育的积极性、主动性，使体育的发展能得到广泛的社会支持。二是有利于促进体育产业的发展。社会管理型体制利用市场机制调控体育资源，能够依据体育市场的需求将体育资源进行合理配置，从而可以促进体育产业的发展。三是在决策中体现了高度民主，有利于公民权利的实现。四是在社会管理型体制中，管理工作主要由非营利组织承担，这有助于公民社会的形成以及公民奉献精神的培养。社会型管理体制的不足之处在于，由于存在各社会组织间的利益冲突，在市场发生波动和混乱时，体育的发展往往缺乏有力的协调和统一。

采用社会管理型体制的国家一般属于市场经济发育较好的国家，这些国家往往具有良好的社会基础和体育基础。以美国为例，其政府中不设管理体育运动的专门机构，只以"总统健康与运动委员会"的名义过问体育的发展事宜，而这一机构仅是一个促进大众体育的咨询机构而已，整个国家的体育的发展主要是由各种社会团体来承担与推动。

(3)结合型(Bound management mode)。结合型管理体制也称混合型、中间型。结合型体育管理体制的主要特点是由政府和社会组织共同管理体育。政府设有专门的体育管理机构，或指派几个有关部门负责管理体育。政府对体育实行宏观管理，即制订规划与方针政策，发挥领导、监督与协调作用。社会组织在政府的宏观管理下负责具体事务与微观操作，如制订项目发展规划、各种规章制度，组织活动和比赛等。结合型体育管理体制的优点是，有利于发挥政府的主导作用和社会参与、支持体育的积极性和主动性。其不足之处在于，政府部门和社会组织往往会在权限划分和利益分配方面存在一定冲突。

结合型体育管理体制目前逐渐为大多数国家所采用，如德国、英国、法国、韩国和加拿大等国。在这些国家政府中一般都设有专门的体育管理部门，负责协调各体育社会团体之间的关系，对体育进行宏观管理。同时，整个体育的发动、领导和组织均由各级体育联合会和遍布全国的体育俱乐部具体实施。体育社会团体和体育俱乐部与政府之间只存在财政补助与监督方面的关系，其内部实行民主管理，不受政府制约。由于对体育管理体制的分类没有精确的划分标准，因此，实际上并不存在绝对的政府管理型体制和绝对的社会管理型体制。在实行政府管理型体制的国家中，民间自发的体育组织和活动也是存在的。在实行社会管理型的国家中，政府也或多或少地以不同方式参与并介入体育的管理。结合型是一个大体处于中间状态的类型，它们之中有的偏重于政府管理型，有的偏重于社会管理型，因此，它们之间也存在着一定差异。

目前世界各国在体育管理体制的形态选择上存在着一种由两极向中间集中的趋势，一些过去采用政府管理型体制的国家，开始鼓励社会组织与政府共同管理体育。而一些过去采用社会管理型体制的国家，政府逐渐介入体育事务，并设立体育管理机构，从而使其管理体制成为结合型体育管理体制。计划经济时期我国体育管理体制基本属于政府管理型体制。目前，我国体育管理体制尚处于一个由政府管理型向结合型管理体制过渡的类型。

3. 体育管理体制的影响因素

（1）国家经济体制。经济基础决定上层建筑。一个国家的经济体制对体育管理体制的形成、发展起着决定性作用。首先，国家经济体制的上位性决定了体育管理体制的性质。体育管理体制是国家经济体制在体育领域中的具体体现和延伸，它具有同国家经济体制同样的社会性质；其次，国家经济体制所决定的权力与利益的分配方式决定了体育管理体制的组织构架、权限划分、管理制度和利益分配的形式；再次，体育管理体制是否与国家的经济体制相吻合、相适应，是衡量体育管理体制合理性、科学性的基本标准。当国家的经济体制发生变化时，体育管理体制也会随之与其相协调适应。当前，我国的经济体制已由计划经济体制向社会主义市场经济体制转轨，在小政府大社会的经济管理模式下，市场经济已经建立和逐步完善。体育已经从上层建筑领域中走向经济基础领域，从单纯由国家财政提供的公益性产品转变为市场中的一个产业。这无疑使得我国体育管理体制必须向适应于市场经济体制发展的方向进行改革。

（2）国民经济发展水平。经济是体育发展的基础，经济状况制约体育的发展。国民经济发展的水平对体育管理体制的形成发展有着深刻影响。在不同的历史时期，国民经济发展水平不仅影响着体育的发展程度与规模，也影响着体育管理体制的表现形式和改革方向。一个国家或地区往往根据国民经济的发展程度，调整和改变对体育的投资模式，进而对体育管理体制的形态进行调整。同时，国民经济的发展离不开社会对体育的投入和居民的体育消费，在这一过程中，社会力量也必然要求得到相应的权力和利益，也必然影响到体育管理体制类型的选择。此外，体育的发展过程中也有其发挥经济功能的要求，但这种经济功能的实现必须以国家经济发展水平为前提和基础。当国民经济发展水平较低、规模较小时，体育管理体制往往以政府型管理为主，而当国民经济发展水平较高时，体育的经济功能将被放大，体育产业化程度加快，权力和利益将得以重新分配和调整，这时将有利于形成以社会管理型为主的体育管理体制。

（3）民族文化与传统。民族文化与传统是一个国家或地区精神文化的历史沉淀。民族文化与传统影响着国民的世界观、价值观、认知观及思维模式和行为方式，从而在根本上影响着体育管理体制的形态及发展方向。通常在民族传统与文化相对浓厚的国家或地区，体育管理体制改革的进程相对落后于以现代文化为中心的国家或地区。我国有几千年中央集权统治的传统，这种文化传统使人们对政府的权威具有文化意义上的认同，其他组织都不具有这种权威和号召力。从这一点来看，我国的体育改革搞突变式变革，短时间内完全取消政府部门对体育事务的管理是不现实的，渐进式的改革方式应该是当前我国体育管理体制改革的合理选择。

（4）体育性质和发展水平。在一定时期国家经济体制的影响下，体育的性质及其表现往往不同。体育的公益性或市场性程度不仅是国家经济体制的反映，还影响到体育管理体制的选择。不论是作为事业形态发展还是作为产业形态发展，任何一方面的变化都会导致体育管理体制形态的变更。体育发展水平也影响着体育管理体制改革的广度与深度。社会化、市场化发展程度是体育发展水平的重要标志，随着体育社会化、市场化程度的提高，社会力量进一步增强，使得社会成为支持和管理体育的重要力量，这势必引起体育管理体制向适应于体育发展水平的状态演变。

三、体育管理学

(一)体育管理学的形成发展

1. 国外体育管理学的形成发展

英格兰(England)被视为现代体育和现代体育管理(活动)的发源地(Mandell，1984)。在美国，20 世纪 30 年代便有不少学者撰写体育管理的研究论文。20 世纪 50 至 60 年代，体育行政管理、学校体育管理、竞技体育管理、娱乐体育管理等专著相继出版。1955 年查尔斯·布切尔编著的《体育与竞赛运动计划的行政管理》、1979 年雷斯尼克编著的《现代体育运动管理与实践》等书已被美国许多大学选为教材(孙汉超、秦椿林，2004)。1966 年，美国俄亥俄大学开设了体育管理硕士课程，成为世界上最早开设体育管理课程的学校。之后不久，比斯开湾学院(现在的圣托马斯大学，Biscayne College，now St. Thomas University)、圣约翰大学(St. John's University)相继开设了体育管理本科课程(Parkhouse，1996)。1971 年，马萨诸塞大学阿姆赫斯特分校(The University of Massachusetts，Amherst)成为第二个开设体育管理硕士课程的学校(Lisa P. Masteralexis，2009)。

继美国之后，苏联和日本在 20 世纪 40 年代也开始了体育管理学科领域的研究。1949 年，日本竹之下藏撰写的《学校体育管理法》，是日本最早的体育管理专著。1953 年，官细虎彦撰写了《体育管理》一书。此后，宇土正彦、石三次郎、宫细虎彦、滨口阳吉等也相继出版了很多体育管理方面教材与专著。1961 年苏联正式出版了第一本《苏联体育组织学》，1965 年经过修改后作为全苏的正式教科书，1971 年将《体育运动组织管理学》作为课程列入体育学院的教学计划，1974 年更名为《体育运动管理学》。除上述教材、专著外，美、俄、日、法、英等国在体育经营管理、体育市场开发与研究、职业俱乐部管理体制与运行机制、休闲体育与大众体育的组织与管理等方面也加大了研究力度，系列研究成果及在研究基础上编撰的各类专著、教材也相继问世。目前，体育管理学在国际上已经成为现代管理科学和体育科学发展中比较活跃的新领域(孙汉超、秦椿林，2004)。

20 世纪后半叶，美国开设体育管理专业课程的大学(学院)数量增长较快，据全美体育和身体教育协会(NASPE)调查显示，到 1985 年年底，已有超过 50 所大学(学院)开设了体育管理硕士课程。至少 40 所大学(学院)开设了体育管理本科课程(Parkhouse，1987)。到 1996 年年底，全美开设体育管理专业课程的大学(学院)数量已超过 200 所(Parkhouse，1996)。目前，据北美体育管理学会(NASSM)网站公布资料显示，北美地区已有 236 所大学(学院)开设了体育管理课程(Ming Li，2008)。

20 世纪 80 年代，美国体育管理研究的学术著作不超过 10 本。但随着体育管理专业的迅速发展，大量的体育管理著作不断问世。据 Pitts and Danyl-chuk(2007)的调查，从 1990 到 2007 年间，美国出版了 129 部体育管理学著作，其中 2000 年以后出版的著作占到总数的 73%。研究方法是衡量一门学科是否成熟的重要标志。2008 年，李明教授(Ming Li，Brenda Pitts and Jerome Quarterman，2008)等著的《体育管理研究方法》问世，这标志着美国体育管理学科(专业)的日臻成熟。

1987 年，北美体育管理学会(NASSM)创办的《体育管理期刊》(*Journal of Sport Management*)正式刊发。1992 年，《体育营销季刊》(*Sport Marketing Quarterly*)出版。2005 年，第一个体育管理电子期刊 SMART Journal 刊发。目前，《体育管理期刊》被视为国际体育管理领域的最权威期刊，长期被 SSCI 收录。

北美体育管理学会(North American Society for Sport Management，NASSM)筹建于 1985 年，1986 年 2 月正式成立，该学会是由美国与加拿大体育管理学者发起组成的体育管理专业学术团体。北美体育管理学会每年都会举办年会，北美体育管理学会还与美国体育学会联合推动体育管理专业课程认证的工作，在北美 200 多个体育管理相关系所中，约有 40 多所通过了审核。在北美体育管理学会介绍各校体育管理专业系所的网页中，通过的系所特别以"A"为标示。目前，NASSM 有 829 名成员，包括 445 名专业人员和 376 名学生(Ming Li，2008)。

美国体育管理专业更加注重实用性，其重点是在大学和职业体育、设施管理以及健康和健身俱乐部管理等方面。而加拿大的课程则更精于理论，也就是说，它注重的是诸如体育和体育活动的历史和文化观点、心理学和社会学范畴以及生理学和生物力学方面的学科分支。除美国、加拿大外，日本、澳大利亚、新西兰、中国、希腊、意大利、南非、法国和英国都开设有体育管理学课程。1990 年，维多利亚大学的鲍沃特(Bowater)经济学院开设了澳大利亚第一个体育管理经营学士课程。开设的专门课程包括商业课程的核心内容、体育研究所要求的核心内容，以及将体育和管理相结合的课程，如体育市场营销学和体育法。体育管理作为一个学术专业在这些国家也逐步发展起来。例如，欧洲体育管理学会(EASM)就与北美体育管理学会很相似。它的会员主要是体育管理方面的大学教授，每年召开一次学术年会，并出版刊物《欧洲体育管理杂志》。

2. 我国体育管理学的形成发展

我国体育管理学是随着我国体育事业的迅速发展，现代管理理论与方法的发展和现代科学技术的进步而产生的一门部门管理学，它是管理学科的一个分支学科。早在 1935 年，金兆均就编著了《体育行政》一书，可以说这是中国最早的体育管理方面的专著，但严格来讲它并没有涉及体育管理的主要内容和理论（《体育运动管理学》，1985）。1955 年东北师范大学的鞠兴绶、中南体院的李雨三编写了《体育行政》讲义，天津体育学院的马瑜、张旭、梁汝城也编写过类似的讲义。然而，中国真正着手研究和建立体育管理学，则始于 20 世纪 70 年代末 80 年代初（孙汉超、秦椿林，2004）。

20 世纪 50 年代我国从苏联引进《体育组织学》和《体育理论与方法》，并在体育院系开课，但在相当长的一个时期内体育管理理论的研究处于空白状态。20 世纪 70 年代末，我国部分体育理论工作者和体育管理工作者开始对体育管理理论进行研究讨论，并发表了一批体育管理方面的研究成果。20 世纪 80 年代以来，我国对体育管理的研究进入一个新的发展时期。1984 年，由武汉体育学院会同全国有关体育学院编写了我国第一本《体育管理学》教材，并举办了全国体育管理学讲习班，这标志着我国体育管理学科的初步建立。"七五"期间，原国家体委正式将《体育管理学》列入全国体育院校教材委员会的计划教材，经全国体育院校教材委员会审定，先后编写出版了《体育管理学》通用教材和《体育管理学教程》专业教材。

改革开放后，我国体育管理教育得到飞速发展。1980 年，天津体育学院开始招收体育管理学硕士研究生，我国著名体育场地建筑专家和体育管理学家马瑜教授担任硕士生导师，天津体育学院成为我国第一所招收体育管理学硕士研究生的院校（天津体育学院院志 1958—2000）。1985 年武汉体育学院、北京体育大学相继建立体育管理系，1987 年，天津体育学院成立了体育管理系并招生，专业为体育管理，学制为两年专科生。曲阜师范大学也开设了体育管理专业。北京体育大学管理学院是北京体育大学各社科研究中心的管理机构，是中国体育管理人才的摇篮。管理学院孕育于 1985 年组建的北京体育大学管理班，1987 年管理学院正式成立并设立体育管理专业。1993 年体育管理专业开设体育行政管理和体育经营管理两个专业方向。1995 年管理系与原国家体委干部学校合并成为北京体育大学管理学院暨国家体育总局干部培训中心。北京体育大学管理学院成为集国家在职高级体育管理干部培训和研究生、本科生教育为一体的体育管理人才培训基地。

20 世纪 80 年代以来，全国各体育院、系也相继开设体育管理学课程。我国体育管理学学科发展比较成熟的院校一般将课程分为专业基础课程、一般专业课程和专业选修课程等几类。体育管理专业的知识容量也在适应经济社会发展需要的过程中不断扩展。据调查，现在全国 14 所体育院校，几十所高师体育院、系开设了体育管理学课程。1989 年武汉体育学院正式招收体育管理学专业研究生，并于次年获得硕士学位授予权，1994 年北京体育大学与曲阜师范大学获得体育管理专业硕士学位授予权。2000 年北京体育大学开始首次招收体育管理学方向博士研究生。近年来，在体育管理学学科专业建设的理念上，我国开设体育管理学专业的院校正在改变原有的"大、全、广"和"重理论，轻实践"的观念，开始紧跟经济社会发展趋势，逐步树立起科学的学科建设新理念。体育管理学正逐步摆脱原有"空洞的"纯理论的学科范式，向分工更细的部门管理、更加实用的操作管理、多学科互融的交叉管理等方向发展，逐步回归其作为一门综合性学科的本质。

2004 年 10 月，中国体育科学学会体育管理分会正式成立。体育管理学学会第一届委员会主任委员、副主任委员、秘书长人员名单产生。同月，2004 年亚洲体育管理协会年会在北京体育大学举行，我国体育管理学科重要创始人之一、著名学者秦椿林教授当选为亚洲体育管理协会主席。

21 世纪之初，我国多层次的体育管理学人才培养体系已经初步建立，体育管理学的学术研究群体日益扩大，中国特色的体育管理学日臻完善。在社会主义市场经济的新体制下，中国体育与国际的交往日益频繁，体育决策的民主化、科学化程度不断提高，这必然也给我国体育管理学的发展提出了新的要求。可以预见，中国的体育管理学正迎来发展壮大的有利时机。

当前，面对建设有中国特色社会主义的新形势和体育改革中出现的新情况、新问题、新任务，我国体育管理学需要进一步借鉴现代管理科学理论与方法，吸纳国外体育管理研究的新成果去研究和总结我国体育管理实践，进一步探索和揭示体育管理活动中的基本规律，有效地提高体育管理的综合效益，逐步完善并建立符合我国社会主义市场经济体制要求的具有中国特色的体育管理学科体系。

（二）体育管理学的研究对象与方法

1. 体育管理学的研究对象

每一门学科都有它特定的研究对象，作为一门独立的学科——体育管理学，必然有它自己的研究对象。管理是人类社会生活各种实践领域普遍存在的现象，管理学界达成的共识是，管理学揭示组织运行的规律，积淀达成组织目标的经验与知识。它以一般组织的管理活动为其研究对象，通过对管理活动的研究，探讨其内在的规律性，然后上升为理论，形成一个理论体系。管理学的理论体系，是由一系列反映管理活动内在规律性的概念、原理、原则、制度、程序、方法等组成。这个理论体系来源于实践，又用于指导实践。

体育管理是其中一种特殊的管理现象，其特殊性在于体育涉及男女老少、社会各个阶层、社会的各个行业，其内容丰富多彩、形式多种多样、方法灵活多变。同时，现代体育又是一门综合性的学科，现代体育的发展离不开社会科学、自然科学的发展，特别是最新科学技术的发展；另一方面，现代体育已发展成为全球性、具有高超技艺性、陶冶情操、具有教育性的规模巨大的文化现象之一。面对如此广阔的体育领域以及纵横交错的复杂关系，如果不去研究体育自身的发展规律，想把体育管理好，提高其综合效益是难以想象的。因此，体育管理学是研究体育管理活动规律的学科。

体育管理规律是构成体育管理学内容体系的依据和基础。体育管理学是研究体育实践中组织的管理活动规律的学科，其主要目的就是要发展出一种协调现代"大体育"复杂过程中人们行为的理论和方法，使人们在体育目标实现中获得高效益。

体育管理学是体育科学与管理科学中的一门交叉性基础学科。它是在总结体育管理实践历史经验的基础上，综合运用社会科学、自然科学、心理科学和技术科学的理论和方法，研究体育管理活动规律的科学。它不是各类学科简单相加的产物，而是对这些学科科学的概括和抽象。体育管理学的研究内容，一般应阐明学科的基本性质及历史发展，剖析体育管理系统的构成要素及其相互关系，研究体育组织的结构设计、运行机制及组织变革，揭示体育管理系统运行中必须遵循的基本原理与方法、体育管理的基本职能，指明体育管理客体（体育资源）正常运行的基本特征、管理要求及具体管理方式等。

2. 体育管理学的研究方法

任何一门学科都有它的研究方法。体育管理学的研究方法可以从以下三个方面来认识：

（1）哲学方法（Philosophical approach）。马克思主义的唯物辩证法是我们研究体育管理学最根本的观点和思维方法。只有坚持以马克思主义为指导，才能正确地揭示体育管理现象中的本质，才能正确理解体育管理学中所论述的问题。学习和研究体育管理学，必须坚持实事求是，理论联系实际。同时，还要注意各种体育管理现象之间的相互联系和相互制约，以及不断发生的变化，运用全面的、历史的观点去观察和分析问题。体育管理学产生于体育管理的实践活动。在体育管理的实践中，人们用全面的、历史的、发展的观点去观察和分析体育管理活动中的各种问题，经过提炼上升为体育管理理论；体育管理理论反过来通过实践指导人们的体育管理活动，验证体育管理理论的有效性，逐步发展和完善体育管理理论。不难看出，辩证唯物主义认识论作为人们认识自然和社会的一般规律，完全适用于人们对体育管理活动的认识。

（2）系统方法（Systematic approach）。在一个组织中，它的每个要素的性质或行为都将影响到整个组织的性质和行为，这是因为组织内的各要素是相互联系、相互作用、相互影响的，而且组织作为一个整体是各要素的有机结合构成的。这种具有特定功能的有机整体，本身又是它从属的一个更大系统的组成部分。因此，在进行管理时，就要考虑各要素之间的相互关系，考虑每个要素的变化对其他要素和整个组织的影响。这种从全局或整体考虑问题的方法就称之为系统方法。体育组织的系统性、管理活动的系统性决定了系统方法对体育管理学研究的适用性。任何体育管理都是对一个系统的管理，体育管理系统方法的具体内容包括整体分析、结构分析、层次分析、相关分析以及环境分析。

（3）实证方法（Positivist approach）和规范方法（Normative approach）。人类的研究方法大致可以分为两大类：一类是科学研究，以客观、实证和规范为特征，是获取新知识的最精确的方法；另一类是思辨研究，主要依靠研究者的洞察力和直觉判断（李怀祖，2004）。①实证研究方法，是指通过实验或调查，收集数据，得到一定的结论的研究方法。这种研究方法所强调的实证性，在于它的结论不是通过逻辑的推演得到的，而是通过实验或现场的调查，利用具体的事实和数据说明问题。大量的实证研究是发展理论的必要条件，也是一个被称为"科学"的学科是否健全的标志（许德音、周长辉，2004）。②规范研究方法，是指通过对文献的研究，借助理论上和逻辑的推演获得结论的方法。这种方法所强调的规范性，在于它的理论的科学性和逻辑的严密性，它的结论是通过规范的逻辑推理和理论论证而获得的。

（4）定性分析方法（Quantitative analysis approach）和定量分析方法（Qualitative analysis approach）。①所谓定性分析，就是对于事物的质的方面的分析和研究。一事物的质是它区别于其他事物的内部所固有的规定性。定性分析主要依靠人的观察分析能力，凭借知识、技术、经验和判断能力，应用逻辑思维方法，从研究事物质的角度出发来分析事物的特征、发展规律及其与他事物之间的联系，其分析过程及结论是用文字描述来表达的。定性分析就是对研究对象进行"质"的方面的分析，具体地说就是运用归纳和演绎、分析与综合，以及抽象与概括等方法，对获得的各种材料进行思维加工，从而能去粗取精、去伪存真、由此及彼、由表及里，达到认识事物本质、揭示内在规律。②所谓定量分析，就是对事物的量的方面的分析和研究。事物的量就是事物存在和发展的规模、速度、程度，以及构成事物的共同成分在空间上的排列等可以用数量表示的规定性。定量分析是指在科学研究中，用可以量化的标准去测量事物，通过定量分析可以使人们对研究对象的认识进一步精确化，以便更加科学地揭示规律，把握本质，理清关系，预测事物的发展趋势。

（5）具体方法（Specific approach）。①历史研究法。通过历史资料研究的方法，在历史的文献中可以寻找体育管理的规律，以帮助我们组织现代体育管理工作，指导现代的体育管理实践。②比较研究法。通过对事物纵向、横向各种联系加以比较，从中找出它们的共同关系存在的差异，取长补短、博采众长、为我所用。③观察研究法。按照一定的计划和要求，对研究对象的全局或某一方面进行系统的、连续的、定期的观察，对观察所取得的第一手资料进行研究分析，并加以总结、概括出体育管理活动的规律。④调查研究法。通过调查研究可以了解到管理的实际情况，经过分析研究，探索体育管理活动的规律。调查研究分为问卷调查、个别谈话等。⑤试验研究法。试验研究法是有目的地严格控制或创造一定的条件，人为地引起研究对象行为，从而对其进行分析研究的方法。试验法又分实验室试验和现场试验。实验室实验控制条件非常严格，并可借助于仪器、设备，可反复试验，但人为性较大的现场试验是在实际工作场所进行试验，正因为如此，现场试验有较强的现实意义。但现场条件复杂，干扰因素较多，且投入的人力物力较大。因此，需要周密的设计和较长时间的试验才能达到预期的目的。⑥个案（案例或实例）研究法。个案研究法是指对某一群体或组织某件事在较长时间内连续进行调查了解，收集资料，分析研究其发展规律的方法。个案分析法在法学、社会学和管理学中都被广泛采用，西方经验主义管理学派的主导研究方法就是个案分析法。

上述介绍的体育管理学研究方法并非是绝对分开的，如实证分析方法中就包括调查研究、试验研究等具体方法。此外，体育管理的研究方法还有很多，在实际运用中，关键是针对不同的研究对象选择最适宜的研究方法，并能做到综合使用管理方法，这样才能透彻地理解和分析体育管理现象，对体育管理现象的研究才具有积极意义。

（三）体育管理学的学科性质

1. 体育管理学是一门独立性学科

体育管理学具有特定的研究对象和研究范围，它具有一系列涵义清楚明确的概念，具有经过实践检验证明其正确的原理和原则。它能够形成一个完整的、比较严密的理论体系，而最根本也是最重要的是它能反过来指导人们的体育实践，并使人们顺利地达到预期目的。体育管理学尽管在内容体系上与其他许多学科有交叉，比如体育经济学、体育社会学等，但这并不妨碍体育管理学作为一门独立的管理学二级学科的地位与特殊性。

2. 体育管理学是一门综合性科学

现代体育已成为当今人类社会不可或缺的重要实践活动，其牵扯面之广、影响范围之宽、发展规模之大，使之足以成为世界性的通用"符号"。体育管理实践涉及自然、社会、思维和心理等众多复杂的领域，而作为揭示如此复杂的体育管理实践规律和方法的体育管理学，其内容也必然广泛涉及自然科学、社会科学以及思维和心理科学等众多学科领域。

3. 体育管理学是一门软科学

在社会系统中存在着"硬件系统"和"软件系统"，前者主要是指人力、物力、财力等可视因素，后者则主要是指权力、信息以及权力、信息的运行所构成的管理活动。因之，软科学是相对于硬科学而言的。从这种意义上说，体育管理学研究的是如何协调人们在共同体育管理实践中的关系，以达成组织目的的实现。这正如物质生产领域中管理学不研究社会生产过程中的直接物质生产活动（硬）的规律，而专门研究如何协调人们行为（软）的规律，从而获得整体的高效率一样。因此，体育管理学是一门软科学。

4. 体育管理学具有双重学科属性

体育管理学是用管理学的理论方法来研究解决体育领域的管理问题，这就表现为管理学与体育学的交叉性。丰富多彩的体育管理实践是体育管理学赖以产生和发展的基础和源泉。一方面，现代管理科学的理论、方法和技术构成了体育管理学的方法论基础；另一方面，体育学的理论、知识构成了体育管理学的认识论基础。因此，体育管理学具有双重属性，它既属于现代管理学，是其中的一门部门管理学；又属于现代体育学，是其中一门重要的、应用性强的体育人文社会科学。

（四）体育管理学的理论体系

由于体育管理的对象是一个庞大的复杂系统，因而指导管理这一系统实践的体育管理学理论体系也必然是一个复杂的系统。体育管理学学科植根于哲学、自然科学和社会科学的宏大体系之中。由于体育管理学受体育学和管理学一般原理的指导，因而它是它们的下位学科。由于体育管理学是一门边缘学科，因而它必然与诸多相关学科具有不同程度的联系（图1-2）。

从图1-2可以看出，现代体育管理学是处于整个科学理论体系中的一个子系统，它与若干门学科有着千丝万缕的联系。因此，研究现代体育管理，绝不能仅限于它自身的范畴，也不能仅限于体育或管理的范畴，而要在更广泛的范围内从不同的角度研究体育管理现象，才能作出科学、合理的解释，才能为建立现代体育管理学学科体系打下坚实的基础。

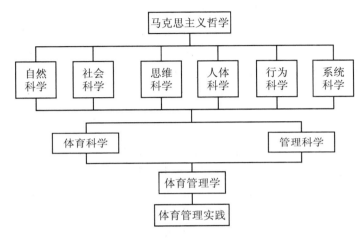

图 1-2　体育管理学理论体系框架

从现代体育管理学的内容上看，现代体育管理学衍生出众多下级学科，如体育行政管理、体育组织管理、体育资源管理、竞技体育管理、学校体育管理、体育产业管理、体育项目管理等。随着现代体育活动内容的日益丰富与发展，今后还会不断诞生出适应体育管理实践需要的各种子学科。

第二节　体育组织概述

体育组织是体育管理活动的载体，体育管理活动均是在组织中发生发展并完成的。掌握体育组织的基本规律是顺利实施体育管理活动的基本前提。现代体育组织的研究主要涉及体育组织结构与设计、体育组织的发展与变革等。

一、组织与体育组织

(一)什么是组织

一般而言，现实社会生活中的任何人都归属于某种组织。组织与管理一样已经成为人们的"日常用语"，不管在哪个层面上使用，也不管人们是否经受过专业训练，对"组织"一无所知似乎是不可能的事了。

"组织"(Organization)一词，在汉语语系中是一个组合词，是"组"和"织"

的合成。如《礼记·内则》所言："织纴组紃"，郑玄注释认为："薄阔为组，以绳者为。"《辽史食货志上》说："饬国人树桑麻，习组织。"所以，中国古代关于"组织"的最初定位是与生产和生活直接联系在一起的，"织"主要是指"编织"（编麻），"组"则是其"阔"（即组合）的过程，二者合成可以主要理解为"编麻织布"之意。这应该是"组织"的汉语原本之意（教军章等，2005）。"组织"的英语表述为 Organization，其词源为生物学上的"器官"（Organ），主要指自成系统具有特殊功能的细胞结构（生物）体系（Organism），当然还包括器官之间的协调动作（Organize）和这一动作活动的结果（Organization）。"其扩展的涵义也就大体是联合的过程及其联合而成的整体安排结果。"（朱国云，2003）

关于"组织"概念的学理性界定，学术界一直众说纷纭，究竟有多少"一家之言"，到目前为止也没有人作出过非常精确的统计（当然也是无关紧要的）。所以，对此只能通过概括式的总结来把握其差别，在简约化的比较和归类中透视其本质。被称之为现代管理理论"鼻祖"的巴纳德（Chester I. Barnard）将组织定义为"有意识地加以协调的两个或两个以上的人的活动或力量的协作系统"。詹姆斯·穆尼（James D. Mooney）认为组织是每一种人群联合为了达到某种共同的目标的形式。哈罗德·孔茨则把"组织"定义为"正式的有意形成的职务结构或职位结构"（段万春，2007）。由此可见，组织不仅是人的结合，而且是一种特定的体系。一些学者认为组织的概念有广义和狭义之分，广义的组织泛指各种各样的社会组织或单位，如企业、机关、学校、医院等，是人们进行合作活动达到个人和组织目标的必要条件，狭义的组织是指按照一定目的和程序而组成的一种权责结构系统。也有学者将组织区分为有形与无形，即组织机构与组织活动。为区别起见，人们在日常生活中也常将有形的组织称为组织机构，而将无形的、作为关系网络或力量协作系统的组织称为组织活动。

管理学意义上的组织具有两方面的含义：其一，作为一种机构形式，它是人们为实现某一共同的目标而协同工作，通过某种规范而联系起来的有机体，具有系统的特征。如家庭、学校、企业、机关、医院、军队等均是这种含义上的组织，它们是促成管理绩效产生的工具，一切管理活动都必须以建立一定的组织结构为前提和基础。其二，组织不仅仅是一种机构形式，它还可以是一种活动的过程，即安排分散的人或事物使之具有一定的系统性或整体性。作为一种活动的过程，组织的对象是组织内各种可整合的资源，此时的组织就是为了实现组织目标而对资源进行整合的过程。

(二)什么是体育组织

1. 体育组织的涵义

高雪峰、刘青(2009)认为，作为一项体育管理职能，"组织"的涵义是指为了有效地实现体育组织的既定目标，通过建立体育组织机构，确定工作职责、权限，协调相互关系，使体育管理诸要素合理有效地配合，形成一个有机整体的活动过程。

本书认为，体育组织(Sport organization)是指为实现体育组织的目标，通过建立组织结构，确立人员责权，使管理诸要素协调、合理、有效地配合与协作，形成一个有机整体的过程。体育组织及其实施保证了管理目标的实现和计划的有效执行。显然，我们这里所谈的体育组织既有组织结构设计的含义，也包含组织实施的内容。

2. 现代体育组织的类型

现代体育组织的分类可以有多种标准，例如按照企事业、国家机关、党派及人民团体机构编制分类，按照体育组织目标与受益者的关系分类等，本书采取第一种分类方法。

(1)体育行政组织。体育行政组织主要指各级政府的专门和非专门体育行政机构，包括体育的政府领导、管理部门。这类体育组织是体育事业的政府行政管理部门，在各级政府部门的领导下，承担对本行政区域体育工作的领导、协调、监督职能。除美、英、德、日等几个少数国家外，绝大多数国家政府均设有专门负责体育事务的部门。我国从 20 世纪 50 年代开始实行体育运动委员会制，到 20 世纪 90 年代末在国务院实行机构改革过程中，"体委制"被"体育局制"取代。我国体育与政府的联系是十分密切的，政府对体育的管理和介入表现为：①增强民族体质，维护社会健康；②加强主要政治观念与价值观念一致性，促进社会团结；③提高国家和群众组织、社会团体的威信和知名度，提高公民对政治领袖的支持率；④保护公共体育秩序；⑤制定产业政策，促进体育产业发展，体育市场繁荣。我国体育行政组织的基层部门是县及县级市体育局，目前一些县(市)体育部门已与教育或卫生部门合并，但仍有专人负责体育工作。此外，卫生部、民政部等也设有体育管理部门负责本系统的体育工作。

(2)体育事业组织。事业单位是指国家为了社会公益目的，由国家机关举办或者其他组织利用国有资产举办的，从事教育、科技、文化、卫生等活动的社会服务组织。我国的体育事业单位主要包括：各运动项目管理中心、国家、省市运动队、训练基地、公共体育场馆、体育院校、体育科研单位、体育运动学校、业余体校、体育中学、行业体协、社会体育指导中心、体育新闻出版单位、体育博物馆、体育部门开设的医院、门诊部等。体育事业组织的主要任务是培养优秀运动员和各类体育人才，为体育训练、竞赛和群众性体育活动开展提供场地、技术等服务。

（3）体育企业组织。体育企业组织主要指由体育系统和社会团体、企业、个人兴办的以体育服务为主要内容、以赢利为目的的体育经营组织，包括职业体育俱乐部、商业性体育俱乐部、体育报刊图书音像制品出版发行机构、体育中介服务机构等。

（4）体育社会团体。社会团体是指中国公民自愿组成，为实现会员共同意愿，按照其章程开展活动的非营利性社会组织（中华人民共和国国务院令第250号《社会团体登记管理条例》）。体育社团就是以体育运动为目的或活动内容的社会团体，具有民间性、非营利性和互益性。体育社会团体主要包括综合性体育组织（如中华全国体育总会、中国奥林匹克运动委员会、中国体育科学学会）、单项运动协会、公益性体育俱乐部和各种专业性体育协会、基层体育协会等。体育社团是发展体育运动的基本的、实质性的社会机构。体育社团是一种重要的、数量极大的社会团体，它不仅有开展体育工作、组织体育活动、满足人们体育参与的价值，而且它还具有人们参与社会，实现自我价值，培养全社会团队精神、集体主义精神，开展社会工作和传达社会规范的重要价值。在体育管理体制分散型的国家，体育社团是由俱乐部、协会、联合会、总会等自下而上聚合而成的。在体育管理体制集权型的国家，体育社团则是自上而下分级建立的。我国的体育社团正在逐步走向实体化，成为体育社会化的重要载体。

目前世界上市场经济发展较好的国家基本上形成了以体育俱乐部为基础，单项协会和各类体协为支柱，体育联合会或奥委会为最高管理机构的体育组织结构。这一套体育组织体系的运作方式体现了体育运动的社会性、竞争性、国际性、公益性和产业性特征，已成为市场经济国家体育组织结构的共同模式。

3. 现代体育组织的基本要素

组织要素是构成组织的基本成分，在一个正式体育组织内，体育组织要素主要包括组织宗旨（使命、目标）、组织规范、组织成员、组织机构和组织文化。

（1）组织宗旨、使命和目标（Organizational goal）。任何组织都应有明确的宗旨和使命，它们是由社会分工确定的。所谓组织宗旨，是指规定组织去执行或打算执行的活动，以及现在的或期望的组织类型。宗旨描述了组织的愿景、共享的价值观、信念和存在的理由，它对组织有强有力的影响。使命是组织力图实现的结果和经营范围的正式说明，一般限定了组织的经营活动或可能强调的组织的价值、市场和顾客等。使命表明了组织存在的价值，它是指导和规范组织全部活动的依据。组织的一切活动都必须服从和服务于组织的使命。组织目标是组织使命在未来某一时间所要达到活动结果的具体化。它是组织中一切活动的出发点，也是组织中一切活动的终点。体育组织分为总体目标、阶段目标和部门目标等。总体目标反映着体育组织的宗旨和使命，也是区别于其他组织的标志之一。体育组织目标越能够兼顾社会、组织和成员利益时，就越能够发挥组织的各项职能，越有益于组织目标的实现。现实中的组织往往通过宗旨、使命与目标结合或单独表达其各自存在的目的。

（2）组织规范（Organizational criterion）。体育组织工作的有效性必须有组织规范作保证，它是整个组织活动过程中必须遵守的"组织纪律"。组织的规范包括组织的章程及相应的规章制度。章程是组织成员必须承认和遵守的规约，包括组织的性质、纲领、任务、原则、机构和成员的权利义务等。体育组织进行注册登记时必须具有明确的组织章程。例如《奥林匹克宪章》规定，国际奥委会必须按照《奥林匹克宪章》领导奥林匹克运动。国际奥委会是奥林匹克运动的最高权力机构，是国际性、非政府性、非营利性的组织，是奥林匹克运动的指导者、捍卫者和仲裁者。国际奥委会具有法人地位，它的存在是无限期的。它根据《奥林匹克宪章》作出的决定都是最终决定。还规定了国际奥委会吸收委员的方式，委员的资格和义务，国际奥委会组织机构的层次，全会的任务，执行委员会的组成、任期、权力和职责，主席的产生，国际奥委会的工作程序，使用的语言和经费来源等。

（3）组织成员（Organizational member）。组织成员是组织存在和运营的基本条件，组织的目标是通过组织所有成员的共同努力而实现的。因此，组织目标确定后，必须通过有效的管理来调动组织所有成员实现组织目标的积极性。例如，大型体育组织既有团体成员，也有个人成员。既有管理集团，又有竞赛表演的团体和个人。体育组织中的人员都有相应的专业要求，国际体育组织的最高管理者，至少必须具备把握国际运动竞赛发展趋势、洞察运动技术发展方向、协调管理层中各职能部门的工作和各成员国组织之间的关系等多种能力，以及相应的知识结构，主要包括社会学、文化学、历史学、国际关系学和管理学等。体育组织根据其性质，对成员的要求涉及地理、经济、竞技实力和文化等方面的因素。国际性体育组织，必须考虑地域因素和不同的文化因素。根据奥林匹克运动的宗旨，国际奥委会的成员必须包括世界各地、不同文化的成员国组织，国际奥委会委员也来自世界各国。营利性运动组织成员的条件涉及地理、人口、经济、竞技实力等方面的因素。

（4）组织机构（Organizational structure）。组织机构是组织内部各种职能部门及其职位，以及管理层之间正式确定的、比较稳定的相互关系模式，它是组织宗旨、目标、使命及职责实施的重要保证。例如，《国务院关于机构设置的通知》（国发〔2008〕11号）中显示，国家体育总局的行政级别为正部级，属国务院直属机构。取消了已由国务院公布取消的行政审批事项，增加了加强体育公共服务，促进多元化体育服务体系建设，推动全民健身的职责和加强指导和推进青少年体育工作的职责。国家体育总局主要职责调整为十条。在职责进行调整的基础上，内设机构和人员编制也进行了调整。其中内设机构由1998年设置的9个职能司（厅）调整为10个，即办公厅、政策法规司、群众体育司、竞技体育司、青少年体育司、体育经济司、人事司、对外联络司、科教司和宣传司。国家体育总局机关行政编制为217人。其下仍设有财务管理和审计中心、冬季运动管理中心、射击射箭管理中心、自行车击剑运动管理中心、水上运动管理中心、重竞技运动管理中心、田径运动管理中心等42个直属单位。通过职责和组织机构调整，有利于国家体育总局把工作转移到对全国体育工作的宏观管理和宏观决策上来，有利于对全国体育工作领导、协调和监督。

（5）组织文化（Organizational culture）。组织文化的实践活动源远流长，它是伴随着组织的出现而产生的，自从有了组织（尤其是企业）就有了组织文化这一客观现象。但是对组织文化的研究则是在近代开始的。所谓组织文化是指组织中的成员共有的价值体系，是控制组织内部行为、员工工作态度的价值观以及规范。组织文化的结构如同组织文化的构架和骨路，其构成是有层次的，并制约着组织文化的内容和功能。通常，组织文化由两部分构成，一个是组织文化的显性部分，即组织标志、工作环境、规章制度、经营管理行为等；另一个是组织文化的隐性部分，即组织哲学、价值观、道德规范、组织精神等（徐子健，2008）。组织文化代表了一个组织内各种由成员所认同及接受的信念、期望、理想、价值观、态度、行为以及思想方法、办事准则等。因此，组织文化是组织成员的思想观念、思维方式、行为方式以及组织规范、组织生存氛围的总和，它既是一种客观存在，又是对客观存在的反映。

二、体育组织的结构与设计

（一）体育组织的结构

组织结构（Organizational structure）是对工作任务的正式分解、组合和协调。组织结构被认为是组织"解剖学"层面的内容，被视为组织的骨骼和框架，是组织功能正常发挥的基础。不同部门和相应的职位是组织结构的基本元素，这些元素的不同组合形式构成了不同类型的组织结构。组织结构可以通过组织结构图直观反映。组织结构图是以图例表示组织内的全部下属活动及流程。组织结构图清楚地显示了组织中有多少职位、职位如何组合及各自之间的报告关系。

1. 直线式

直线式是最早出现也是最简单的一种组织形式。直线式组织结构的特点是组织内上级和下级管理层按垂直系统进行管理，层次分明，每一下级都有直接的上层领导，上下层之间关系简单而直接，信息和指令的传递是直线式的。下级成员只接受一个直接的上级管理者的命令，并对其负责。这种组织形式的优点是机构简化，权力集中，指挥统一，决策迅速。直线式组织结构的缺点是组织内缺乏合作精神，适用范围小，且主管人员负担过重，往往不适应复杂问题和复杂系统的管理。这种组织结构适应于小型体育企事业单位。

2. 职能式

职能式是在直线式的基础上发展起来的，是在领导者和执行者中间设立一些职能部门的组织形式。职能式组织结构的特点是在组织内把相关的职能集中起来，组建一个职能部门，把整个管理工作划分为若干个职能部门，由职能部门实行专门化的管理。指令和信息的传递通道较多，下级接受组织内部各职能部门的相关指令，行使自身的职能，并向不同的职能部门汇报本部门信息。这种组织形式的优点是有利于强化专业管理，提高工作的计划性和预见性，在一定程度上加强了横向联系，适应复杂情况管理的需要。职能式的不足之处是容易造成多头领导，命令不统一，工作易混乱，使下级单位无所适从。这种组织形式一般适应于管理工作较复杂、面广且管理分工比较细致的单位。

3. 直线职能式

直线职能式是直线式和职能式相结合的一种组织形式。其特点是将组织中的机构和人员分为两个系统，一套是直线指挥系统，另一套是职能系统。职能系统的管理人员是直线指挥人员的参谋，只能对下级部门进行业务指导，而不能直接指挥。这种组织形式的优点是命令统一，指挥权集中，有利于避免"多头领导"，便于调动人、财、物，保持管理秩序稳定。职能机构和参谋人员的"外脑"辅助，有利于科学决策。其缺点是权力高度集中于上层，下级缺乏自主权，应变能力弱，部门之间沟通少，不利于协调配合。

4. 矩阵式

这种组织形式既有上下的垂直机构，又有横向的水平机构。其特点是组织中的有关人员既接受纵向机构的领导，又接受横向机构的领导。这种组织形式的优点是组织中的有关人员接受双重领导，有利于发挥各方面人员的潜力和综合优势，加强了各部门的横向联系，使组织有较大的机动性和适应性。缺点是由于接受双重领导，处理不当，容易造成意见分歧，"条块"分割。这种组织形式适用于创造性工作任务较多或管理工作复杂多变的单位。

5. 事业部式

事业部式组织结构又称部门化结构或分权组织，它的特点就是把管理活动分为若干事业部。事业部是一个相对独立的单位，实行独立核算。事业部在内部管理上拥有自主性和独立性，设有相应的职能部门。事业部式组织结构采取"集中决策，分散管理"的原则，是由集权制向分权制转化的一种改革。其优点是组织高层领导摆脱了具体的日常管理事务，有利于集中精力作好战略决策和长远规划，提高了管理的灵活性、适应性、主动性和积极性。其缺点是职能机构重叠，造成管理人员的浪费。同时，由于各事业部门独立核算，易产生本位主义，且由于职权下放，增加了事业部门间的协调难度。这种结构多适用于规模较大、管理内容宽泛的组织。

(二)体育组织的设计

体育组织结构设计(Sport organization structure design)是指为实现决策目标而对组织层次、部门和权责进行管理划分。建立组织和管理组织是管理工作的主要内容，一个组织为了有效地实现其发展目的，必须探索如何设计其结构。

1. 体育组织结构设计的原则

(1)目标任务原则。设计组织的目的是要保证实现组织目标、完成组织的任务。体育组织的目标任务决定了体育组织的存在及组织结构的形式，组织设计得是否合理，最终的标准就是看组织的设计能否促进任务的完成和目标的实现。

(2)统一指挥原则。有效的组织必须有统一的指挥。组织中的每个职务都有人负责，每个人都应该知道他向谁负责，有哪些人向他负责。在指挥和命令上，每个人只接受一个上级的命令并向他负责，上下级之间形成一个"指挥链"。

(3)分工协作原则。分工与合作是组织活动效率的保障。分工可以提高效率和明确责任，协作则是实现组织总体目标的必要条件。

(4)精干高效原则。组织的层次多少取决于组织机构、任务工作量及管理的幅度。但无论哪种组织，都必须在保证完成体育管理目标的前提下，力求减少管理层次，精简管理机构，用最少的人去完成工作任务，提高工作效率和效益，达到组织目标。

(5)职、权、责对等原则。人员被授予组织中的某个职位，就有履行某个职位职责的义务，同时也就有了一定的权力，相应地就要承担工作成败的责任，做到职、权、责相一致。

(6)相对稳定原则。组织机构和工作人员要相对稳定，这样有利于工作协调配合，有利于提高工作效率，实现组织目标。若机构和人员调整频繁，容易使工作人员职责不清，沟通困难，影响工作效率的提高。但这种稳定是相对的，不是固定不变的。正相反，好的组织结构必须根据新形势、新条件、新要求，随时调整自己才能继续生存，才具有高度的适应性。

(7)有效管理跨度原则。管理跨度，又称"管理幅度"，指一个管理者能直接、有效地指挥下级和人员的数量。管理跨度控制在什么样的范围之内，并没有固定的模式，应根据具体情况而定。影响管理跨度的因素主要有管理层次的数量、需要处理问题的难易程度、管理者与被管理者的素质水平、管理对象的分散程度、工作内容的相似程度、标准化管理的水平、管理者授权程度、规章制度健全程度以及外部环境等。

2. 体育组织结构设计的程序

(1)确定组织结构设计的基本方针。根据组织任务以及组织内外环境条件，确定组织结构设计的基本思路、设计原则和主要参数。

(2)职能分析与设计。分析为完成组织任务而需要设置的各项管理职能，明确其中的关键职能，设计初步的总体管理流程。

(3)进行组织结构的框架设计。这一步骤是设计组织管理体制，即管理层次、部门和权责的划分，是组织设计的主体工作。一般有两种方法：一是自下而上设计法，即先确定所需的岗位和职位，然后按一定要求，将各个岗位与职位组合成多个独立的管理部门，再根据部门多少和管理跨度要求，划分出管理层次；二是自上而下设计法，即首先根据管理职能和管理跨度。确定管理层次，然后根据管理层次确定部门，最后根据每个部门所应承担的工作分解成各个管理职务和岗位。在实践中，通常将这两种方法结合使用。

(4)协调方式的设计。这一步是设计组织结构框架内纵向、横向管理之间的控制与协调手段，使组织结构协调一致，有效实现管理的整体功能。

(5)管理规范的设计。这一步是确定各项管理的工作程序、工作标准及要求等。将以上内容用规范的形式表现出来，成为组织成员必须遵守的行为规范。这一步将使组织结构合法化和规范化，起巩固和稳定组织结构的作用。

（6）人员配备。完成以上五个步骤工作，一个组织结构设计已基本完成，然后根据设计要求，配备各类管理人员。

（7）奖惩制度的设计。组织结构的正常运行还需要有一套明确的奖惩制度来保证。一般包括管理部门及人员的绩效评价与考核制度、管理人员的激励制度等。

（8）反馈和修正。组织结构设计过程是一个动态过程，由于新情况的出现或前面设计有不完善的地方，都要求对原设计进行修正。因此，要将组织结构运行中的各种信息反馈到上述环节中去，定期或不定期对原有组织结构作出修正，使之不断适应新变化，不断得到完善。

三、体育组织的变革与发展

（一）体育组织变革

所谓体育组织变革（Sport organizational change）是指运用行为科学和相关管理方法，对体育组织的权利结构、组织规模、沟通渠道、角色设定、组织与其他组织之间的关系，以及对组织成员的观念、态度和行为，成员之间的合作精神等进行有目的的、系统的调整和革新，以适应组织所处的内外环境、技术特征和组织任务等方面的变化，提高组织效能。体育事业的发展离不开组织变革，内外部环境的变化，体育资源的不断整合与变动，都给体育事业带来了机遇与挑战，这就要求关注体育组织的变革。

1. 体育组织变革的动因

（1）体育组织变革的内在动因。引起组织变革的内在动因主要有：①组织目标的选择和修正。它决定着组织变革的方向。组织目标的选择有下面几种基本形态：组织既定目标已经实现或即将实现，需要寻求新的发展方向和目标；组织既定目标无法实现，需要及时地转轨变型，寻求新的发展方向；组织目标在实施过程中与组织环境互不适应，出现偏差，要求对原有目标进行修正。②组织结构的调整和改变。主要是指对组织结构中的权责体系、部门体系的调整。③组织职能的变化。组织职能和基本内容的变化也是组织变革的内在动因之一。④组织成员内在动机与需求的变化。组织个体成员的行为是组织运行有效性的基础，个体成员的行为又要以各自的需要为基础。一定的组织结构与组织管理总是与一定的成员的需要相适应的。当个体成员的需要普遍发生变化时，组织结构也应发生相应的变化。

（2）组织变革的外在动因。①科学技术发展。现代科学技术的迅速发展，对组织结构、组织的管理层次与幅度、组织的运行要素等都带来了巨大的变化，同时也对组织变革提出了新的要求。②组织环境的变动。现代组织所面临的外部环境要比以往任何时候都复杂多变，这是导致组织变革的重要原因。③管理现代化的需要。管理现代化要求组织对其行为作出有效的预测和决策，对组织要素和组织运行过程的各个环节进行合理的协调和组织，所有这一切都对组织提出了变革的要求。

2. 我国体育组织变革的特征

一般来说，一个组织在下列情况下应考虑变革：决策效率低或经常出现决策失误；组织沟通渠道阻塞，信息不灵，人际关系混乱，部门协调不力；组织职能难以正常发挥；缺乏创新等。改革开放以来，我国经济体制逐步由计划体制向市场体制转轨，市场机制、客观经济规律越来越被更多的人所认识和运用。在新形势下，体育组织也开始积极探索利用市场发展体育事业的新道路，体育改革的深度、力度和范围不断加大，出现了一系列新的变化：

(1)体育组织体系的变化。体育行政管理组织机构逐步精简，一方面行政机构缩小，行政管理人员更为精练高效；另一方面管办分离、政事分开。将大量事务性工作交给事业单位和社会团体，把工作重点逐步转移到宏观管理上来。随着运动项目管理体制改革，大批单项运动协会实体化，承担起本项目训练竞赛的管理职责。协会管理的组织体系不断得到健全和加强，不仅是在国家一级成立各项目协会，在省(区、市)、地(市)，甚至县(市)将分别成立各层次的协会组织。协会组织是各级各类运动项目的直接管理部门，各级业余与职业俱乐部将逐渐取代各级各类运动队，政府管理的主要职能是运用政策和经济手段进行调控。协会则按照市场规则和协会章程独立运作。随着训练体制的改革，各种形式的业余体育俱乐部和职业体育俱乐部纷纷建立起来。在体育社会化的改革进程中，各种体育社团在发展我国体育事业方面发挥出越来越重要的作用。随着体育市场的培育和开发，一大批体育企业应运而生，成为我国体育事业的有益补充。这一系列变化，使我国体育组织体系逐步健全和完善。

(2)管理方式的变化。根据体育组织体系变革的需要，体育管理方式也开始由行政型向行政—社会结合型转变，由单一的集中型向集中与分散相结合转变。体育事业的管与办逐步分离，事业单位自主权扩大，增强了活力。体育社团的作用得到发挥，调动了各方面的积极性。

(3)经费来源渠道的变化。体育事业经费来源改变了过去单纯依靠政府财政拨款的格局，形成了政府、行业系统、社会团体、企业、个人共同投资和体育组织经营创收等多种经费来源渠道，充分利用社会力量，充分开发体育的经济功能，走体育产业化道路，弥补了体育经费的不足。

（4）运行机制的变化。改变了过去单一的计划机制，逐步将激励机制、风险机制、竞争机制等市场机制引入了体育组织。完善奖励制度，全国性运动竞赛实行申办制、招标制，运动员实行转会制，根据市场供求确定体育劳务商品价格，经济实体承包制、租赁制等，极大地调动了各方面的积极性，增强了体育组织的生机和活力，增强了体育事业自我造血的能力。

（二）体育组织发展

所谓体育组织发展（Sport organizational evolution）是指为使体育组织能够不断适应环境的变化，而进行的各种与更新组织结构、改进组织效能等有关的活动过程。正如任何事物都有其发生和发展的过程一样，体育组织本身也有其产生、发展的过程。组织的发展对于组织本身无疑是非常必要的，它将使组织不断适应内外环境的变化，从而更有效地实现组织的目标。

1. 体育组织发展对管理者的要求

任何体育组织的变革及发展须经由管理者的认同、设计并实施各种推进举措，因此，对于体育管理者来说，体育组织的变革与发展将对其提出更高的要求。一般而言，在组织变革中，一个合格的体育管理者需要具备以下能力：

（1）不断创新的能力。未来体育组织的发展所面临的环境日益复杂和更加不确定，循规蹈矩式的常规管理已经不能有效解决组织发展的根本问题。体育组织的管理者必须具备创新的意识及能力，主动实施变革，迎接挑战。

（2）超强的适应能力。体育组织将面临激烈的竞争，体育组织的管理者必须拥有发现未来的能力、战略性的思考和行动，以敏锐的观察力时刻面对未来，观测和预测未来，从而获得组织发展的优先权和主动权。

（3）掌握和运用信息的能力。信息是管理的媒介，它关系到管理的实施和效果。体育管理者必须有获取正确信息的意识及能力，并通过合理的方式正确运用，发挥信息的功能。

（4）科学决策的能力。组织的发展始终处于动态的环境变化中，管理者必须对各种信息变化做出及时反应，并通过有效方式，作出科学的决策。

（5）终身学习的能力。面对复杂多变的环境，传统的"控制型组织"应积极向"学习型组织"转变，学习是组织成员对环境、竞争对手和组织本身的各种情况的分析、探索和交流的过程。它与传统的学习含义不同，不仅指知识、信息的获取，更重要的是指不断提高自身能力以对变化的环境做出有效的应变。为此，管理者必须不断学习。

（6）发展人际关系的能力。管理的核心是"人"，管理者必须善于沟通，学会处理各种人际关系。这不仅有助于组织文化的建立，还有利于在与其他组织的互动交往中赢得良好的外部环境。

2. 我国体育组织发展的基本要求与条件

(1)建立适应社会主义市场经济的体育组织体系。科学合理的体育体制是建立良性循环的运行机制的基础。推进体育组织结构的变革，建立与社会主义市场经济相适应的，符合现代体育运动规律和体育社会化、产业化需要的体育组织体系，形成有效的宏观调控机制和社会参与机制，是深化体育体制改革的关键。要进一步改革行政管理体制，实行政事分开，转变职能，使体育行政部门切实把工作的重点真正转移到宏观调控上来；要积极、稳妥地推动运动项目管理体制改革，加快单项协会实体化步伐，使其逐步成为责权利相统一、全面负责本项目管理的实体，建立起具有中国特色的协会制；体育俱乐部是体育社会化有效的组织形式，要大力发展各种类型的体育俱乐部，通过这种组织形式，把国家支持、社会资助、自我经营有机结合起来；体育商业性服务可以满足部分体育爱好者的体育需求，是公益性体育服务的有益补充，要鼓励社会兴办体育经营组织，部分有条件的体育事业单位可以逐步转变为自收自支的经营组织；现有体育事业单位要调整内部机构设置，加强管理，拓宽服务面，广开经费来源渠道，增强自我发展能力。

(2)稳定和增加政府对体育组织的经费投入。合理调整投入的方向和结构，发挥政府体育资金的导向作用。政府财政经费的资助是体育组织主要的、稳定的经费来源。政府给予必要的资助，保障体育组织基本工作条件，对于体育工作的开展十分重要。因此，各级政府要把体育经费列入年度财政预算，确定对体育组织拨款的基数，建立完善全民健身计划和奥运争光计划的专项资金，并随着国民经济的发展和财政收入扩大增加对体育事业的投入。除政府投入外，要明确要求行业系统、学校、企事业单位要对下属体育组织给予必要的资助。同时，要搞好政府体育经费投入结构调整，对不同的体育组织、体育活动，政府的经费资助要有所区别，有所倾斜，使政府拨款政策有明显的导向性。

(3)鼓励社会各界对体育组织的赞助。为鼓励社会力量资助体育事业，纳税人通过体育行政管理部门或批准成立的非营利性的公益性组织，对各级运动队、体育技术学院、体育运动学校、业余体校、体育学院、公共体育场馆、体育科研所、体育博物馆，我国承办的国际体育比赛、全国和省市综合性运动会和单项比赛等体育事业的捐赠，应给予税费优惠政策。

(4)对体育组织实行财税优惠政策。为鼓励体育组织通过开展体育经营活动，筹集资金发展体育事业，提高自我生存和发展能力，国家对非营利性的体育组织开展体育业务活动及其辅助活动取得的收入应免征所得税，对所办企业，实行退税政策。对于省以上运动队进口训练、竞赛使用的专用器材设备、服装等缴纳进口税，国家根据税单给予退税或专款补助。

（5）通过多种方式为体育组织筹集资金。建立稳定的体育彩票发行制度，扩大彩票的集资能力。鼓励创建体育组织基金会，为体育事业的发展提供更多的资金。

（6）加强体育市场的培育与管理。体育市场的培育和发展是体育组织经济运行机制的改变的必要的社会条件。体育组织人力、物力、财力等体育资源在一定程度上需要通过体育市场来实现。目前，在我国体育市场只是初步发育，需要政府在政策上予以扶持，为体育市场的发展提供宽松的环境；同时，要制定体育市场的发展规划，保证体育市场的发展与国家整体经济运行政策的配合与协调；加强体育市场法制建设，要尽快制定"体育市场管理条例"，规范体育市场的开业标准和从业条件，保障体育市场经济秩序合理和有序，使体育市场的管理有法可依。

第三节　体育资源概述

资源是人类社会赖以生存发展的物质基础。现实中的资源是一个复杂的系统存在。资源系统是指在一定地域空间内由若干互相作用、相互依赖的资源要素有规律组合而成，具有特定结构和功能的有机整体。体育资源是对能够满足体育发展所需的各种要素或条件的总称。体育资源管理的整合方式包括体育资源的培育、开发、配置与利用。

一、资源与体育资源

（一）什么是资源

1. 资源的内涵

关于"资源"的概念，至今还没有严格的、明确的、公认的定义。从词义上看，中文里的"资源"是指"资财的来源"。《辞海》对资源的解释是："资财的来源，一般指天然的财源。"联合国环境规划署对资源的定义是："所谓资源，特别是自然资源是指在一定时期、地点条件下能够产生经济价值，以提高人类当前和将来福利的自然因素和条件。"不难看出，上述定义仅限于对自然资源的解释（狭义的资源）。除了对资源的狭义理解外，资源还有广义的解释。国内有学者认为："资源是指一定的社会历史条件下存在的，能够为人类开发利用，在社会经济活动中经由人类劳动而创造出财富或资产的各种要素"(王子平、冯百侠、徐静珍，2001)。可见，广义的资源包括投入到生产过程中的各种要素，从经济学的角度来看，社会经济学意义的资源应该具备以下基本条件：第一，必须对人类有用，也即具有使用价值；第二，必须是现实的和潜在的生产要素，或早或晚都能进入生产过程，不能作为生产要素进入生产过程的东西，不能算是经济资源。

对应于广义和狭义资源的概念，还有一种大资源和小资源的提法。一般认为，小资源是指传统的自然资源。大资源是一个包含复杂结构的、有数种子资源构成的、具有强大整体性功能的资源体系，包括自然资源、经济资源、人文资源、人力资源、政治资源和制度资源等六大既相互独立又相互联系的子资源系统，其中，后五种资源是人类社会劳动的成果，又通称社会性资源(周鸿，2000)。

人们普遍意识到，资源涵盖的范围非常广，它包括土地、水、物产、矿产、自然力、劳动力等可再生和不可再生的自然资源，包括各种生产工具、生产和生存资料等经人类加工后的自然资源，包括知识、技术、资金等非实体性资源，也包括军事机器、社会结构、经济管理等社会组织资源。《资源科学概论》一书认为，在一定历史条件下能被人类开发利用以提高自己福利水平或生存能力的、具有某种稀缺性的、受社会约束的各种环境因素或事物的总称(刘成武、黄利民等，2006)。

本书认为，所谓资源(Resource)是对能够满足人类社会发展所需的各种要素或条件的总称。资源是自然界和人类社会中可以用以创造财富的客观存在。一切有利用价值能够为人类所用的自然、经济、社会要素或条件都属于资源的范畴。

资源是个历史的范畴，又是社会的产物。它的内涵与外延并非是一成不变的，它随技术经济的提高而不断扩展、深化。人类社会发展的进程与人类对资源的认识、开发、利用程度密切相关。无论从历史发展的纵断面考察，还是从同一历史阶段地区间的横断面考察，一个国家的强弱，固然取决于资源的储备，但更重要的是取决于对资源的开发、利用和保护，现代科学技术的飞速发展和经济的全球化趋势，打破了资源的自然观和地域观，社会资源(科学技术)正在取代自然资源，成为国计民生的主导因素。

2. 资源的分类

根据不同的需要，我们可把资源用以下标准进行分类：

(1)按照资源的根本属性不同，划分为自然资源和社会资源。自然资源通常指"一般天然存在的自然物（不包括人类加工制作的原材料），如土地资源、矿藏资源、水力资源、生物资源、海洋资源等，是生产的原料来源和布局场所"。社会资源是指对自然资源以外的其他所有资源的总称，它是人类劳动的产物。社会资源包括人力资源、智力资源、信息资源、技术资源、管理资源。

（2）按照是否能够再生来划分，我们可以将资源分为可再生资源与非再生资源两类。可再生资源是指有生命的、能够通过大自然的作用不断地繁衍生殖的资源，包括水产（或渔业，下同）资源、森林资源、野生动物资源等；非再生资源包括铁等金属类、煤炭、石油等矿藏资源。如果对可再生资源利用适度、管理得当，就能够实现资源的可持续利用。

（3）按照是否会枯竭划分，可以将资源分为可枯竭资源与不可枯竭资源。不可枯竭资源包括水、太阳能、风能、土地等；可枯竭资源包括上述可再生资源、煤炭、石油以及铁等金属矿藏资源，等等。

（4）按照是否流动的物理性质来划分，可将资源划分为流动资源与非流动资源。流动资源包括水资源、太阳能、风能；非流动资源则包括流动资源以外的上述各种各样的资源。

（5）按照资源在量或质上的稀缺性程度，可把资源划分为软资源和硬资源。所谓硬资源是指主要在量上，归根结底表现为量上的稀缺性的资源，如土地、矿产、劳动力、资本等。所谓硬资源是指在质上表现出稀缺性，如技术、市场、信息、区位等。

（6）按照资源的用途划分，可将资源划分为能源资源与非能源资源。能源资源包括煤炭、石油、天然气、太阳能、风能、核能等资源；非能源资源包括土地、水产及金属矿产等。

（二）什么是体育资源

1. 体育资源的内涵

目前，学术界对体育资源概念研究的文献资料尚不多见。任海、王凯珍等（2001）认为，体育资源是指一个社会用于体育活动，以扩大参与体育活动的人口和提高竞技运动水平在物资、资本、人力、时间和信息等方面的投入。体育资源是发展体育的物质凭借。一般而言，体育资源越充沛，体育活动就越容易开展，其发展水平就越高。但是由于人们的健康需求水平是没有限度的，竞技运动的发展也是没有止境的，因此，体育资源与社会的体育需求之间总是存在着差距，社会越是发展，人们越是感到体育资源的紧张。他们认为，从经济学的资源配置研究转型期中国体育改革是重要的切入点，影响体育资源配置的基本因素主要是环境因素、思想认识、组织形式、法律平台。在续篇《我国体育资源配置中存在问题及其原因探讨》中，作者分析了当前我国体育资源配置中存在的一些问题，诸如资源严重不足，资源分割、利用率低，资源流通渠道不畅，资源配置结构不合理以及资源再生能力差等问题。最后作者从主客观因素对体育资源配置中出现的问题进行了系统分析。

程云峰(1998)提出"体育资源是指那些有利于增强人民体质，提高运动技术水平的各种社会条件和自然条件的潜在拥有状况"。刘可夫、张慧(1999)则认为，体育资源是人们从事体育生产或体育活动所利用或可资利用的各种条件及因素。体育产业作为第三产业的一个组成，主要是生产服务产品。体育服务产品的生产需要各种物质的和非物质的生产要素，因而体育资源既包括有形的物质资源，也包括无形的非物质资源。体育资源不仅是指体育产业所涉及的资源，也涵盖国民经济其他产业的资源。

本书认为，体育资源(Sport resource)是对能够满足体育发展所需的各种要素或条件的总称。由于体育发展中需要投入的要素或条件具有能够满足人们体育需求的现实或潜在能力，人们在满足体育需求的过程中必然要渗透进人类的劳动与创造，这就是将要素或条件称为体育资源的依据所在。

2. 体育资源的分类

体育资源包含两个范畴：体育自然资源和体育人文社会资源。体育自然资源是指自然界存在的，可作为体育产品生产的物质要素及必需的环境条件的资源，如地理环境资源、气候条件资源等。体育人文社会资源是人类社会活动中存在的可为人类开发利用的各种资源。二者缺一不可，自然界中存在的各种体育资源，如果没有人类劳动对它的作用就不可能成为可为人们利用的体育产品；同样，人类的劳动失去了自然的物质对象，也难以生产出各种体育产品。

体育资源的触角会涉及社会、政治、经济、文化以及体育系统内部等多重层面，它们构成了庞大复杂的体育资源系统。总体来看，我们可以把体育资源系统分为体育自然资源系统和体育人文社会资源系统两大部分(体质资源、科技资源、教育资源、经济资源、物质资源、民族资源、传统资源)。

根据不同的需要，按不同的分类形式及标准，可把我国体育资源进行如下分类：

按体育系统构成要素来划分，体育资源可分为体育人才资源、体育场馆资源、体育资金资源、体育信息资源、体育科技资源、体育产业资源、体育体制资源等。

按活动人群来划分，体育资源可分为社会体育资源、竞技体育资源、学校体育资源。

　　按具体运动项目来划分，体育资源可分为篮球、足球、排球、田径、乒乓球、羽毛球体育资源。

　　按国家部门分类来划分，体育资源可分为体育行政系统体育资源、体育企业体育资源、体育事业体育资源、社会团体体育资源。

　　按所属单位来划分，体育资源可分为学校、社区、厂矿、部队、企事业单位体育资源等。

　　按资源性质来划分，体育资源可分为国有体育资源、社会（集体）体育资源、个人体育资源。

　　按地域及经济发展水平来划分，体育资源可分为东部经济发达地区体育资源、中西部欠发达地区体育资源。

　　按体育资源的表现形态来划分，体育资源可分为有形体育资源、无形体育资源。

　　按体育资源发挥作用的时间来划分，体育资源可分为潜性体育资源、显性体育资源。

　　按体育资源所属国别来划分，体育资源可分为国外体育资源、国内体育资源。

　　按是否能够再生来划分，可以将体育资源分为可再生体育资源与不可再生体育资源。

　　按照是否流动的物理性质来划分，可将体育资源划分为流动性体育资源与非流动性体育资源。

二、体育资源的特征

（一）生成性

　　任何类型的体育资源都是在一定的经济社会及自然条件下发展演变、发育或经人的培育而生成的。体育资源生成性这一特征，在当今高科技大发展和知识经济到来的历史条件下，有着十分迫切和重要的意义。首先，这是一种存在的事实，是体育运行中的一种规律性，目前，无论是实际的生产活动，还是对待资源的观念，都不能超越这一事实，这一事实决定着人类对待体育资源的行为方向、目的和观念。承认这一事实，会有助于树立起积极、务实的与传统资源观不同的资源观；其次，体育资源的生成性特征还说明资源可以通过培育实现体育资源的从无到有，通过体育资源开发而实现体育资源存量的增加。无论是人才培训、资金筹集还是场馆建设都需要人的主动开发创造。这启示我们，应积极寻求必要的方法手段，不断培育新的体育资源，不断提高体育发展的水平。

（二）稀缺性

体育资源稀缺是客观存在的事实，体育资源的有限性是体育资源的基本特征之一。短缺是就体育资源数量与需求的关系而言的。任何现实的、可提供的体育资源数量，相对于体育发展的需要而言，都呈现着不足。无论是包含在自然资源还是社会资源中的体育资源，它们在特定的时间、空间条件下，具有一定的质量、数量和分布状况，都是有限的。如当前我国在高水平人力资源、后备人才资源、科教资源等方面都存在明显的不足，如一个地区发展体育需要有大量资金，而又常常面临资金投入不足的困境。由于科技资源短缺，导致体育发展水平低下。这又从另外一方面提示我们，在体育资源存量不丰足的条件下，开发现有体育资源的利用价值尤为重要。

（三）社会性

体育资源的社会性是就体育资源所反映出来的社会关系提出的。首先，体育资源是被人开发出来的，有人的劳动包括智力和体力注入其中，它们都是劳动的产物。在这个意义上，体育资源反映着人与社会的关系。其次，体育资源都被用于体育产品的生产过程，而这一生产是社会性的过程，它服从着人的利益和要求。再次，体育资源被用于生产以生产出体育产品后，都是为满足人们的体育需求而服务的。人的消费需求以及用体育资源制造的体育产品对这种需求满足的程度，规定着体育产品的效用和质量。这种活动中反映着人与人的关系。可以说，体育资源运行过程中反映出来人与人的关系构成了资源的社会性质。

（四）连带性

现实社会生活中的体育资源是以具体形式存在并发挥作用，其间不仅存在着密切联系，而且在发挥作用的过程中，也是相互依存和相互制约的，如一种资源的使用就必然需要另一种资源作为代价，如投入科技资源到体育的发展，相应就需要有资金和人才资源的支持。而使用体育人才，就需要投入相应的财力资源和科教资源。体育资源的连带性对资源的开发利用提出了要求。首先，对任何具体资源的考察，都必须将其放在大资源背景下进行，这样才会获得关于资源的整体观念。拥有较丰富某一类体育资源的国家和地区，如果缺乏相应的人文社会资源，同样不能获得预期发展结果；其次，单一开发利用体育资源的不足已经为人们所认同，综合使用体育资源，挖掘体育资源的整体功能是体育事业发展的大趋势。

（五）可整合性

体育资源在体育发展中发挥作用必然是经由人的行为作用的结果，这体现为一种整合。人类在利用体育资源的过程中，为使体育资源发挥最大效能，而不断进行有目的的开发、配置、调节、控制等活动。同时，任何一个环节的实施还必须通过一系列的计划、行政、经济、法律等手段，建立一系列规章制度等约束机制等。体育资源的整合是有目的的活动过程，要取得开发、利用、培育体育资源的最佳绩效，关键在于创造相应的条件进行人为的干预或调控，条件成熟了，目的便能达到。

三、体育资源的整合

体育资源的最佳绩效发挥离不开对资源的科学整合。对体育资源的培育、开放、配置与利用过程进行有效整合是实现资源管理目标的必要途径。

（一）体育资源的培育

1. 体育资源培育的内涵

"资源的培育是指人类运用科学技术措施去改变环境条件或资源内部的功能结构，以达到不断改善和提高资源生产的能力的有力手段"（尚杰、马波，2001）。也有学者将资源培育以"培植"替代，认为资源培植就是指"人为地创造一种条件，促进资源的生成，从而增加资源的存量的活动过程"。根据资源培植对象的性质不同，资源培植包括三方面内容：一是增加新的资源种类，使原来没有的资源培育出来；二是使原来数量少的资源数量多起来；三是使已经有了的资源提高质量。后两者都是对原有的资源培植与再生（王子平、冯百侠、徐静珍，2001）。实际上，资源培育是针对于资源存量增加而言的，其实质是为使资源数量增多而实施的管理行为，而使原有"资源提高质量"则属于资源开发的范畴。从通常来看，体育资源越是丰富、数量越大、质量越高、种类越多，对促进体育事业的发展就越有重要的意义。

本书认为，所谓体育资源培育（Sport resource cultivation）是指在一定条件下，通过某种方式促进体育资源生成的过程。

体育资源培育的实质是运用科学技术措施去改变环境条件或体育资源内部的功能结构，以达到不断改善和提高体育资源生产能力。体育资源生成的结果是资源存量增加，其根本目的是为体育发展提供必要的资源基础，以促进体育事业的发展壮大。就整个体育资源体系而言，体育资源的培育是进行与体育资源有关的一切活动的基础和条件，它是体育资源开发、配置与利用的前提，没有培育也就没有开发，从而也就没有体育资源的利用与配置，这一过程体现了客观事物从无到有的发展过程，符合客观事物发生发展的规律。

2. 体育资源培育的原则

一般而言，体育资源的培育需遵循以下原则：

（1）目的性。就大部分体育资源而言，均是人类创造的产物，任何形式的体育人文社会资源都可以通过人为规划而逐渐形成。由于体育资源转化为社会财富，发挥对体育事业发展的支持作用，必须经由人们有目的的"创造"环节，因此，体育资源的培育必须具有明确的目的性。

（2）条件性。体育资源的形成要求具备一定的条件，适宜的条件会促进体育资源的生成。反之，体育资源所要求的条件不具备，体育资源则很难存在并发挥作用。

（3）时间性。体育资源的培育需要一定的时间与过程，不顾时间的限制而急于利用资源，则只能使体育资源的利用寿命缩短，很难取得预期的效果，对于体育人力资源而言，尤为如此。

3. 体育资源培育的方式

（1）体育资源规划。大多数体育资源的产生不会"从天而降"，而是经由一个产生发展的过程。为此，做好体育资源的规划是培育体育资源的首要环节。要根据体育事业未来发展的需要，以及现有体育资源禀赋状况，有目的地做好体育资源的培育规划。要明确哪些是必须培育的资源，哪些是首先培育的资源等，然后制定出切实可行的体育资源培育方案。

（2）体育资源投资。体育资源的产生需要"成本"，为此，需要对体育资源的产生过程进行必要的投资。相对而言，有形体育资源的培育易于见效，而体育人文资源的获取则需要一个长期、系统、科学的投资过程。

（3）创新体育资源管理模式。一般而言，管理理念对管理过程及结果会产生至关重要的影响。为此，管理者必须树立科学的体育资源培育理念，通过采取各种有效措施，营造适宜于体育资源产生发展的环境条件，以有利于各类体育资源的产生。

（二）体育资源的开发

1. 体育资源开发的内涵

开发（Exploitation）一词，最早缘于人类指向自然界的活动，如煤矿开发、石油开发。接着又转而指向技术，如新技术开发、新工艺开发。现在又指向了人自身，如智力开发、人才开发。开发就是使隐藏着的和未被人了解的显露出来，资源开发既包括对现在已有的尚不能完全利用的潜在资源的挖掘，也包括对目前已经能够利用的资源的未知功能做进一步的深度挖掘，从而提高资源的可利用程度。有学者提出，资源开发是指人们在现有科学文化和经济技术条件下，运用多种手段，对资源的发现、勘探、规划、投资到最终产生效益的过程。按照开发对象的差异，可分为自然资源开发、经济资源开发和智力资源开发三类；按照开发对象的状态及其开发程度、效益的差异，可以分为资源初始开发和资源深度开发。资源初始开发即对原始状态资源的初步开发，一般而言，开发形成的产品为初级产品，附加值低，经济效益不高；资源深度开发即对已利用的资源进行再次开发，此时开发形成的产品为精加工产品，附加值高、经济效益高(曹康琳、王鹏、汤叶涛，1998)。

本书认为，体育资源开发(Sport resource exploitation)是对尚不能完全利用的潜在体育资源和已经能够利用的体育资源的未知功能做进一步深度挖掘，以提高体育资源可利用程度的过程。

体育资源开发是在体育资源培育基础上的活动行为，它是开展体育资源高效利用的必要前提，因而体育资源开发在体育资源管理体系中处于"承上启下"的重要环节。体育资源开发的内容，涵盖了现实存在经培育而成的所有类型体育资源。我们可以根据现实需要及体育资源的具体条件，有选择地进行开发与规划。

从资源到资产是一个"资源—劳动—资产(财富)"的形成过程，而按照资源存在状态的区别，此关系式可表达为"潜在资源—劳动—资产(财富)"和"现实资源—劳动—资产(财富)"，使这两种形式的资源(潜在资源与现实资源)得以在现实中被利用，必须经由对它们的初级开发与再次开发的过程。通过对资源的开发，不仅可以使现存的潜在资源转化为可以直接利用的现实资源，并可以使目前能够利用的资源的横向使用范围扩大，纵向使用范围加深。

2. 体育资源开发的原则

(1)成本性原则。在体育资源的开发过程中，人们是为达到一定的预期目标而为的，这就必然要有一定的投入，这些投入要素就形成了资源开发的成本代价。人们需要投入必要的人力、物力、财力等资源去换取另一种资源的获得。由于资源开发成本的客观存在，就迫使我们不得不考虑对体育资源开发的规划设计及运行过程，在获取一种资源时，尽可能得以较小的代价获取最大的收益无疑是我们所期望的。

(2)最大效益原则。体育资源的开发必须追求开发的效益，体育资源开发效益是指反映因某种资源开发而给开发单位或社会带来的整体效益。对体育资源的开发所产生的效益可以分为经济效益与社会效益两大类。由于体育资源开发过程中开发成本的客观存在，这就要求资源开发在考虑成本的前提下，以追求最大的社会、经济效益为原则，否则就会浪费体育资源，影响体育资源的可持续利用。值得注意的是，从长远看，社会效益与经济效益具有一致性，但在一定时段内二者之间有一定程度的不相容性。如计划经济时期，我国体育以社会效益作为根本追求，忽视了体育经济效益的开发。随着中国体育体制改革的深化与发展，这种局面会得到改观，有关体育组织实体在实现社会效益的同时也会得到自身所追求的经济效益。

（3）初始开发和"二次"开发相结合原则。从体育资源开发时间及开发程度而言，体育资源开发包括初始开发及"二次"开发的过程，忽视体育资源的"二次"开发，一方面会使原有体育资源的潜力未能完全挖掘出来，浪费了资源。另一方面，往往不能跟上世界体育发展的趋势，造成发展上的落后。当今世界竞技体育人力资源的"二次"开发已经成为各国普遍重视的事实，这也遵循了可持续发展"以人为本"的基本理念。

（4）综合开发原则。只重视单一体育资源的开发而忽视对所有体育资源的综合开发，既不利于提高某一类体育资源本身的开发速度和效益，又不利于体育资源的整体性开发，以及体育事业与经济社会的协调发展。例如，我国目前大量的运动员资源未得到充分的开发，运动员成才率低下，部分科学研究成果应用到竞技体育领域的转化率低，几个为数不多的国家级训练基地长时间处于闲置状态，运动训练领域的经验训练依然占据很大的市场。造成这种局面的原因绝对不会是单一因素的作用，对资源综合性开发不足确是一个主要问题。要改变这样的局面，必须综合利用各种资源，必须将体育资源作为一个系统进行规划设计，实施综合开发。

3. 体育资源开发的方式

（1）外延式开发。体育资源的外延式开发是指采用一定的方法手段，通过增加体育资源的种类与数量为主来实现对体育资源开发的方式。如根据各地区经济、技术条件和体育传统，充分发掘各具特色的体育资源，使各类体育资源在数量上得到开发和扩展，从而推动体育事业的发展。体育市场的建立，体育需求的不断扩大，对体育资源数量上的扩展起到拉动作用。我国自然资源和人文资源丰富，客观上形成了体育资源外延开发的条件。随着科学技术的进步和体育活动的发展，还需要进一步开发新的体育资源。

（2）内涵式开发。内涵式开发是指对现有的体育资源进行新的发掘，或者重新组织与调配的开发方式。例如，运用现代科学技术手段对现有的体育资源进行挖潜，使其具有新的、更加丰富的表现形式和表现内容，在提高利用效益的同时，创造出新的内涵，从而使体育资源更加丰富和多样化，用较低的开发成本满足体育产业发展的需要。内涵式开发是以提高体育资源的利用效率和创造新的内容为目标的，因而这种开发方式更具有积极意义。

（三）体育资源的配置

1. 体育资源配置的内涵

资源配置（Resource allocation）历来是经济学家关心的课题，资源配置不仅是一个经济问题，而且也是一个与人类生存、发展和价值目标追求密切相关的社会问题。它既具有经济学意义，也具有生态学和社会人文学意义。任何社会都面临着生产什么、如何生产和为谁生产这三大基本经济问题，而社会经济资源是稀缺的，投入到某种产品生产的资源的增加会导致投入到其他产品生产的该种资源的减少。为此，就需要根据不同的目标对资源进行合理的调配。

马克思指出："按一定比例分配社会劳动的必要性，决不可能被社会生产的一定形式所取消，而可能改变的只是它的表现"，这种按一定比例进行资源配置是社会经济有效运行的中心环节。任何社会的需求增长是无限的，社会可以现实利用的资源总是有限的，因而如何有效地配置资源就成为解决这一根本矛盾的核心问题（商之，1997）。

资源配置问题一直都是经济学研究的重要内容，学者们对于资源配置的理解较为一致。著名经济学家厉以宁在其所编的《市场经济学大词典》中将资源配置解释为，"是指经济中的各种资源，包括人才、物力、财力，在各种不同的使用方向之间的分配"。资源配置包括宏观和微观两层含义。从宏观上讲，它是指资源在各个部门、行业、地区的分配；从微观上讲，它是指资源在具体的生产单位如何组合使用。资源配置涉及配置规模、结构和方式三个方面的内容。

对于资源合理配置问题有两种表达方式：一是使有限的资源产生最大的效益，即要求反映一定限量的资源条件下，通过资源的合理安排、组合，以追求产出的最大效益，此时，资源的限量是约束条件，效益最大化是目标函数；二是为取得预定的效益尽可能少地消耗资源，此时，效益达到值是约束条件，资源成本最小是目标函数。这一过程客观上需要"根据组织目标和产出物内存结构要求，在量、质等方面进行不同的配比，并使之在产出过程中始终保持相应的比例从而使产出物成功产出"。时间、空间和数量是构成资源配置的三个要素。当得知一种资源在不同的时间、地点或部门使用的数量后，就确切地知道了一种资源配置的状态。上述三要素缺少任何一种都是不完整的，资源配置也都是不确定的（王子平、冯百侠、徐静珍，2001）。

本书认为，体育资源配置（Sport resource allocation）是指通过对体育资源在量、质等方面进行不同配比，使之在运行过程中保持相应比例，从而实现体育资源开发利用效益最大化的过程。

2. 体育资源配置的原则

（1）方向性原则。体育资源配置的最终目标在于根据组织目标和产出物内存结构要求，在量、质等方面进行不同的配比，并使之在产出过程中始终保持相应的比例从而使产出物成功产出。可见，体育资源的配置是有明确方向的，不是为了配置而配置。

（2）整体原则。体育资源的配置不是追求各种资源的最优搭配，这就意味着在进行资源配置时，不必追求配比最好的项目资源，而是注意资源的整体化最优。例如，体育组织内体育人才资源的搭配不是单个人的素质越高越好，而是整体最优。

（3）动态原则。体育资源的配置不可能一蹴而就，随着环境的变化以及体育资源内部的变化，原来较为合理的配置变得不优化了，这时就需要进行再配置，这就是动态原则。

3. 体育资源配置的方式

（1）计划配置。计划配置是指可配置的资源量及资源配置的方向由计划决定。计划配置可以在短期内极为有效地改变资源的配置结构，实现结构转换的目标。因此发展中国家在工业化进程中，在明确结构转换的目标后，大部分都采用计划手段，改善资源配置，以加快工业化进程，尽快地完成从农业社会到工业社会的转变，并取得一定的成效。然而计划配置的有效性，必须具备两个前提：①完全的信息。计划者能够搜集到整个经济的投入产出信息，从而制订出确保资源最优配置的计划；②足够的激励机制。计划执行者与计划不存在矛盾，能够完全按计划行事，确保计划彻底执行（许保利，1997）。

长期以来，我国体育资源的配置方式较多依赖于计划方式。新中国成立至十一届三中全会，我国体育体制实行的是与计划经济体制相适应的体制，这是一种政府直接办体育的体制，其基本特征是，政府以计划手段配置体育资源，以行政手段管理体育，政府既是办体育的主体，也是管体育的主体。中国体育体制改革的重要方向，应该是各级体育政府职能部门对体育资源配置，要采取按市场经济和体育活动的规律进行分配、管理、调控、评估组合等，使体育资源配置达到优化目标。

（2）市场配置。市场是现代经济的基础和核心，一切资源只有通过市场才能配置到所需要的地方。通过市场，实质是通过在市场中起作用的价值规律和竞争、供求等机制的调节，使市场与效益、效率本质地统一在一起。市场机制的目标就是通过资源的合理配置而产生出最大的效益和最高的效率。与其他资源配置方式相比，市场具有平等性、灵活性、开放性、创造性、竞争性和追求效益效率的特点，在达到和实现资源配置经济效益基本目标方面具有充分优势和不可替代性，它能最大限度地激发和调动各种经济主体的积极性，形成一种无时不在的风险、竞争、压力等经济环境，使各种经济主体时刻都处于积极探索、不断创新、大胆试验的状态之中，也能使各种资源以最快的速度、最方便的方式配置到最需要、最能发挥作用、最能产生效益的地方（王让新，1994）。

市场优化配置资源也是有条件的，要求以下条件：1)产权独立。2)有竞争性的市场。在市场经济条件下，资源配置是通过竞争实现的。3)自由的价格机制。4)生产要素的自由流动（刘克逸，1999）。

市场配置体育资源范围的大小和效率的高低是衡量一国体育社会化和产业化程度的重要尺度，也是决定政府发挥作用的合理空间的重要标准。当一国在市场经济尚不发达，市场机制发挥作用的体制性障碍还有待突破的历史时期，该国体育的社会化和产业化程度不会太高，市场在体育资源配置中的作用也会十分有限，这时政府在体育事业发展中发挥较大作用是必然的，也是合理的。

我国体育资源配置是政府调控下的模式，我国体育目前处于社会转型期，由于我国具体国情，在相当长的时间内，国家依然要对竞技体育的发展进行干预或调控，国家体育资源调控体系的建立和健全对体育资源配置起到决定性导向作用。国家可以通过制定政策、利用税收、建立制度、规划设计等形式对体育资源配置进行管理。

改变存量资源配置的方法有二：一是既有存量资源结构不变。通过改变增量资源配置结构逐渐形成一个新的存量资源配置格局。这是一种渐进的变革方式，它以既有的存量资源配置结构合理为前提，并且不触动原有的既得利益，阻力较小，比较容易实现。二是对既有的存量资源进行再配置。它将迅速改变存量资源的配置格局，形成一个新的存量资源配置结构。它以现有存量资源配置结构不合理为前提，是一种激进的变革方式。这种存量资源的再配置将实现资源从生产率低的部门向生产率高的部门转移，提高现有资源的总体配置效率，增加经济的总产出水平（许保利，1997）。

（3）计划配置与市场配置相结合的方式。这是以市场机制作为体育资源配置的基本手段，同时采取适度的政府计划干预的配置方式，使体育资源的配置能发挥最好的社会效益和经济效益。对于注重社会效益的体育项目如全民健身运动等实行较强的计划配置，使资源得到充分的利用。对于一些休闲性、娱乐性、保健性的体育项目，实行较强的市场配置，使这部分体育项目和活动能灵活地根据体育市场的需求变化来进行，保证这部分体育资源的配置合理，更好地满足人们各种形式的体育需求。在我国全面建设社会主义市场经济的今天，体育事业从自身发展的需要，走产业化、市场化的道路是必然的趋势，所以体育资源的调配应以市场机制为主要力量。同时，还需要适度的政府的宏观调控，政府的干预不是针对微观领域，而是宏观上的指导。

(四)体育资源的利用

1. 体育资源利用的内涵

资源利用(Resource utilization)是指将现实形态的资源投入到社会经济中去，发挥出所具有的资源功能，最终创造出社会财富的一种社会性活动(王子平、冯百侠、徐静珍，2001)。

本书认为，体育资源利用(Sport resource utilization)是指将体育资源投入到体育发展过程中，以发挥其功能，创造经济社会效益的过程。

2. 体育资源利用的原则

(1)适度利用原则。对于一般形式的体育资源而言，都存在一个经由培育、开发、配置到利用的周期性发展规律。资源需要有目的地培育而成，在利用过程中，也必须不断对其进行开发，以挖掘其潜力，但这并不意味着对体育资源的利用就是无止境的。孤立地利用资源，不注重对资源培育、开发的持续投入，会造成资源枯竭，并最终形成资源恢复能力的"弹性"消失。因此，"只求结果，不求栽培"的方式，只能导致资源利用的不可持续。

(2)注重效益原则。资源利用的结果会产生一定的社会及经济效益，这同时也是资源利用所追求的目标。对于体育资源的利用来讲，不仅要追求社会效益，也要追求经济效益。特别是随着市场经济逐步建立以及体育体制的改革的逐渐到位，发挥市场功能，实现体育的国家调控，依托社会、自我发展的模式将使体育不得不考虑自身的运行效益问题，为此，必须重视体育资源的效益。

(3)综合利用原则。一个国家或地区体育资源综合利用的程度，不仅反映了该国或地区科技进步的水平，同时也体现了体育发展的状况。一般而言，体育资源综合利用程度高的国家或地区，其"科技兴体"及体育发展水平都比较高。提高体育发展水平，必须综合利用人文、社会、自然资源，发挥这些资源的综合效益。另外，由于体育活动已经形成国际间的广泛竞争活动，因此，体育资源的综合利用还包括国内、国际资源的综合利用，这对于体育的国际间竞争保持优势至关重要。

(4)遵循价值规律原则。资源是有价值的，我们可以从效用价值论加以说明。效用价值论认为，物品的效用是价值的源泉。所谓效用，是指物品满足人的需要的能力。效用是形成价值的必要条件，物品的稀缺性则是充分条件。无论是空气、流水还是森林、粮食，都能满足人们的某些需要。因而资源是有价值的(易莹，1998)。体育资源是为满足体育发展需要的客观存在，因而也是有价值的。另一方面，体育体制要适应社会主义市场经济体制的要求进行改革，与计划经济体制时期体育运行不同，社会主义市场经济体制下，体育要遵循价值规律进行运作。

3. 体育资源利用的方式

(1)单一体育资源的利用。任何体育资源的利用均可以细化到对某一项体育资源的利用上来，这是完成整体体育资源利用的基础。单一体育资源的利用要求管理者相对熟悉专业体育资源领域的相关知识，以有利于体育资源利用的最大化。

(2)各种不同体育资源的综合利用。任何一项活动的完成，均是管理者整合各种资源、发挥资源利用效益的过程。因此，提高体育发展水平，必须综合利用人文、社会、自然资源，发挥各种不同资源的综合效益。综合利用各种体育资源要求坚持系统的观点，重视并合理利用任何环节的体育资源。

(3)本区域体育资源与本区域外体育资源的利用。现代体育的发展已经超越了区域的界限，任何体育资源均有可能成为管理者开发利用的对象，因此，还要注意不同区域体育资源的利用。

在体育资源利用的运行过程中，往往是同时存在着上述三种类型的资源利用过程，这就构成了对体育资源综合利用的过程。体育资源综合利用要求充分发挥体育资源的最大价值，提高利用效益，促进体育事业可持续发展。

复习思考题

[1]名词解释：体育管理、体育组织、体育管理体制、体育资源。

[2]体育管理系统包括哪些方面内容？

[3]体育组织的结构设计有什么要求？

[4]体育管理学的研究对象和方法是什么？

[5]体育资源培育、开发、配置与利用的基本原则与方式是什么？

第二章　体育人力资源管理

【内容提要】

　　体育人力资源管理是体育管理活动的核心。体育人力资源是指蕴含于体育从业者自身的各种体育知识与技能的存量总和，其由自然结构、文化结构和专业技能结构组成。体育人力资源管理目标包括全体管理人员在人力资源管理方面的目标与专门人力资源部门的目标。体育人力资源的管理包括人力资源的培育、开发、配置、激励等环节。本章介绍了体育人力资源管理的基本内容及方式等问题。

【学习目标】

- 掌握体育人力资源管理的概念、目标与内容
- 明确体育人力资源规划的概念、基本内容与方法
- 明确体育人力资源培育的概念、基本内容与方法
- 明确体育人力资源开发的概念、基本内容与方法
- 明确体育人力资源配置的概念、基本内容与方法
- 明确体育人力资源激励的概念、基本内容与方法

第一节　体育人力资源管理概述

　　体育人力资源管理是体育管理活动的核心，具有很强的政策性和灵活性，没有严格的固定模式。体育人力资源管理既要考虑组织目标的实现，又要考虑员工个人的发展，强调在实现组织目标的同时实现个人的全面发展。

一、体育人力资源管理的概念

（一）什么是体育人力资源

目前通行的关于资源的划分有四种，即物力资源、财力资源、信息资源和人力资源。其中人力资源在生产力迅猛发展的今天，作为活跃于生产力中最积极的要素，当属社会第一资源。自从著名管理学家彼得·德鲁克1954年在《管理的实践》一书中提出"人力资源"一词以来，众多研究者对其进行了研究，但关于什么是人力资源，目前有很多解释，但大家普遍认为：人力资源是指能够推动整个经济和社会发展的劳动力的现实和潜在的禀赋（所谓禀赋即指人所具有的智力、体魄等）。

所谓体育人力资源则是指蕴含于体育从业者自身的各种体育知识与技能的存量总和。按照这样的界定，运动员、教练员、裁判员、体育科研人员、体育教育人员、体育行政管理人员以及体育经纪人、社会体育指导员等均可被列入体育人力资源之列。他们或拥有一定的运动技能，获得过一定运动成就，或具有一定的体育研究能力、创造能力和管理能力。

根据人力资源分类原则和基本要求，可以按照人力资源的工作特点、活动特点、能级水平等进行分类（肖林鹏，2009）。例如，根据体育人力资源的工作性质可将体育人力资源分为运动型、教育型、科技型、管理型和复合型等；按照体育人力资源的活动特点可把体育人力资源分为理论型人力资源、实践型人力资源和综合型人力资源；按人力资源的所属领域可分为竞技体育人力资源、社会体育人力资源、体育产业人力资源和体育教育人力资源等；根据体育人力资源的学识水平、技术水平、创造能力和成果大小，可将体育人力资源分为高级体育人力资源、中级体育人力资源和初级体育人力资源。

（二）什么是体育人力资源管理

体育人力资源管理（Sport Human resource management）是对体育人力资源的选拔、培养、使用等方面进行有效整合，以发挥人才价值，促进组织目标实现的过程。

体育人力资源管理是一切体育管理的核心，具有很强的政策性和灵活性，没有严格的固定模式。体育人力资源管理既要考虑组织目标的实现，又要考虑员工个人的发展，强调在实现组织目标的同时实现个人的全面发展。体育人力资源管理目标包括全体管理人员在人力资源管理方面的目标与专门人力资源部门的目标。显然两者有所不同，属于专门的人力资源部门的目标任务不一定是全体管理人员的人力资源管理目标与任务，而属于全体管理人员承担的人力资源管理目标任务，一般都是专门的人力资源部门应该完成的目标任务。无论是专门的人力资源管理部门还是其他非人力资源管理部门，进行人力资源管理的目标包括以下方面：第一，保证组织对人力资源的需求得到最大限度的满足；第二，最大限度地开发与管理组织内外的人力资源，促进组织的持续发展；第三，维护与激励组织内部人力资源，使其潜能得到最大限度地发挥，使其人力资本得到应有地提升与扩充。

二、体育人力资源管理的基本内容

（一）职务分析与设计

对体育组织各个职位的性质、结构、责任、流程，以及胜任该职位工作人员的素质，知识、技能等，在调查分析所获取相关信息的基础上，编写出职务说明书和岗位规范等人事管理文件。

（二）体育人力资源规划

把体育人力资源战略转化为中长期目标、计划和政策措施，包括对人力资源现状分析、未来人员供需预测与平衡，确保体育组织在需要时能获得所需要的人力资源。

（三）人员招聘与选拔

根据人力资源规划和工作分析的要求，为体育组织招聘、选拔所需要人力资源并录用安排到一定岗位上。

（四）绩效考评

对员工在一定时间内对体育组织的贡献和工作中取得的绩效进行考核和评价，及时做出反馈，以便提高和改善员工的工作绩效，并为员工培训、晋升、计酬等人事决策提供依据。

（五）薪酬管理

包括对基本薪酬、绩效薪酬、奖金、津贴以及福利等薪酬结构的设计与管理，以激励员工更加努力地为体育组织工作。

（六）人员激励

采用激励理论和方法，对员工的各种需求予以不同程度的满足或限制，引起员工心理状况的变化，以激发员工向体育组织所期望的目标而努力。

（七）培训与开发

通过培训提高员工个人、群体和整个企业的知识、能力、工作态度和工作绩效，进一步开发员工的智力潜能，以增强人力资源的贡献率。

（八）职业生涯规划

鼓励和关心员工的个人发展，帮助员工制订个人发展规划，以进一步激发员工的积极性、创造性。

（九）人力资源会计

与财务部门合作，建立人力资源会计体系，开展人力资源投资成本与产出效益的核算工作，为人力资源管理与决策提供依据。

（十）劳动关系管理

协调和改善体育组织与员工之间的劳动关系，组织进行文化建设，营造和谐的劳动关系和良好的工作氛围，保障体育组织经营活动的正常开展。

三、体育人力资源管理的原则与要求

（一）体育人力资源管理的原则

体育人力资源管理是一切体育管理的核心，具有很强的政策性和灵活性，没有严格的固定模式。一般而言，为了提高体育人力资源在各类体育活动中的综合效益，体育人力资源管理活动应遵循以下基本原则：

1. 目标原则

人才管理必须有明确的目标，人力资源管理既要考虑组织目标的实现，又要考虑员工个人的发展，强调在实现组织目标的同时实现个人的全面发展。

2. 系统原则

系统原则是指将人力资源系统从整体的观点出发，统观全局，把握其结构，分析其能级，跟踪其变化，并不断地加以调节、反馈，控制方向，以实现管理目标。

3. 能级原则

能级原则是指按体育人力资源的才能安排其工作，明确其责任，授予其职权，使人的才能与其工作岗位相适应。根据人的职称、学位等安排与之相适应的岗位，对各个岗位人员的能级水平要力争做到规范化、标准化，切实做到人尽其才，物尽其用。

4. 互补原则

为了发挥体育人力资源的整体效益，在体育人力资源管理上必须讲究互补。人员的互补是多方面的，它有知识互补、能力互补、年龄互补、气质互补等。

5. 激励原则

激励原则就是在体育人力资源管理中，通过一定的政策手段，激励体育人才的创造热情和工作积极性，并以适当的手段奖励他们做出的成绩与贡献。激励人才积极性的方法很多，一般有目标激励、竞赛激励、领导行为激励、关怀激励、支持激励、榜样激励和奖励激励等。

（二）体育人力资源管理的基本要求

1. 为职择人

"为职择人"是指在体育管理活动中，根据体育事业的需要设置体育管理机构，制定各岗位职责规范，然后按岗位选配合适的人才。但在过去很长一段时间里，有的体育部门和单位没有把工作需要放在首位，而是以人划线，因人设岗，按人设事，为人择职，从而造成体育管理部门人浮于事、机构臃肿、职责不明、效率低下。体育部门通过人事制度的改革，消除为人择职的现象。

2. 任人唯贤

任人唯贤是指在选拔和使用体育人才时必须按人的水平、技能水平、能力大小来择优选拔和使用，切忌任人唯亲。

3. 用人不疑

用人不疑是指在使用体育人才时，要予以充分信任，听取其意见，尊重其劳动，尊重其成果，创造尊重人才信任人才的良好环境，使其工作积极性能够充分地发挥出来。

4. 用当其人

体育人力资源往往在个性特长，在知识、智力、技术、能力等方面有差别，在使用各种人时须用人之长，避人之短。同时，每一个人他的一生中，都有其能力的最佳时期。一个人的才能不能长期储存，应该及时发挥。在体育管理中必须抓住人的最佳时期，及时充分地发挥人的最大作用。

第二节　体育人力资源的规划

体育人力资源规划，也称体育人力资源计划，是体育人力资源开发与管理过程的初始环节，是体育人力资源开发与管理各项活动的起点和依据。搞好人力资源的规划，对于搞好人力资源整体开发与管理，取得人力资源效益和组织的多种效益等，都具有重要作用。

一、体育人力资源规划的概念

体育组织要实现组织发展战略，必须在每一个发展阶段都要配备与工作相适应的体育人力资源。但是，由于体育组织在不同的经济、政治和社会环境下面临内外部要素的诸多变化，对体育人力资源不断提出新的要求。因此，为了适应组织的发展，必须实施体育人力资源规划，这样才能保证体育组织能够具有充足的人力资源储备，实现组织良性运转。

为了更好地认识体育人力资源规划的含义，本书从管理学视角出发，首先明确管理学中对人力资源规划的含义。人力资源规划（Human resource planning，简称 HRP）是一项系统的战略工程，它以组织发展战略为指导，以全面核查现有人力资源、分析组织内外部环境为基础，以预测未来时间一段时间内组织对人员的供需为切入点，内容包括晋升规划、补充规划、培训开发规划、人员调配规划、工资规划等。这个过程基本涵盖了人力资源的各项管理工作，人力资源规划还通过人事政策的制定对人力资源管理活动产生持续和重要的影响。

所谓体育人力资源规划，即体育组织为了实现组织发展，通过分析与预测组织在变化的环境中人力资源的需求和供给，制定科学有效的措施以确保在一定时间和岗位上获得所需要的人力资源并实施有效管理的过程。可以通过如下几个方面对体育人力资源规划的概念进行分析：

第一，人力资源规划的目标是确保体育组织在需要的时间和需要的岗位获得各种需要的人才（包括数量和质量两个指标）。

第二，人力资源规划的要求是要配合体育组织的发展战略，满足体育组织发展对人力资源数量和质量的要求。

第三，体育组织人力资源规划的基础是分析和预测环境（包括政治、经济、法律、技术、文化等）的变化对劳动力市场的影响。

第四，体育组织人力资源规划的内容是对体育组织内部人力资源的需求以及对体育组织外部人力资源的供给进行分析和预测，并制定相符的人力资源政策和措施，如人员调动和补缺、员工晋升和员工招聘和开发和培训、员工离职处理等，从而确保体育组织发展的不同阶段（近期、中期和长期）人力资源需求的满足。

第五，体育组织人力资源规划的宗旨是最终实现组织和员工的双赢：体育组织获得所需要的人才，员工得到施展才华的空间，并与组织一起成长。

二、体育人力资源规划的基本内容

体育人力资源规划的内容主要包含如下几个部分：晋升规划、补充规划、培训规划、调配规划和工资规划。

（一）体育人力资源晋升规划

体育人力资源晋升规划是指有计划提升有能力的工作人员、满足组织对人力资源的需求和组织成员追求自身价值实现需求。这是在体育组织内部对人力资源进行补充与完善的过程。当前，多种体育联盟和协会都要求成员组织形成梯队结构的人力资源队伍，可以保障该项运动有充足的人力资源和促进俱乐部的发展。如亚足联批准通过的《俱乐部许可证制度》，对参加亚冠联赛的俱乐部人才队伍建设就有如下明确规定：从 2013 年起，参加亚冠的各家俱乐部必须有亚足联颁发的许可证，而申请许可证的各家俱乐部必须在体育标准、基础设施标准、人事与行政管理标准、法律标准和经济财务标准 5 个方面达到亚足联的要求。在"体育标准"中有关青少年梯队建设方面达标：至少 2 支年龄在 15 岁至 21 岁之间的青年队；至少有 1 支年龄在 10 岁至 14 岁之间的青年队；至少有 1 支 10 岁以下的少年队。重视后备人才队伍建设，是体育人力资源晋升规划的重要特征之一。

（二）体育人力资源补充规划

体育人力资源补充规划即针对体育组织出现的职务空缺，采取有效方式进行人力资源填补的过程。运动员是体育人力资源的重要构成部分，在体育竞赛和训练过程中，时常因为体育组织成员的年龄、伤病等而导致出现人员短缺现象，这种情况尤其在团体型运动项目颇为常见。为了有效应对因体育赛事频繁、运动员伤病、年龄过大等原因造成的队员短缺现象，各种体育联盟或协会都允许所属体育组织按照一定规程补充所需体育人力资源。如美国职业篮球联赛（NBA）就允许在赛季规定时间内，可以通过租借、转会、交换、十天无保障合同等方式补充相应运动员。足球联赛中，为了保障充足的人力资源供应，大多数球队参与比赛的队伍组成在 30 人左右。

（三）体育人力资源培训规划

体育人力资源培训规划是指体育组织为长期需要弥补的职位空缺，事先准备一些有资历的人员，从基础知识、专业技能等方面进行培训，确保未来的体育人力资源需求。为了满足未来体育组织对人力资源的需求，很多体育组织都建立了相应的培训规划和组织体系，从一定程度上满足了自身的体育人力资源需求，同时可以通过市场交易的形式，将培训的部分人力资源转移给其他体育组织使用。如世界著名的体育俱乐部大多建有自己的青训体系和青训营，他们将很多有潜质的运动员网罗在青训营中，加以专业训练和价值观培养，使之成为相关体育组织发展的不竭动力。世界上知名的青训营有荷兰的阿贾克斯青训营，从那里走出过克鲁伊夫，走出过三剑客，走出过冰王子戴维斯、西多夫、范德萨、克鲁伊维特，还有征战 2010 年南非世界杯决赛的斯内德、海庭加、范德法特、范德维尔、德容、巴贝尔、亨特拉尔等著名球员。因此青训（体育人力资源培训规划）是体育组织的基石与未来，青训体系的成绩，将很大程度上决定体育组织的荣辱成败以及发展潜力。而重要体育组织青训营，更是一个国家竞技水平决胜千里的重要因素。

（四）体育人力资源调配规划

体育人力资源调配规划是指有计划地通过内部人力资源流动，合理调整内部人力资源的职位。调配规划有利于组织员工向多方面发展，激发其潜在能力，又能在组织内部形成人力资源有效流转机制，促进体育组织内部人力资源的积极成长。在体育组织内部，很多成员不禁要承担一种角色，如个别年龄较大、资历较长、技战术水平较高的运动员不仅是体育赛事进行的重要依托，同时也是体育组织管理的重要构成部分。有的体育组织为了储备优秀教练员，有意识地让运动员身兼运动员和助理教练的角色，培养运动员的临场指挥能力，将来通过测试，该运动员退役后就可以从事教练职务。

（五）体育人力资源工资规划

体育人力资源工资规划是指确保组织内部人力资源未来的支付不超过合理的支付限度。在体育人力资源工资规划中，体育组织应建立一系列富有挑战性、激励性的工资体系，实现组织和成员的共赢发展。因为体育组织的特征，其人力资源极度稀缺，因此体育组织对体育人力资源的需求和追逐有时候会对整个体育组织发展造成不良影响。为了限制体育组织对优秀体育人力资源不计成本的追逐行为，同时保证协会和联盟的组织成员的收入水平存在合理差异，大多数体育组织都制定了严格的体育人力资源底薪和最高薪水制度，即工资帽。NBA 工资帽的出处是根据 NBA 前一年的总收入，在 NBA，"工资帽"是最著名工资限制条款。每年的"工资帽"是根据 NBA 前一年的总收入，然后取这个总收入的 48% 作为 NBA 球队工资总额。再拿这 48% 的总收入除以 NBA 球队总数 30 支球队，得出的平均数就是当年的"工资帽"，球队花在球员身上的工资总额不得超过这个数字。工资帽的概念 1984 年被引入，NBA 联盟和球员工会之间首先进行谈判，只有双方同意，"工资帽"才被正式公布。每年 NBA 的"工资帽"都在增加，1997—1998 赛季是 2690 万美元，上赛季是 4384 万美元，而 2010 年则是 5800 万美元。NBA 球队的薪金总额如果超过工资帽，那么加上在"工资帽"基础上设定的一系列额外条款总和就是奢侈税的起征点，超过起征点部分的薪金将按照一定比例来支付联盟罚金，这种罚金就被称为奢侈税。

三、体育人力资源规划的基本方式

要有效实施体育人力资源规划，需要遵循一定规则和流程，这是体育人力资源规划的具体方式。

（一）体育人力资源规划原则

1. 充分考虑体育组织内部、外部环境的变化

体育人力资源计划只有充分地考虑了体育组织内、外环境的变化，才能适应需要，真正的做到为体育组织发展目标服务。内部变化主要指体育组织任务、发展战略的变化，还有体育组织的流动变化等；外部变化指体育消费市场的变化、政府有关人力资源政策的变化、体育人才市场的变化等。为了更好地适应这些变化，在体育人力资源计划中应该对可能出现的情况做出预测和风险提示，最好能有面对风险的应对策略。

2. 确保体育组织的人力资源保障

体育组织的人力资源保障问题是人力资源计划中应解决的核心问题。它包括人员的流入预测、流出预测、人员的内部流动预测、社会人力资源供给状况分析、人员流动的损益分析等。只有有效地保证了对体育组织的人力资源供给，才可能去进行更深层次的人力资源管理与开发。

3. 使体育组织和成员都得到长期的利益

体育人力资源计划不仅是面向体育组织的计划，也是面向组织成员的计划。体育组织的发展和成员的发展是互相依托、互相促进的关系。如果只考虑体育组织的发展需要，而忽视了组织成员的发展，则会有损体育组织发展目标的达成。优秀的人力资源计划，一定是能够使体育组织和组织成员达到长期利益的计划。

（二）体育人力资源规划的流程

进行体育人力资源规划首先需要对现有体育人力资源进行全面清查，同时进行环境和现状分析（包括外部环境的变化及发展趋势的分析、组织内部体育人力资源现状的评估)、体育人力资源预测(包括体育市场的人力资源供给和的人力资源需求两方面的预测)、体育组织人力资源供求状态评估(确定供求处于均衡状态还是不均衡状态,其中不均衡状态又分为体育人力资源短缺状态和剩余状态)、制订人力资源计划和行动方案、实施人力资源计划和行动方案、评估人力资源计划和行动方案的效果,人力资源计划和行动方案的执行情况及效果评估为组织发展战略和目标调整与制定提供重要的决策依据。

1. 确定体育组织宗旨和目标

体育组织的宗旨是为公众提供良好的竞技类体育服务和观赏、参与体验服务,树立良好的社会形象。国际上,很多体育组织做过了多年的发展历程,主要依靠的就是体育组织的宗旨。我国体育组织有的也有提出做百年俱乐部的目标。我国足球领域有山东鲁能、辽宁队、上海申花等体育组织,而我国篮球领域有广东宏远俱乐部等。

2. 体育人力资源工作描述

体育人力资源的工作描述具体说明了某一体育工作的物质特点和环境特点,主要解决工作内容与特征、工作责任与权力、工作目的与结果、工作标准与要求、工作时间与地点、工作岗位与条件、工作流程与规范等问题。规范的体育工作描述包括以下五个方面的内容:①职务名称。指组织对从事一定工作活动所规定的职务名称或职务代号,以便于对各种工作进行识别、登记、分类以及确定组织内外的各种工作关系。职务名称应当简明扼要,力求做到能标识工作的责任;②工作活动和工作程序。这是工作描述的主体部分,必须详细描述。包括所要完成的工作任务、工作责任、使用的体育场地、器材、仪器、设备、工作流程、与其他人的正式工作关系、接受监督以及进行监督的性质和内容;③工作条件与地理环境。包括工作地点的地理位置、室内或室外、安全保障条件、气候条件等;④社会环境。包括工作群体中的人数及相互关系,工作群体中每个人的个人资料,如年龄、性别、品格、入队时间、运动技术水平等;完成工作的人际交往的数量和程度;工作点内外的文化设施与公益服务、社会习俗等;⑤聘用条件。主要描述工作人员在正式组织中的有关工作安置的情况。包括工作时数、工资结构、支付工资的方法、福利待遇、晋升机会、进修机会、激励与奖励措施等(韩春利,2005)。

3. 内外部环境和现状分析

体育组织人力资源并不是一个封闭的系统,它必然要受到外部环境的影响,如经济发展、技术进步的状况、市场中体育组织人力资源的数量和结构、教育与培训的状况等。所以,制定人力资源规划必须对内外部环境进行分析。

经济发展环境。当前体育组织的发展，离不开依托的经济发展环境。体育组织发展根植于区域经济发展的状况、居民生活消费水平和国际旅游情况等都会对体育组织发展造成巨大影响。

政策法规。体育组织通常依托于一定的政府和职业联盟等。国内相关政策法令对于体育发展的影响力也是非常大的。同时体育组织发展受到政府税率、投资政策和补助政策等相关政策法规的影响巨大，通常情况下，政府为了扶植体育组织发展，推动体育优化升级，会出台一系列优惠政策，鼓励资金投入这个领域。

4. 体育人力资源供需情况

对体育组织内部人力资源状况进行考察的最重要依据是组织内部人力资源供需状态。运动员作为体育组织核心的人力资源，对体育组织发展起到至关重要的作用。通过对运动员状态、年龄和伤病的考察，基本上可以确定当前组织内部人力资源的供给情况，而考虑到体育组织频繁的训练和赛事，还有随时出现的伤病，体育组织都会随时面临着人员短缺的危险，为了应对这些情况，在适当的位置上，配备一到两名替补运动员成为很好的选择，如果组织能够提供这种人力资源，就可以通过内部挖潜，而不能供给的话，只能通过转会购买和短期租借满足体育组织发展的需求。

5. 制订体育人力资源计划和行动方案

通过对组织内部人力资源现状的了解，结合体育组织的目标，就必须通过科学的方法和程序制订组织体育人力资源计划和行动方案。这种计划和方案，包含了获取体育人力资源数量、途径，相应要求和薪金福利准备等。基于体育人力资源的特征，体育人力资源的获取具有非常大的选择空间，国内体育组织、国外体育组织和相应的后备人才队伍都是资源获取的对象。为了获取组织合适的体育人力资源，需要借助专业的技术人员，即职业体育经纪人。

6. 实施体育人力资源计划和行动方案

制订了计划和行动方案以后，就要按照计划和行动方案予以实施。通常的做法是，体育经纪人推荐相应的体育人力资源资料，体育组织考核合格后，会发出试训或者直接参加体育组织邀请。如果试训合格，并且在薪金福利方面都满意的话，会签署相应的劳动合同，实现了体育人力资源的获取。

7. 评估体育人力资源计划和行动方案

体育组织通常会在赛季结束后，会对获取的体育人力资源进行评估，也就是对当初制订和实施的人力资源计划和行动方案进行评估。评估的内容包含引进人员对于组织的贡献，薪金待遇是否合理，未来发展空间和继续使用的可行性等。当然如果发生赛季更换体育人力资源的事件，则证明了该人力资源计划和行动方案还有待完善。

第三节　体育人力资源的培育

体育人力资源培育是体育人力资源管理的首要前提。培育不仅是组织创新的源泉，是组织迎接知识经济挑战的必要准备而且是促进组织成员全面发展、调动成员积极性的重要手段，更是塑造优秀组织文化的有力杠杆和竞争取胜的重要保证。

一、体育人力资源培育的概念

资源培育是指人类运用科学技术措施去改变环境条件或资源内部的功能结构，以达到不断改善和提高资源生产的能力的有力手段（尚杰、马波，2000）。实际上，资源的培育主要是针对资源存量增加而言的，其实质是为使资源数量增多而实施的调控行为，而使原有"资源提高质量"则属于资源开发的范畴。

体育人力资源培育是指在一定条件下，借助一定方式促进体育人力资源生成的过程。体育组织的发展依靠优秀的体育人力资源团队，包括教练员和运动员。而教练员和运动员能够适应俱乐部发展的要求，需要很长时间的培育。这其中包含了教练员、运动员的执教能力和竞技能力的获得和保持。其中的重中之重就是人力资源的培育。

相比较其他人力资源的培育，体育人力资源培育具有如下突出特征：

（一）体育人力资源培育的特征

1. 周期较长

体育人力资源培育需要很长的时间。首先要通过科学的选材，对于符合条件的苗子进行长时间的培育才可能得到理想的效果。无论是运动员还是教练员，他们在成为合格的人力资源以前，都要很长时间的培育过程。一个运动员的成才，需要十多年的艰辛的努力，需要从预备队一直奋斗到一线队，并且在这段时间内，需要自己不断地对自己进行继续培育。一个合格的教练员同样需要很长时间的培育过程，通过不同层次的考试与考核，获取相应的证书。

2. 成本较高

体育人力资源的成才需要很高的成本，这其中不仅包括要为训练、生活付出的物质成本，其中的一份统计资料显示，一个孩子从12岁开始踢球，到19

岁进入一线队，大约花费30万元人民币。运动员还要承担平常人想不到的受伤成本，这种伤害可能在训练中能够体现出来，有的伤害并不能立即体现出来，需要体育人力资源用生命中很长的一段时间来面对。另外，体育人力资源成才的机会成本较高，运动员和教练员要长期训练，失去通过其他途径成才的机会。

3. 风险较大

因为体育活动的特性，体育人力资源成才的风险是非常大的，受伤几率较高。由于运动员长时间从事某种项目的高强度训练，日复一日的训练单调、枯燥和艰辛，受伤的机会是非常多的。很多职业运动员退役都是因为自身伤病无法治愈，不能继续从事某种项目的训练和比赛。

4. 成才率较低

由于体育运动的特征，要求具有超凡的运动技能和心理素质，很多具有潜质的体育后备人才由于种种原因不能成才，淘汰率特别高。有的项目较好的，也不过1.5%~2%，这还是在北京地区统计的乒乓球运动员的成才率。个别项目的淘汰率更高。通过对足协公布的足球人口的统计，成才率仅1%。著名教练张引在回答记者提问时说过，辽宁足校连续三年没有人进入辽足一线队。

（二）体育人力资源培育类型

1. 就业前培育

就业前的培育可以分为学校教育和学校之外的教育。学校教育比较正规，注重理论，教学效果比较好，而且由于场地、师资、教学设备、学生都集中，比同等水平、同等总量规模的分散办学，节省教育经费，经济效益也比较好。

我国专门的体育院校以及其他大学的体育类专业的教育属于此类。学校外的教育是直接面向人力资源市场，往往与就业直接挂钩，其特点是针对性强，注重劳动岗位的实际技能，时间短、形式灵活多样，能够使接受教育者较快获得职业技能，及时满足社会对体育人力资源的需求。各种职业资格培训，如社会体育指导员、体育经纪人、游泳救生员等的短期培训属于此类。

2. 就业后培育

当今世界在就业前教育加强的同时，就业后的教育也获得了长足的发展，"继续教育"成为经济活动不可缺少的条件。就业后的培育除了要满足各种微观经济单位对人力资源质量提高的要求外，还要在当今社会人力资源大量流动的条件下，解决其职业适应性的问题。就业后的教育，很大部分是由微观经济单位——组织及其部门举办的，从组织的角度看，职业教育一般包括三个方面：新成员入职教育、在职人员养护教育、在职人员提高教育。

二、体育人力资源培育的基本内容

体育组织选拔了相应的后备体育人力资源以后，需要对人力资源进行相关培育，以促成潜在的、后备的体育人力资源变成体育组织需要的人力资源的过程。不同体育组织对体育人力资源培育的内容各异，但是通过对普适性培训知识和内容的整理发现，体育人力资源培育内容无外乎如下几个部分：

（一）技战术培育

体育人力资源将来就业的主要领域是竞技体育市场，因此将来的竞争力主要在自身的竞技体育技战术上。通过对相关运动项目技战术的培育，同时在竞技体育比赛中锻炼自身的技战术，达到相关体育组织的要求。而在体育人力资源培育阶段如果没有扎实的技战术训练，会对体育人力资源的发展造成致命影响。

（二）体能培育

体能水平是球类运动，尤其是身体直接对抗的球类运动达到高水平的基础。没有高度发展的体能水平，不可能在激烈的比赛中发挥高超的运动技术和有效的技战术配合。瞬间的进攻得分机会是靠速度和全力拼抢获得的，一个跑不快、跳不高，动作反应迟缓，一撞就倒的运动员，不可能在比赛中正确地运用技术和发挥个人的作用。所以，由速度、力量、耐力、灵敏等运动素质构成的体能水平，是球类运动的技术基础和战术基础。

（三）价值观培育

在体育人力资源培育过程中，相关体育组织的历史、功勋教练员和运动员、著名体育赛事纪录、同时各项技术统计的纪录都是进行价值观培育的重要载体。体育组织价值观的培养对体育人力资源培养发挥了积极中的作用，很多知名的运动员很小的时候就接受了俱乐部的独特价值观，导致在其职业生涯过程中，不会轻易出现脱离该体育组织的现象。

（四）文化水平培育

在体育组织对体育人力资源进行培育的过程中，文化水平培育是一件非常重要的任务。体育人力资源作为公众人物，其细微举动将来都会对体育组织和广大青少年产生巨大影响。因此在体育人力资源培育过程中，文化水平的培育对体育人力资源的持续发展具有非常重要的意义。通过文化水平的培育，可以提高体育人力资源的自身文化素质，提高其自身的风格与气质，并培养体育人力资源正面的整体形象。

（五）其他

在体育人力资源培育过程中，还要对其管理能力、媒体应对和突发事件等进行培育。这些培育可以在一定程度上提高其管理能力。作为公众人物，体育人力资源同样要面对现代媒体人员，体育组织要培育体育人力资源如何处理和媒体的关系。而在体育赛事、体育训练过程中出现了突发事件的处理和应对能力也是培育的重要内容。

三、体育人力资源培育的基本方式

（一）体育人力资源培育过程

体育人力资源的培育过程一般分为四个基本环节：培育需求分析→培育目标和计划制订→培育内容实施→培育效果评估。培育是一项花费很大的系统工程，通常需要由大量的人力、物力、财力三个子系统组成。要使体育人力资源培育系统正常运行，使体育人力资源培育达到预定的目标，就必须对培育系统的各个组成部分进行调控，使它内部的三个子系统做到统一、协调和平衡进行。

1. 培育需求分析

体育组织进行培育的计划与决策，是以培育需求分析为基础的。它是体育组织在进行每项培育活动之前，由组织主管培育的人员，根据工作特性、标准和要求对组织成员的知识、技能、个人特质等进行科学的分析，以确定是否需要培育及培育内容的过程。培育需求分析既是确定培育目标、设计培育规划的前提，也是进行培育评估的基础，是培育的首要环节。

2. 培育目标和计划制订

在分析了培育需求后，必须建立培育目标和计划以满足这些需求。没有明确的目标和计划就不可能保证培育的顺利实施，亦很难对培育项目的优劣做出正确的评估。目标应明确、具有可操作性，组织只有在明确培育应该达到的结果以后，才能决定培育的内容和方法。

3. 培育效果评估

通过培育结果的评估可以改进培育的质量。缺乏效率的评估项目可以取消，以节约组织资源，对可行的培育项目通过评估发现缺点，提出改进意见。对培育的评估可以从 4 个方面进行：①学员反映评估，主要评估他们对培育项目的欢迎程度；②学习评估，评价学员从培育中学到什么；③行为评估，考察学员通过评估在行为上有何变化；④成果评估，记录培育给组织带来的绩效提升。

(二)体育人力资源培育方法

1. 讲授法

讲授法是一种传统的培育方法，也称课堂演讲法。这是最容易准备和实施的方法。它能以最低的成本、最少的时间向受训者提供人员的信息。在现代体育组织培育中，经常开设的专题讲座就是采用讲授法进行的培育，适用于向体育人力资源介绍或传授某个单一课题的内容。此法最重要的因素是教师、学生和授课内容、授课环境。教学资料可以事先准备妥当，教学时间也容易由讲课者控制。这种方法要求授课者对课题有深刻的研究，并对学员的知识、兴趣及经历有所了解。重要技巧是要保留适当的时间进行培育师与受训人员之间的沟通，及时获取学员对讲授内容的反馈。通过测试或时论了解受训者的情况，并对自己的讲授进行评估。其次，授课者表达能力的发挥、视听设备的使用也是增强效果的有效辅助手段。

讲授法培育的优点是同时可实施于多名学员，成本较低。缺点是受训人员不能主动参与培育，只能做被动、有限的思考与吸收。适宜于对本企业一种新政策或新制度的介绍、引进新设备或技术的普及讲座等理论性内容的培育。

2. 操作示范法

操作示范法是体育组织专业技能训练的通用方法，一般由助理教练或相关管理员主持。适用于较简单、机械性的技术动作，是体育人力资源初期训练中常用的一种方法，由技术能手担任培育师，在现场向受训人员简单地讲授操作理论与技术规范，重点进行基础技术动作的操作示范。体育人力资源一般反复模仿，经过一段时间的训练，使操作熟练直至符合规范的程序与要求。培育师（助理教练）在现场作指导，随时纠正操作中的错误表现。这种方法可以对体育人力资源的技能进行反复刺激和训练，虽然有时显得单调而枯燥，但训练效果比较明显。

3. 现场个别培育和专门指导

强调单个的一对一的现场个别培育是一种传统的培育方式，又称为"师傅带徒弟"式培育。具体的做法是，体育人力资源培育过程中，受训人员紧跟在经验丰富、技能出众的优秀人员后面，通过训练、竞赛、日常生活等方式和培育师待在一起，通过具体的观察和实践来学习相关的技术技能和应对技巧。现代体育组织对体育人力资源的培育通常将年龄、技能较突出的运动员和年轻运动员安排在一起住，一起学习。

现场个别培育和专门指导，在受训体育人力资源对工作实践进行摸索的基础上，培育师针对体育人力资源的工作情况和特殊的需要实施个别指导。这两种方法常常运用在技能培育当中。但它们的缺点是培育的对象较少，时间较长。

4. 案例研讨法

这是一种用集体讨论方式进行培育的方法，是指向受训的体育人力资源者提供一些实际的案例，要求受训的体育人力资源对案例提供的信息进行分析，并根据具体情况做出决策的方法。与讨论法不同点在于，通过研讨不单是为了解决问题，主要侧重培养受训人员对问题的分析判断及解决能力。

在对特定案例的分析、辩论中，受训的体育人力资源集思广益，共享集体的经验与意见，有助于他们将受训的收益在训练和比赛中等实际工作中思考与应用，建立一个系统的思考模式。这种方法能激发学习者的兴趣，并在相互交流中开阔视野，有利于问题的解决和决策能力的培养。同时受训的体育人力资源在研讨中还可以学到有关管理方面的新知识与新原则。案例研究一般在培育时进行，培育师的作用是引导受训人员的讨论，并对讨论结果进行指导。

案例的选择要有针对性，经过对受训群体情况的深入了解，确定培育目标。针对目标收集具有客观性与实用性的资料，根据预定的主题编写案例或选用现成的案例。在培育中，受训的体育人力资源要有足够的时间去研读、观看案例，产生"身临其境"、"感同身受"的感觉，如同当事人一样去思考和解决问题。案例讨论可按以下步骤开展：发生什么问题？问题因何引起？如何解决问题？今后采取什么对策。讨论的最终目的不是要求受训的体育人力资源得出一致意见，而是为每个成员提供表达和听取意见的机会。具体的例子就是在体育人力资源培育过程中，培育师会将以前比赛和训练的集锦作为一种素材给受训的体育人力资源的观看，让受训者体会相关训练的重要意义。

5. 视听法

运用电视机、录像机、幻灯机、投影仪、收录机和电影放映机等视听教学设备为主要培育手段进行训练的方法。有不少体育组织还运用现代技术自行摄制培育录像教材。选择一定的情景将体育训练和赛事的实务操作规范程序、礼貌礼节行为规范等内容白编成音像教材用于企业培育。优点是形象直观，节省时间和经费。

6. 研讨法

是对某一专题进行深入探讨的培育方法，以这种方法达到传授知识和技能的目的。其目的是为了解决某些复杂的问题，或通过讨论的形式使众多受训人员就某个主题进行沟通，谋求观念看法的一致。这种方法能让受训者积极地学习，并鼓励他们提问，深入探讨，做出反应。

采用研讨法培育，必须由一名或数名指导训练的人员担任讨论会的主持人，对研讨会的全过程实施策划与控制。参加研讨培育的学员人数一般不宜超过 25 人，也可分为若干小组进行讨论。研讨法培育的效果取决于培育师的经验与技巧。主持人要善于激发学员，引导学员自由发挥想象力，增加参与性。还要控制好研讨会的气氛，防止讨论偏离主题。通过分阶段对讨论意见进行归纳总结，逐步引导学员对讨论结果达成比较统一的认识。成功的讨论有利于参与者相互启发，加深对问题的理解或矫正不正确的认识。适用于以研究问题为主的培育内容。在培育前，培育师要花费大量的时间对研讨主题进行分析准备，设计方案时要征集学员的意见。受训人员应事先对研讨主题有认识并有所准备。在讨论过程中，要求培育师具有良好的应变、临场发挥与控制的才能。在结束阶段，培育师的口头表达与归纳总结能力同样也是至关重要。研讨法比较适于管理层的训练或用于解决某些具有一定难度的管理问题。

第四节　体育人力资源的开发

体育人力资源开发是指对尚不能完全利用的潜在体育人力资源和已经能够利用的体育人力资源的未知功能做进一步深度挖掘，从而提高体育人力资源可利用程度的过程。体育人力资源开发的基本内容包括知识、技能、态度以及行为的开发。

一、体育人力资源开发的概念

人力资源开发是人力资源管理的重要内容，是指组织根据组织目标，采用各种方式对员工实施的有目的、有计划的系统培养和训练的学习行为，使员工不断更新知识、开拓技能、改进态度、提高工作绩效，确保员工能够按照预期的标准或水平完成本职工作或更高级别的工作，从而提高组织效率，实现组织目标。

针对以上分析，本书认为体育人力资源开发是指对尚不能完全利用的潜在体育人力资源和已经能够利用的体育人力资源的未知功能做进一步深度挖掘，从而提高体育人力资源可利用程度的过程。

在体育人力资源管理过程中，体育人力资源的培育与开发在一定意义上都是对促成潜在的体育人力资源成为可利用的体育人力资源的过程。但是二者还是存在一些细微差别。

表 2-1　体育人力资源培育与开发的区别

区分维度	培育	开发
侧重点	当前	将来
工作经验的运用	低	高
目标	着眼于当前工作	着眼于未来变化
参与	强制为主	自愿为主

注：修改自秦璐，王国颖：《人力资源管理》. 127 页，广州，中山大学出版社，2006。

具体讲，人力资源开发可以从以下几个方面理解：

(一)体育人力资源开发是一种人力资本投资

从本源意义上而言，体育人力资源属于人力资源的一种。人力资本是与物质资本、金融资本相并列的三种资本存在形态之一。根据劳动经济学中的人力资本理论，人力资本是一种稀缺的生产要素，是组织发展乃至社会进步的决定性因素，但是它的取得不是无代价的。要想取得人力资本，就要进行投资活动，即人力资本投资。

现有体育人力资源开发是要在改进受训的体育人力资源的知识、技能，提高其工作态度和行为方面的活动中进行投资，即体现在道德、观念、知识和能力四个主要方面。其中前两者是软性的、间接的；后两者是硬性的、直接的，是体育人力资源培育的重点。

(二)体育人力资源开发的主要目的是提高员工的绩效，有利于实现组织的目标

当一个体育组织提出一项培育计划时，必须准确地分析培育成本和收益，考察它对组织目标实现的价值。体育人力资源开发的目的是提高体育人力资源现在和未来的绩效和职业能力，从根本上讲，是为实现体育组织的目标服务。这就要求体育组织在计划及实施体育人力资源开发时，必须首先明确这样一些问题：为什么要进行培育，需要进行什么样的培育，哪些人需要接受培育，由谁来进行培育，如何评价培育的效果，如何进行体育人力资源开发等，不能为培育而开发，培育与开发更不能做表面文章，以提高体育人力资源开发的效率与效果，否则这些问题不明确，只能使体育人力资源开发的效率与效果大打折扣。

(三)体育人力资源开发是体育组织开展的有计划、有步骤的系统管理行为

体育人力资源开发必须确立特定的培育目标，提供特殊的资源条件，遵循

科学的培育方法和步骤，进行专门的组织和管理。它包括培育需求分析、制定培育方案、实施培育方案、评价培育的效果等环节。从现代体育管理的全过程来看，体育人力资源开发既是一种管理手段，也是一个管理过程。

（四）体育人力资源开发是员工职业发展和实现自我价值的需要

现代人力资源管理理论认为，一个组织成员在为组织作出贡献的同时，也要尽力体现自身价值，不断自我完善和发展。有效的体育人力资源培育开发活动不仅能够促进体育组织目标的实现，而且能够提高体育人力资源的职业能力，拓展他们的发展空间。换言之，体育人力资源开发应该带来的是组织与个人的共同发展。从实际效果来看，无论是知识、技能等的培育，还是素质、管理潜能的开发，尽管体育组织会从中大受其益，但是体育人力资源个人自身的知识、技能等人力资本无疑得到增值，使其增强适应各种工作岗位和职业的能力。从体育组织角度来说，在实施培育和开发过程中，绝不能忽视了体育人力资源的个人职业发展，这样才能进一步增强体育组织的凝聚力，以更好地提高体育组织的运行绩效。因此，体育人力资源开发是其职业发展、实现自我价值的需要。

二、体育人力资源开发的基本内容

（一）体育人力资源的知识开发

人力资源知识开发是基于对于知识的相关观点。按照一直以来人们对知识的理解，现代知识具有三个特性："客观性"、"普遍性"和"中立性"，这分别从三个不同的侧面勾画出现代知识的形象。客观性侧重于阐述知识与认识对象及认识主体之间的关系，普遍性侧重于阐述知识在不同认识主体之间的关系，中立性则侧重于阐述知识与社会价值体系之间的关系。在现代知识的这三个特性中，"客观性"是最基本的特性，其他两个特性都是在客观性基础上建立起来的，或者说是对客观性不同侧面的阐述。

在当前知识经济的背景下，知识经济时代下的人力资源管理应该从传统注重对人的管理向人力资源的深度挖掘出发。体育人力资源的开发就是不断更新体育人力资源的知识结构和知识领域。具体到体育领域，就是将体育人力资源固有的知识、认识通过特定手段进行开发，以使其适应现代体育竞赛的需求，为体育组织的发展良好的人力资源储备。

同时基于体育赛事规则的多变性，体育组织会对体育人力资源（尤其是其管理人员）掌握固有的规则进行及时更新，以保障参加训练和比赛的体育人力资源能够明确最新规则。如在 2000～2005 年间，国际乒联就对乒乓球竞赛规则进行了改变，涉及如下领域：小球换大球、球拍的胶皮颗粒、合法发球、一局比赛、发球、接发球和方位的次序、轮换发球法、服装、广告、管辖、报分、一分、比赛条件、裁判员、批准或允可的器材、间歇、场外指导、警告与判罚、粘贴等方面。而诸如现代乒乓球训练的最新成果，更需要从事相关体育训练与竞赛的运动员和教练员、管理人员掌握和了解。

（二）体育人力资源的技能开发

体育人力资源技能开发就是通过开发使体育人力资源掌握可用于实际训练、比赛和后续生活的新技术、新工艺、新方法、新设备等。

在平时的训练中，一些能够提高技战术能力和自身竞技水平的新方法和新设备可能会被引入。而在体育赛事进行过程中，体育人力资源竞技能力的表现主要依托于过去一段时间内对其技能的开发。很多职业体育组织在更换了教练员之后，通过短时间的训练和管理之后，该体育组织的竞技水平有了突飞猛进的变化，这就归结于该教练能对队员进行相关的技能开发，如技术、心理等。

而很多退役和濒临退役的体育人力资源的技能开发也是当前体育人力资源开发的重要任务。由于受多种因素的影响，体育人力资源的技能单一、竞争能力差，很难适应现代社会的需求。如近年来沸沸扬扬的"冠军搓澡工"邹春兰事件，通过社会人士的帮助已经达到年收入 10 万元的水平。在中国 30 万退役运动员中，近 80% 的人都不同程度地面临失业、伤病、贫困等生存问题的困扰。运动员是一个特殊的群体，长年累月的训练使他们积劳成疾、伤痕累累，他们文化程度普遍较低，退役后往往无法生存。当前国家对退役运动员做了大量工作，如颁布了优秀运动员退役经济补偿办法，但是由于退役运动员不能更好地适应社会，所以开发其技能、提高社会适应能力应该是有效的措施之一。

（三）体育人力资源的态度开发

体育人力资源的态度开发就是培养体育人力资源正确的训练和竞赛态度，使体育人力资源能自觉将个人价值目标与体育组织目标结合起来。从运动员作为体育人力资源的角度来看，运动员个体有的技能突出、富有天赋，但是态度轻狂、贪玩、散漫、心理素质过差，个别行为和态度难以适应高强度运动训练和竞赛的需求。为了将体育人力资源的作用和功能发挥到最大值，所以对其态度的开发占据了重要位置。在长期的体育人力资源开发过程中，利用体育组织的仪式、会议和故事等对体育人力资源进行态度的有效开发。而在我国体育人力资源开发过程中，因态度不端正导致个别体育人力资源没有成为国家和体育组织需要的人才。如我国优秀游泳运动员欧阳鲲鹏的经历就不失为一种警示。欧阳鲲鹏是国内最有天赋的运动员之一，但是其平时散漫，不能严格要求自己，导致在一次吃饭中误食了被国家奥委会界定为"瘦肉精"的兴奋剂，受到国家体育总局的严惩，终身禁赛。

（四）体育人力资源的行为开发

体育人力资源的行为开发是指使员工的工作行为符合该体育组织行为准则的要求，并形成良好的体育组织文化。相关体育组织的发展，需要一定社会经济基础，同时需要符合相关社会道德的规范，迎合相关社会文化需求。如体育人力资源要求符合社会价值取向，并引导社会的价值取向。作为公众人物的体育人力资源对社会行为的影响巨大，所以相关体育组织与联盟都注重对体育人力资源行为开发与管理。如 NBA 为迎合美国白人文化需要，规划所属运动员的衣着等行为。因为美国 NBA 联盟的主要观众是白人，而参与 NBA 的大多数是黑人运动员，而美国以 hip-hop 为代表的黑人文化和美国社会的价值追求存在很大差异。为了保证 NBA 联盟对美国主流文化相契合，NBA 总裁大卫·斯特恩于 2005 年颁布服装规范命令。NBA 官方表示这套规定将适用在球队搭乘飞机、赶赴比赛以及公众露面，都要穿商务休闲装、运动套装、休闲裤等，但不能穿牛仔装等。同时为了保障 NBA 在美国的正面形象，应对美国社会枪支、暴力、毒品等社会问题，NBA 推出了禁毒、严禁球场暴力与持有枪支等行为。而美国 NBA 著名球星吉尔伯特－阿里纳斯因违反 NBA 禁枪行为而被处以停赛 50 场的处罚。

三、体育人力资源开发的基本方式

（一）体育人力资源正规教育

正规教育项目指专门为体育组织的脱产和在职培育计划，由相关管理顾问或大学等教育组织提供的短期课程、在职体育 MBA 课程及住校学习的大学课程计划及其实践过程。这些计划包括专家的讲座、商业游戏、仿真模拟、冒险性学习从与客户会谈。许多职业体育组织都拥有自己的培育和开发中心。它们除了提供长期培育项目之外，还提供为期一两天的短期培育。

由于体育组织体育人力资源的起点不同，所承担的职务也不同，因此体育组织的开发育非常大的差异。一般来讲，体育组织将体育人力资源开发分为基层体育人力资源开发、部门经理开发、新经理开发、高层经理开发和高级战略开发。基层体育人力资源的开发项目主要是开发体育人力资源完成实际工作所必须具备的能力价值观念和竞争战略。部门经理开发即让职能部门的高级管理人员参与某些特定职能领域（如市场、财务管理）的领导者开发计划，作为该项目的组成部分，经理人员要处理一些实际工作中会面临的业务问题。新经理开发即开发新经理人员的组织管理能力，也包括一些特殊管理部门中的专业技术。高层经理开发主要是冒险性学习和课题研究。冒险性学习在于开发体育组织团队的凝聚力和高层管理人员之间的和谐互助品质。在对高层经理开发过程中，开发者还要提出某个亟待解决的业务问题，高层经理们需要交际调研，收集有关背景资料，对该问题提出解决方案。高级战略开发是对企业决策层人员的企业发展战略能力的开发。许多体育组织人力资源开发与成人教育结合起来，甚至把体育人力资源开发与成人教育等同。

(二)体育人力资源测评

体育人力资源测评是指在收集信息的基础上为体育人力资源提供有关具体行为、交流类型和技能等方面的反馈。许多体育组织都向体育人力资源提供绩效评估信息，具有先进开发系统的体育可通过心理测试来衡量相关人员的技能、个性特征和交流类型，并收集个体自身、队友和上级对其人际交往方式和交往行为的评估。使相关人员可以明确自己的气质、性格类型及能力结构特点，在岗位选择上可以扬长避短，在今后的学习中可以目标明确。体育人力资源测评通常用来衡量体育人力资源的管理潜能及评价现任管理人员的强项和弱项，还可用来确认相关人员将来作为经理人员的晋升潜能。体育人力资源测评的对象非常广泛，员工、同事、上级和顾客都可以提供反馈信息。团队也可通过测评来衡量每个成员的优势和不足，并了解影响团队效率的决策过程和交流类型。

(三)体育人力资源在职体验

体验是指体育人力资源在职体验在训练和比赛中面临的各种关系、难题、需求、任务及其他事项。随着竞争的加剧，为了有效开展工作，体育人力资源必须拓展自己的技能，即必须学习新的技能，以新的方式应用其技能和知识并积累最新的经验。体育人力资源在职体验是目前大多数体育人力资源开发的常用方法。利用在职体验进行人员开发，前提是当相关体育人力资源过去的经验和技能与目前工作所需不相匹配时，就需要进行人员开发活动。

体育人力资源在职体验开发在很大程度上取决于体育组织管理层的决策。要求进行在职体验的管理人员确定职业生涯中影响其管理方面的关键事件，并总结从这些经历中所获得的经验和教训。这些关键事件包括工作分配(工作安排失误)、人际互助(与上级主管的交往)和工作轮换(处理行政人员缺乏必要的教育和工作背景的情形)。利用在职体验进行人员开发的方式包括工作扩展、工作轮换、调动、晋升和降级。

(四)体育人力资源人际互助

基于体育人力资源培育开发的特征,体育人力资源之间的人际互助具有重要意义。体育人力资源人际互动是指体育人力资源通过与体育组织中资深成员的交往来开发其自身的潜能的了解。人际互助的形式包括资深队友辅导和教练互助。

1. 资深队友辅导

资深队友是一个经验丰富、卓有成效的高级员工,他能通过为受助者提供职业支持和心理支持,帮助一个缺乏训练和比赛经验的人进行人员开发。大多数导师关系是基于资深队友和受助者的共同兴趣或共同的价值观而形成的。具有某些个性特征的员工,如对权力和成功的强烈需求、情绪稳定、具有较强的环境适应能力等,更有可能去寻找资深队友并能得到资深队友的赏识。体育组织应有意识地把成功的资深队友和缺乏训练和比赛经验的员工安排在一起工作,帮助形成这种辅导关系。

2. 教练互助

教练是培养体育人力资源成长的重要力量。教练可鼓励队员,帮助其开发技能,并能提供激励和反馈。教练可充当两种角色,一种角色是为员工提供一对一的训练并提供反馈。另一种角色是帮助队员自我学习,包括协助他们找到相关专家并教导他们如何从他人(队友、对手和前辈)那里获得信息反馈,以及向体育人力资源提供资源,如导师、培育课程和在职体验的机会等。

第五节　体育人力资源的配置

体育人力资源的配置是指体育人力资源在地区、部门及各种不同使用方向上的分配,并按照一定的经济或产出目标,在体育经营与生产过程中实现人、财、物、时间、信息等诸要素的有机结合与充分发挥,以获得最大产出和最佳效率的动态进程。体育人力资源配置内容主要包括地区配置、领域配置、职业配置和运动项目配置。体育人力资源配置主要有计划配置方式、市场配置方式和结合型配置方式。

一、体育人力资源配置的概念

当前,人类社会面临的一个突出问题就是资源的有限性与人类的无限需求之间的矛盾,解决此类问题的关键就是资源的有效配置。资源配置,通常是指在资源数量一定的情况下,如何将有限的人力、物力、财力以及科学技术、信息等资源投向不同的地区、部门以及企业，以获得最大的产出，求得经济持续、快速、健康发展。资源配置以稀缺为基础，它使稀缺资源最大限度地保持一个合理的使用方向和数量比例，其最终目的是借此提高稀缺资源的增量，以适应日益增长的需求。西方经济学家正是用资源的稀缺性来解释资源配置的，认为稀缺性是进行资源配置的主要原因（林翊，2000）。关于资源的有效配置可以这样理解，有限的资源产生最大的效益，即要求一定限量的资源条件下，通过资源的合理安排、组合、以追求产出的最大效益，此时，资源的限量是约束条件，效益最大化是目标函数；而是为取得预定的效益尽可能少地消耗资源，此时，效益达到值是约束条件，资源成本最小是目标函数。这一过程客观上需要"根据组织目标和产出物内存结构要求，在量、质等方面进行的配比，并使之产出过程中始终保持相应的比例从而使产出物成功产出"。这一过程可体现为资源配置。时间、空间和数量是构成资源配置的三个要素（芮明杰，1999）。

人力资源管理领域同样面临着人力资源有效配置的问题，将合适的人安排在合适的位置上。人力资源配置是指人力资源要素在地区、部门间的分配及其流动的排列组合。它分解为两部分：人力资源在地区及部门间分配的排列组合，称为人力资源的配置。它是人力资源结构系统要素分布的初始状态，以人力资源的增量为主要特征。人力资源要素在地区和部门间的转移式的排列组合，称为人力资源的再配置。它是以人力资源结构系统要素空间分布的动态发展状态，以人力资源要素存量流动为主要特征（窦胜功，2000）。

体育人力资源的配置是指体育人力资源在地区、部门及各种不同使用方向上的分配，并按照一定的经济或产出目标，在体育经营与生产过程中实现人、财、物、时间、信息等话要素的有机结合与充分发挥。以获得最大产出和最佳效率的动态进程。

体育人力资源的配置包括三个层次：宏观层次的体育人力资源配置、微观层次的体育人力资源配置和个体体育人力资源配置。

宏观层次的体育人力资源配置是指体育人力资源在不同地区、不同部门间的分配，它要求体育人力资源能够有效地配置在最适宜的使用方向。

微观层次的体育人力资源配置则指在体育人力资源分配既定的条件下，某个地区、某个部门如何组织利用这些资源，使之发挥尽可能大的作用，它具体发生在微观单位，是资源供求双方的行为共同完成。

个体体育人力资源配置是体育人力资源选择自己的工作岗位的主动行为，它是体育人力资源自我选择件的体现。对于个人来说，工作岗位包括工作单位和所在的职业岗位两个方面。人们在求职时谋求"好工作"，即寻找高收入、条件好的职业，寻求有发展机会和前途的：工作单位，从而使自己在市场中获得最佳位置。在现行工作单位不尽如人意的时候，或者在社会上有更好职业机会的情况下，体育人力资源就要进行职业流动（韩春利，2005）。

二、体育人力资源配置的基本内容

体育人力资源配置内容主要包括地区配置、领域配置、职业配置和运动项目配置四个方面。

（一）地区配置

体育人力资源的地区配置，是以一个地区体育人口和体育人力资源现状为基础，以该地区的资源状况与体育发展规划为依据，通过地区间的体育人力资源迁移以及不同地区的体育人力资源政策的调节予以实现的。对于体育人力资源的地区配置，必须有利于各地区的体育发展，必须有利于充分发挥各地区资源优势，使各地区均衡发展又备具特色。

（二）领域配置

当前，体育发展领域主要有：竞技体育领域、群众（大众）体育领域、学校体育领域和体育产业领域。体育人力资源的领域配置要以发展重点领域为主要目标，根据领域的联系，即投入—产出中各领域之间的关系进行综合平衡后予以确定。体育人力资源的领域配置应该从国情和我国体育发展出发，把握准追加体育人力资源的投向，保证经济重点发展领域的体育人力资源供给，并兼顾一般。规划好各领域间的体育人力资源规程、比例、结构，使体育人力资源的领域配置获得最佳效益。

（三）职业配置

体育人力资源的职业配置极为重要，它反映着体育人力资源的质的规定性。从体育人力资源质的规定性看，其差别主要包括两个方面：一是水平等级方面；二是职业种类方面。对体育人力资源进行职业配置时，首先必须从水平等级与职业类别方面加以区别，然后对各种职业岗位需求分别投入适合该水平等级和职业类别的体育人力资源，使其达到最优结合。同时，还要考虑在可能条件下的职业替代，以此来弥补某种职业的供不应求现象。一般来说，要实现人力资源职业合理配置，其根本办法在于科学地预测职业需求。在此基础上，合理安排各级各类教育规划，适时和适量地培养出各类体育人力资源，以满足各种职业岗位的需求。

（四）运动项目配置

体育是众多运动项目构成的，体育人力资源的配置理应包括运动项目的人力资源配置。在运动项目人力资源配置上，应注意梯队合理，这里包括年龄结构，职称结构，一、二、三线人员结构等。既要避免某一运动项目人才过分集中，又要避免某一运动项目人才严重匮乏（韩春利，2005）。

三、体育人力资源配置的基本方式

体育人力资源配置的模式就外部来说，比较有代表性的主要有计划配置方式、市场配置方式和结合型配置方式。

（一）计划配置方式

计划配置，也称行政强制性配置，即依据有关职能行政部门制订的计划，按一定的比例分配体育人力资源，将体育人力资源配置到各部门、各机构。

在计划经济体制下，体育人力资源是这样配置的：首先由中央决策机关根据自己掌握的有关协会稀缺体育人力资源的状况，生产与消费需求的各种信息，然后计算怎样在全社会不同的地区、不同的部门之间去配置，才能取得最佳效益，最后根据计算结果，编制全国统一的体育发展计划，并把这个计划层层分解，一直到基层执行单位。

体育人力资源的计划配置方式，是计划经济的产物。在高度集中的计划经济下，体育人力资源配置是通过行政计划这唯一的手段和途径来实现的。在体育人力资源的分配安置上，不论是分配的范围、规模、方式，还是用人的数额、设岗、工资以及调动等，都无一例外地由国家的行政计划来确定。体育人力资源和用人单位都被动地附属于国家的行政计划，没有丝毫的自主权。国家的行政计划无所不包，无所不能。形成了稳固不变的一元化格局。

计划配置方式良性运行的一个基本前提是：计划本身的精确编制，从经济学的观点编制一套精确的计划，必须满足两个条件：（1）完全信息假定，即体育决策机关必须对全社会的体育人力资源的状况拥有全部信息；（2）单一利益主体假定，即全社会不存在相互分离的利益主体和不同的价值判断，这样才能保证全社会各层级组织百分之百地、不折不扣地去完成行政计划。即计划经济有序运行必须解决信息机制和激励机制方面的所有问题。在现代经济中，要满足这两个条件是相当困难的，即使随着科学技术的迅猛发展，特别是信息技术的发展，信息不完全问题可以在一定程度上获得解决，但永远不可能解决激励机制缺陷问题，因而用计划的方式、用行政的手段配置体育人力资源不可能是有效的，即使在某一特定的时期或体育发展的某一方面获得了繁荣，这种繁荣付出的代价也是极其昂贵的，而且这种繁荣也不可能长久，最终是得不偿失的（陈勇军，2001）。

（二）市场配置方式

体育人力资源市场配置，即通过市场机制，通过报酬杠杆互相选择、调节体育人力资源供求关系，实现体育人力资源与用人单位的相关配合。

体育人力资源的市场配置方式，是市场经济的产物。在完全自由的市场经济下，体育人力资源的配置是通过市场途径来实现的，用人单位根据单位经营状况和发展趋势来决定用什么人，用多少人，如何用人；而体育人力资源则根据自身的条件与对用人单位发展的判断来自由选择单位和职业。国家不以任何手段来干预这一过程。在这种状况下，市场自动调节，企业和劳动者都有强烈的主动性，就业和失业机会均等，辞职和辞退现象司空见惯。由于供求、价格、竞争三大机制不停地自发作用，因而一些资本主义国家的体育人力资源配置在相当长的历史时期，其效果还是可以的（望山，1996）。

用市场为基础的方式来配置体育人力资源是现代社会化经济运行的一种有效选择，稀缺的体育人力资源通过市场来进行配置，既可以克服计划体制下决策权力过分集中的缺点，又不致出现混乱无序的状态，因为市场经济较好地解决了计划经济所无法解决的信息机制和激励机制问题，从信息机制看，通过体育市场交易和相对价格的确定，每个经济主体都可以分享分散发生在整个经济各个角落的供求信息，从而解决了现代社会化大生产中信息广泛发生同集中处理的需要之间的矛盾。其次，体育人力资源的配置信号不是靠行政权力由上到下发出的，而是由追求效用最大化的经济活动当事人根据市场信号，通过自己的意志自主做出并自愿执行的，从而能够使局部利益同社会利益协调起来。运用市场的方式配置体育人力资源，要取得高效率，需要具备两个前提条件：一是不存在垄断，即完全竞争假定；二是价格足够灵活，即价格灵敏性假定。这两个条件不具备，市场制度也难以发挥有效配置资源的作用，如在现实的体育领域中，特别是竞技体育领域中的垄断行为还占有很大的比例而在竞技体育的某些领域中，体育人力资源的配置是低效的。市场经济运行的两个条件在现实的经济生活中也不可能完全满足，但和集中计划经济不同的是，它们可以近似地得到满足。如完全竞争不可能达到，垄断竞争、寡头竞争等不完全性竞争，或称为竞争性市场还是可以建立起来的，价格也大致可以反映资源的稀缺程度。因而市场经济配置体育人力资源的方式较之计划经济配置体育人力资源的配置方式是相对有效的（陈勇军，2001）。

（三）结合型配置方式

结合型配置方式，是计划配置和市场配置的结合型，是一定计划机制条件下的市场配置，或一定市场机制条件下的计划配置。结合型配置方式具有明显的探索性和过渡性的特征，配置方式既具有计划经济的色彩，同时又逐步引进市场经济的手段，资源配置的效率较之以前有了很大的提高。

第六节　体育人力资源的激励

体育人力资源激励是指通过各种有效的激励手段，激发体育人力资源的需要、动机、欲望，强化和引导与组织目标相契合的个人行为，形成高昂的情绪和持续的积极状态，发挥潜力，最大限度地开发和运用其人力资源去实现组织目标。

一、体育人力资源激励的概念

（一）体育人力资源激励的含义

激励是一个心理学名词，愿意为促动、驱使人们行动的各种动力组合，这些动力包括个人内在性的动力和源于个人以外的外在动力。激励不等于刺激。从组织人力资源开发与管理的角度对激励内涵的界定是正对组织成员的行为产生变化的内在规律，利用能够激发、引导、强化和修正人的行为的各种力量，对组织成员的行为施加影响的各种活动总合。激励的目的是调动人的积极性，使个人行为目标和组织行为目标相一致。该定义体现了以下基本点：第一，激励必须按照人的客观行为规律进行；第二，激励要综合运用能够影响人的行为的各种力量；第三，激励具有很强的目的性。

激励在人力资源使用中的作用主要体现在四个方面：第一，调动组织成员积极性。通过激励机制，可以使组织成员保持工作的有效性和高效性，激发成员的创新能力，同时也使组织充满活力和竞争力；第二，形成组织成员的流动机制。组织的激励机制是形成成员流动机制的保证，通过对成员行为的正向和负向强化，成为调节成员流动机制的杠杆；第三，提高成员素质；第四，促进良好的组织文化。良好的组织文化是由组织内生的通过激励，可以提高组织成员的群体素质，摒弃和杜绝不良文化，形成健康的、有利于组织生存与发展的组织文化。

体育人力资源激励是指通过各种有效的激励手段，激发体育人力资源的需要、动机、欲望，强化和引导与组织目标相契合的个人行为，形成高昂的情绪和持续的积极状态，发挥潜力，最大限度地开发和运用其人力资源去实现组织目标（韩春利，2005）。体育人力资源激励的基本组成因素是需要、动机、行为和目标。需要是任何行为受到激励的前提。体育人力资源的需要既可以是生理或物质上的，也可以是心理或精神上的。体育人力资源的需要往往不止一种，而是同时存在多种需要，这些需要的强弱也随时发生变化。在任何时候，一个人的行为动机总是受其全部需要结构中最重要、最强烈的需要所支配、决定的。当体育人力资源产生某种需要，他就会受到满足这种需求欲望的驱动，心理就会产生一种不安和紧张。为了缓解这种紧张的心理状态，需要就转化为愿望和意向，进而寻找满足愿望的目标，当目标找到后，就会产生实现目标的内驱力，这就是动机。动机是诱发人们按照预期要求进行活动的内驱力，激励就是围绕动机进行的，动机的状况制约行为的状况。

在动机的直接推动下，进行满足需要以求实现目标的活动当目标实现后，在需要不断得到满足的过程中，动机逐渐减弱，满足行为就会结束，人们的紧张心理得到消除。但是需要的满足是一种持续的周期过程。当个一个目标达到后，新的需要就会出现，紧接着就伴随着紧张，并转化为新的动机，引起新的行为。这样周而复始，使人不断向新的目标前进。

需要注意的是，在体育人力资源的激励过程中，人们的目标不一定都能实现，当某种目标受阻时，人们就会受到挫折，而受挫又会导致建设性行为和防卫性行为。建设性行为把挫折转化为有意义的努力，而防卫性行为会产生撤退、压抑、逃避等。体育人力资源的激励模型如图2-1所示(韩春利，2005)。

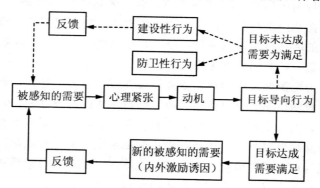

图 2-1　体育人力资源激励模型

体育人力资源的激励的过程主要包括 5 个阶段：激励方案的制定、激励方案的实施、激励效果检验、激励反馈、激励方案的修订。如图 2-2 所示。

(二)体育人力资源激励的类别

1. 以奖惩为杠杆的激励

奖励和惩罚是激励的基本手段。员工的工作动机，不是由工作成效引起

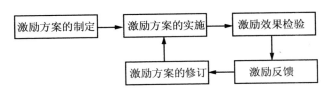

图 2-2　体育人力资源激励过程

的，而是由与工作成效相关的奖惩引起的，如果没有这种奖惩，员工就可能失去工作积极性。奖惩式激励是最常见的激励。从广义上说，当工作还未成为人们的需要，而只是谋生手段时，以工作报酬的方式向员工支付薪酬、奖金等，本质就是一种奖惩激励。

常用的奖励原则与技巧为：(1)对于不同的员工应采取不同的激励手段。(2)注意奖惩的综合效价，应该尽量增加物质奖励的精神含量，从而使激励效果由浅入深，激活其内激励。(3)适当拉开实际效价的档次，控制奖励的效价差。(4)适当控制期望概率(即员工主观上认为自己获奖的概率)，这就要求组织的奖励措施，奖励范围应当提高透明度，让员工了解真实的信息。(5)注意奖励的尺度。奖励什么，奖励的程度如何定，奖励面有多大等组织可以根据具体情况来确定。

有奖必有罚。但惩罚是一种负强化的激励手段，不宜在组织内频繁、大量使用，应尽量选择适当的惩罚方式，缩小打击面，扩大教育面。还要将原则性与灵活性相结合。在管理过程中按照制度办事，执法要严，但在惩罚中讲究严的合理、合情，达到以儆效尤的目的，这就是管理的艺术。

2. 以目标为导向的激励

目标导向激励，是以帮助组织成员树立行为目标并强化其目标意识的方式所进行的激励。目标理论认为，员工在同样需要的基础上可能产生多种目标，如果能使组织成员的个人目标和工作目标相融合，就能够激发成员的内激励。目标导向的关键在于符合把成员的目标与组织的目标相融合，即如何使工作要求转化为成员的行为目标，与奖惩式激励不同，目标导向激励则是通过帮助成员分析其需要状况和实现需要的条件来实现这种转化。

在实践中，目标导向激励最有代表性的是目标管理制度的推行。目标管理，就是把工作认为具体化为目标，将具体化的目标最为人们工作的方向和标准，要求人们经常地、自觉地用来检查和督促自己的工作，通过目标管理可以把目标管理系统化和制度化。

3. 情谊沟通式激励

人在本能地适应环境的过程中，对周围的事物及其变化在认识上的褒贬、情感上的好恶、行为上的取舍，都能体现人们对于工作的态度。情谊沟通式激励方法主要是通过正式沟通（如员工接待日制度、员工心态调查等）和非正式沟通（如娱乐休闲活动、家庭访问等）渠道展开的，旨在及时了解员工的心态状况，协调人际关系等。

4. 战略式激励

战略激励强调管理者的激励目标是帮助组织中的每一个人实现最大限度的自我激励。两种较为有效的战略式激励手段如下：（1）组织的使命、价值观。改变被激励者的观念，使被激励者从自身意愿出发，采取管理者需要或者期望的行为的一种心理诱导方法。这种心理诱导法所产生的自豪感、所激励出的工作动力强度大，也比较稳定。（2）职业生涯计划，也称"职业生涯设计"，是组织管理者帮助进入组织的每一位成员设计个人事业发展的计划，并协助进行定期评估，依次将个人在组织中的工作和个人的发展紧密联系在一起，从而达到工作者自我激励的目标。

二、体育人力资源激励的基本内容

（一）物质激励

体育人力资源所从事的工作大多能为国家和地区争取荣誉，如果运动员在奥运会、亚运会等大型体育赛事上能够取得好的成绩，一般取得优秀成绩的体育人力资源能够获得大量的金钱激励。例如每届奥运会结束后，我国优秀运动员能获得的金钱奖励如下：奥运奖励中最为平常的就是发放奖金了。每位奥运运动员都可以获得国家体育总局颁发的奖金，奥运过后的奥运冠军香港游也是收获不菲。各个省市的奖励力度略有不同，视该省市对体育的重视程度和经济发展程度而定。再次一级的市、区也会颁发奖金。此外，热门运动队往往还有签约赞助商，自然会对奥运选手给予嘉奖。另外，奥运健儿所在单位、学校也会派发奥运奖金。北京奥运会后，湖南省的奖励标准是每枚金牌 80 万元人民币，长沙市的奖励标准则为每枚金牌 50 万元人民币。而在北京奥运会上获得体操男子团体冠军的李小鹏的总奖金就将高达 260 万元人民币。

（二）精神激励

优秀、出色的体育人力资源会获得很多荣誉。如我国奥运冠军很多获得了"五四青年奖章"、"三八红旗手"和"十大杰出青年"等荣誉称号。而美国在这方面做得更为突出。如美国 NBA 设置了名人堂。美国篮球名人堂以篮球创始人奈史密斯博士的名字命名，又称奈史密斯篮球名人堂（Naismith memorial basketball hall of fame），于 1959 年在马萨诸塞州的斯普林菲尔德学院成立，并开始正式接纳对篮球有杰出贡献的球员进入名人堂。对篮球有杰出贡献的个人都可以入选名人堂，但入选名人堂的条件非常苛刻。运动员和裁判员必须在退役 5 年以后才有资格被提名，而教练员必须有 25 年的执教经历或者在退休 5 年后才有资格被提名。提名成功后名人堂会有 1 个 7 人小组进行审查，如有 5 人通过则再交到最高层的"命名委员会"审查，这个委员会由 24 人组成，必须得到其中的 18 人通过候选人才能被接纳为名人堂成员。因此，能够入选名人堂对相关运动人士来说是非常荣耀的一件事情。著名的篮球运动员，迈克尔·乔丹入选名人堂仪式上，泪洒当场，感动了无数的人，同时也彰显了这项荣誉对入选人员的肯定与褒扬。

（三）其他

对于出色体育人力资源的激励，很多体育协会都会给他们安排相关工作，以便继续为该项赛事服务，而能够成为国家单项体育协会、国家奥委会等组织的成员，就是一项非常具有挑战性和荣誉性的工作。我国著名乒乓球运动员邓亚萍退役后，于 2002 年，在国际奥委会道德委员会以及运动和环境委员会两个委员会担任职务。邓亚萍担任我国两次申奥大使，为申奥成功做出了积极贡献。2008 年北京奥运会上，邓亚萍在北京奥组委市场开发部供职，职务是北京奥组委奥运村部副部长。北京奥运会以后，由于邓亚萍的出色表现，顺利进入团中央任职。

20 世纪 80 年代以前，我国体育人力资源的激励还是以精神激励为主。从 1982 年执行《优秀运动员奖励试行办法实施细则》和《专职教练员奖励办法实施细则》以来，我国竞技体育在重视精神奖励的同时，也注重了物质奖励。张忠秋提出精神根本性原则和物质激励同步辅助性原则，前者是指在对高水平优秀运动员的激励中，应以精神激励作为贯穿始终的根本性鼓励。后者是指在坚持精神激励为高水平优秀运动员根本性激励的前提下，同步地充分发挥物质激励的辅助性作用。由此可以看出，精神激励的作用十分重要，但在重视精神激励的同时不能忽视物质激励的重要性，要使二者合理搭配才能取得良好的激励效果（张忠秋，1994）。吕万刚认为：激励机制类型主要有物质型激励和精神型激励，单一的物质激励或精神激励都难以产生最佳的激励效果，必须把两种激励有机地结合起来，才能对被激励者产生深刻有效的激励作用。例如，对优秀运动员进行激励，首先应认识到物质激励和精神激励都是针对满足运动员不同层次的需要。处于越低层次需要的运动员，满足他们的物质需要越有效；处于高层次需要的运动员，精神上的激励更为有效（吕万刚，2004）。

三、体育人力资源激励的基本方式

体育人力资源的激励与其需求之间存在密切联系。本书通过前期对不同类型体育人力资源运动员序曲的分析，来探讨体育人力资源的激励问题。而运动员是体育人力资源中重要的构成部分，本书以运动员作为对象探索人力资源激励的方式(表 2-2)。

表 2-2　体育人力资源激励的方式(示例)

	需求内容	
	物质需求	精神需求
运动员	金钱、房子、汽车、高档物品、终身津贴、每月补贴、退役安置、上大学、人身保险、工资晋升	终身荣誉证书与奖章、新长征突击手、全国十佳运动员、青年标兵、新闻媒体宣传报道、全国劳模、政协委员、人大代表、先进工作者、优秀党团员、入党、职称
教练员	金钱、房子、汽车、高档物品、家属子女安置、每月补贴、教练员等级晋升、工资晋升、度假	荣誉证书与奖章、新长征突击手、新闻媒体宣传报道、公派出国培育、学习交流、全国劳动模范、政协委员、人大代表、先进工作者、职称
管理人员	金钱、房子、汽车、高档物品、家属子女安置、每月补贴、工资晋级、职务晋升、度假	荣誉证书与奖章、新长征突击手、新闻媒体宣传报道、公派出国培育、学习交流、全国劳工模范、政协委员、人大代表、先进工作、记功、领导接见、职称、参与决策、委以重任
科研人员	奖金、房子、汽车、高档物品、家属子女安置、每月补贴、工资晋级、科研基金、度假	荣誉证书与奖章、新长征突击手、新闻媒体宣传报道、公派出国培育、学习交流、全国劳模、政协委员、人大代表、先进工作、记功、领导接见、职称、科研成果获奖

(一)体育人力资源激励的方式——以高水平运动员为例

高水平运动员激励就是激发高水平运动员竞技需求欲望，增强其运动动机水平的过程。其本质是通过对高水平运动员需求体系和动机过程的激发、调节，达到不断提高他们训练和比赛的行为积极性，挖掘及巩固、发挥他们的竞技潜力和目的(张忠秋，1994)。

1. 采用"优势需要"激励法，激发运动员的责任感和成就感

运动员肩负着"争第一、夺冠军"的特殊使命，在长期的职业实践中必然影响和形成一种追求强者、注重形象、崇尚科学和超越极限的心理特点与职业习惯，进而驱使他们把对精神文化的追求作为第一需要乃至毕生的奋斗目标。实施"优势需要"激励，正符合运动员这一心理特点。运用优势需要激励法，具体应当把握：一要培养和依据运动员对精神文化的优势需要实施激励，最大限度地激发运动员积极追求向往并积极参与的动机；二要依据优势需要提出的目标应有挑战性，只有付出一定劳动方可实现且具有一定价值的目标，才能使人产生进取心与成就感，才能发挥激励作用；三要引导运动员把个人目标融入整体目标，上下同心，整合一致，保持正确的方向。

2. 采取"行为示范"激励法，以适应运动员可塑性、模仿性强的特点

行为示范激励，包括教练员行为激励和典型行为激励。教练员行为激励又包括作风激励：即以教练员自身优良的思想作风、工作作风和生活作风对运动员施加影响；水平激励：即教练员的能力强，管理水平高，将给人们以信心，产生强大的非权力性影响，增强向心力和凝聚力；信任激励：是教练员行为激励的集中表现。社会的群体成员都有一种归属心理，希望能得到领导的赏识和信任，成为群体中不可缺少的一员，运动员更是如此。因此，教练员的知人善任，对运动员的影响是极为深远的。同时，先进人物的示范对影响和改变群体心理也具有感召作用和心理磁力作用，也能产生一种不带强制性的刺激，成为感染、激励他人的无形力量。采取"荣誉、自尊"激励法，为其成功与成才提供精神动力，运动员对自尊的需要和对荣誉的关切，实质上是渴望全社会对其劳动的理解和认可，是出于实现个人价值的心理需要。可见，运用荣誉与自尊激励法，及时对运动员的工作成绩给予赞誉和表扬，可满足运动员这一心理需要，进而激励运动员的荣誉感和自尊心，增强其内驱动力，发挥其工作积极性、创造性，不断在磨炼中日臻成熟，从失败走向成功。这种激励法的具体方式又是多样的，比如关怀激励、尊重激励、暖心激励、排忧解难以及工作绩效与晋职晋级挂钩、与物质奖励相关联等。而且，这种激励不能只是半年或者年终工作总结中的一次性举动，应成为一种经常性的管理措施和组织行为。

（二）体育人力资源激励实施机制——以高水平运动员为例

1. 注重"内部动力"激励，加大高层次需要的培养

运动员的工作动机或内部动力是一个受多种因素刺激和影响的复杂的心理构成物，又是引发其行为的直接原因。人的需要是多方面的，实施运动员心理激励，着力点必须建立在高层次需要之上。为此，应当十分重视并采取相应措施培养运动员的高层次需要，即培养为体育事业服务的本领和奉献精神，培养出为祖国而成就、为事业而成才的需要，自觉摒弃低级趣味，做一个高尚、无私奉献的人。

2. 注重"目标引力"的激励，加大理想和抱负教育

目标引力主要指围绕集体目标，由有利于个人生活、学习和工作的客观条件，领导和同志们的高度信任，团结和谐和人际关系，合理的待遇、奖赏以及较好的教学工作成果等引发的心理驱动力。目标引力是产生积极性的最直接的外部原因，当这些目标内化成一个人的内部动机或自觉追求时，它就转化为内部动力。实现目标引力激励，关键在教育和引导教练员确立较高的抱负水平。因为，抱负水平是一个人决定其行为达到什么质量标准的内心目标尺度。理想抱负远大，才能追求不息，奋斗不止；因而，必须采取得力措施，加强和完善思想政治工作，营造良好的育人环境，并通过强化集体优势，树立典型，引导和鼓励运动员树立较高的抱负，在各自的岗位上为着既定目标努力奋斗。

3. 注重外界压力的激励，加大公平竞争的力度

外界压力主要包括条令条例、规章制度约束，必须履行的职责，上级的评比检查、批评监督，强大的群众舆论，竞争的环境压力等。这种有形的或无形的力量给人一种心理上的影响和压力，迫使人不得不去思考、去进取，从而产生一种活动动机。当这种压力变为"推力"即"内化"成前进的动力时，就会转化成产生积极性的动因。在上述几种外界压力中，评比与竞争压力是直接的、全员性的，因而其影响力较大，在构建心理激励机制时应当广为应用。在运动员中开展公平、公正的竞争活动，比学习热情、比训练质量、比进步幅度、比竞技成绩，这样不但能比出差距、比出高低，还能激发出自尊心和不甘现状、奋发进取的精神。

复习思考题

[1]什么是体育人力资源管理？其目标与内容是什么？

[2]体育人力资源规划的概念、基本内容与方法是什么？

[3]体育人力资源培育的概念、基本内容与方法是什么？

[4]体育人力资源开发的概念、基本内容与方法是什么？

[5]体育人力资源配置的概念、基本内容与方法是什么？

[6]体育人力资源激励的概念、基本内容与方法是什么？

第三章 体育财力资源管理

【内容提要】

体育财力资源是体育事业发展必不可少的因素之一。科学、有效的体育财务资源管理对促进我国体育事业健康、和谐、稳步发展具有重要意义。体育财力资源管理过程中要始终遵循依法理财、精简节约、量入为出、效益原则。体育财力资源管理内容包括预算管理、收入管理、支出和费用管理及核算与监督管理。其中，预算管理是核心，收入管理、支出管理是基本内容，核算与监督管理是保障。

【学习目标】

● 掌握体育财力资源管理的概念及特点，体育财力资源管理的基本内容和基本方法

● 掌握体育财力资源预算的概念，了解体育财力资源的基本内容和基本方法

● 了解体育财力资源培育的概念，掌握体育财力资源培育的途径和方法

● 了解体育财力资源开发的概念，掌握开发的途径和方法

● 掌握体育财力资源使用的途径，掌握提高体育财力资源使用效益的方法

第一节 体育财力资源管理概述

体育财力资源管理的内容包括预算管理、收入管理、支出和费用管理及核算与监督管理。其中，预算管理是核心，收入管理、支出管理是基本内容，核算与监督管理是保障。科学、有效的体育财务资源管理对促进我国体育事业健康、和谐、稳步发展具有重要意义。

一、体育财力资源管理的概念

界定体育财力资源管理(Sport financial resource management)的概念，需要从体育资源和管理的概念界定入手。根据本书的定义，管理是指通过一定方

式整合资源，以实现组织目标的活动。体育资源是对能够满足体育发展所需的各种要素或条件的总称。财力资源是组织活动中的重要组成部分，也是各种资源中流动性最强的一种资源。任何组织要进行生产经营活动都必须拥有一定数量的财力资源，财力资源是进行生产经营活动的基本条件。没有一定数量的财力资源，组织就不可能从市场上购买物质材料、人力、信息等其他资源，就无法有效地完成组织的目标（孙惠中，2002）。体育财力资源在体育活动中发挥着重要的作用。体育财力资源是指在体育发展过程中能够用货币资金的形式体现的资源。体育财力资源可以转化为其他体育资源，是其他体育资源产生和应用的基础。

结合管理与体育资源的定义，本书认为，所谓体育财力资源管理是指管理者通过一定方式整合体育财力资源，以实现组织目标的活动。为实现体育财力资源管理的目标，各级体育财力资源的管理主体需要运用经济、行政、法律、技术等手段，对体育财力资源进行科学规划、有效开发、合理配置和高效利用，以使体育财力资源有效支撑各项体育活动，最终实现组织战略目标。

二、体育财力资源管理的基本内容

体育财力资源管理的基本内容包括经费预算、资金的收入、使用及经费支出，以及经费使用过程中的核算与监督等。

（一）预算管理

财务收支预算是我国现行体制下，体育事业单位根据本单位的事业发展计划和工作任务编制的一定时期内的财务收支规模预计，是国家财政预算的基础。预算管理主要通过对体育事业下一年预算的编制、审批和执行，从而保障体育财力资源运用的有效性。

（二）收入管理

收入是指对体育单位通过开展各种业务及活动，依法通过各种形式、各个渠道获得的资金。收入管理主要依据国家有关方针政策，对收入的方式、项目、范围、标准、用途、手续、办法及收益分配进行管理，加强收入管理，有利于调动各体育单位的积极性，提高经费自给能力，减轻国家财政负担。

（三）支出与费用管理

支出与费用管理主要是依据国家财经法律的有关规定，对成本开支、费用发生等进行预测、计划、控制、分析，监督，以便体育组织合理安排和节约使用人力、物力、财力，降低成本，为体育事业发展积累资金。

（四）核算与监督

核算是体育财力资源管理的基本内容，体育经济实体要进行经济活动，都要求提供真实的、正确的、完整的、系统的会计信息，会计核算通过对财力资源进行确认、计量、记录，并进行公正报告的工作。监督就是通过预测、决策、控制、分析、考评等具体方法，促使体育活动按照财政预算的要求进行，以达到预期的目的。

三、体育财力资源管理的基本方法

（一）预测方法

体育财力资源管理预测方法主要是对各级体育单位计划期的财务指标的测算，它是在过去与现在财务资料的基础上，对未来的财务状况与财务指标作的估计。财务预测是在占有大量财务与其他经济活动资料的基础上，运用科学计算方法来进行的。准确的预测总是依靠科学的方法，按内容可分为流动资产需要量与短期性投资预测、固定资产需要量与长期性投资预测、成本费用预测、产品价格与收益预测、利润总额与分配指标预测；按财务预测所跨时间长度来分，预测方法可以分为长期预测、中期预测和短期预测；按预测是否定量可分为定性财务预测和定量财务预测。

（二）决策方法

体育财力资源管理决策方法是根据各级各类体育单位发展战略的要求和国家宏观体育管理政策的要求，从提高经济效益和更好地满足广大人民群众日益增长的体育需求的总目标出发，确定体育财力资源各项具体的财务奋斗目标，并从两个以上的财务备选方案中选定一个达到某一体育管理目标的实施方案的过程。体育财务决策是在体育财务预测的基础上进行的，是体育财务管理的核心，预测是为决策服务的，而具体的体育财务计划则是财务决策的具体化。财务决策一般包括以下几个步骤：确定财务目标；根据财务预测提出备选方案；分析、评价、对比各方案；选择实施方案。决策的成败取决于财务决策方法。决策方法的分类多种多样，按作用分为战略决策和战术决策；按性质分为经营性决策、管理性决策和业务性决策；按管理层次可分为高层决策、中层决策和基层决策；按决策条件可分为确定型决策、风险型决策和不确定型决策。

（三）预算方法

体育财力资源管理预算法就是以货币形式表示的各级各类体育单位财务方面的发展经营计划，是指在一定的预算期内以货币形式反映体育单位发展经营活动所需要的资金及其来源、财务收入和支出、财务成果及其分配的预算。预算是预测和决策的具体化和数量化，是各体育单位组织财务活动的重要依据，为单位整体及内部各个部门确定了明确的目标与任务，有助于协调各部门的经济活动，同时也是评价各体育单位工作成果的基本尺度。预算可以有不同的形式，按时间长短来分，有长期、中期和短期预算三种；按影响程度来分，有战略性预算和战术性预算；按编制方法来分，有固定预算、弹性预算、滚动预算和零基预算。本章第二节将作详细介绍。

（四）控制方法

体育财力资源管理控制方法是根据各体育单位财务预算目标，财务制度和国家有关体育事业发展政策，对实现（或预计）的财务活动开展情况进行对比、检查，以便及时发现偏差加以纠正，使之符合财务目标与制度要求的管理过程。简而言之，即为依据财务目标，发现实际偏差与纠正偏差的过程。控制方法是体育财力资源管理的经常性工作，是实现财务预算、执行财务制度的基本手段。通过财务控制，能使各体育单位的财务预算与制度对财务活动发挥其规范与组织作用，使体育资金占用与费用水平控制在达到预定目标的范围内，保证各体育单位经济效益的提高及体育发展目标的最终实现。按时间不同可分为事前控制、事中控制和事后控制；按指标不同可分为绝对数控制和相对数控制；按方法不同可分为财务目标控制、财务预算控制和财务制度控制。

（五）分析方法

体育财力资源管理分析方法是以体育单位财务的实际和预算资料为依据，结合体育单位发展经营活动情况，对造成财务偏差的主观和客观因素进行揭示，并测定各影响因素对分析对象的影响程度，提出纠正偏差对策的过程。其一般程序包括揭示差距、测定各影响因素的影响程度和提出对策。财务分析对加强体育单位财务管理有很重要的作用，可以为财务预算的制定与调整提供依据；可以及时揭露问题，采取控制措施保证财务预算的执行；还可以检查财务制度的执行情况，帮助正确处理体育单位与各相关单位之间的财务关系，增强体育单位进行财务管理的自觉性。目前主要有的分析方法是：对比分析法、因素分析法、趋势分析法和比率分析法。

（六）考核方法

体育财力资源管理考核方法是指将各体育单位报告期财务指标实际完成数与规定的考核指标进行对比，确定有关责任单位和个人是否完成任务的过程。财务考核与物质奖励紧密联系，是贯彻责任制原则的要求。考核工作主要在体育单位内部进行。考核指标应是责任单位或个人应承担指标是否完成责任的可控制性指标，一般根据所分管的财务责任指标进行考核，使财务责任指标的完成有强有力的制约手段与鼓励措施。通过财务考核，可以促进各级各类体育单位加强基础管理工作，提高体育资金使用效益。考核指标主要有：绝对指标、相对指标和指标完成百分比及评分考核。各种指标可单独使用，也可配合使用。

第二节 体育财力资源预算

体育资金的收支活动是通过预算来安排的，预算管理是体育组织财务管理的重要内容。实行体育资金财务预算制度反映了体育部门与财政之间的资金领拨缴销关系和事业计划、工作任务的规模和方向，加强体育资金的预算管理，不仅对保证我国体育事业计划的完成，而且对财政预算的顺利执行具有十分重要的意义。

一、体育财力资源预算的概念

预算是经法定程序审核批准的国家年度集中性财政收支计划。它规定国家财政收入的来源和数量、财政支出的各项用途和数量，反映着整个国家政策、政府活动的范围和方向。体育财力资源预算（Sport financial resource budget）是指由国家体育总局及所属各级管理部门根据体育事业发展计划及体育事务的管理任务编制的，并按规定程序批准的年度财务收支计划。

体育资金的收支活动是通过预算来安排的，预算管理是体育组织财务管理的重要内容。国家体育总局为中央财政一级预算单位，部门预算由局本级和41个二级预算单位（运动项目管理中心）的预算组成。各级各类体育单位的预算均反映本单位一年的收支安排和业务活动规模和方向，其预算管理是依据国民经济和社会发展计划、国家和社会对各体育单位的职责要求和财力许可等编制的，是各体育单位开展各项业务活动的前提和条件。

一般地，各级各类体育单位根据上级单位下达的预算指标层层落实，并在此基础上编制本单位预算抄报上级部门批准。预算的编制要求量财办事，区分轻重缓急，实行统筹兼顾。坚持以既定计划、财务规定和实际情况为依据，运用科学合理的计算方法，有针对性的编写文字说明，并对存在的问题和解决办法作出重点说明。

二、体育财力资源预算的基本内容

（一）收入预算

1. 财政拨款

目前我国体育事业发展资金的主要来源为国家财政拨款，而国家财政拨款是指各级政府对纳入预算管理的体育事业单位及各类社会团体等组织拨付的财政资金。各级各类体育单位按国家体育总局核定的机构职责、人员编制和实际人数、占用的资产情况、完成年度中心工作任务和体育事业发展需要、核定的定额标准，结合国家财政承受能力测算编制、申请财政拨款。

2. 预算外资金收入

预算外资金收入是指从财政专户取得的预算外资金和经核准不上缴财政专户由各体育单位按计划使用的预算外资金。各体育单位取得的按规定应缴财政专户的预算外资金不直接列入单位预算外收入，待从财政专户核拨后，列入单位预算外资金收入。

3. 其他收入

其他收入主要指上级补助收入、事业收入、经营收入、附属单位上缴收入等。各级体育单位的其他收入项目具体包括各类赛事门票收入、依托赛事而产生的广告收入、电视转播权收入、出售纪念品收入、冠名权收入、体育技术辅导收入、体育培训收入、闲置体育场地租金收入、依托体育场地产生的第三产业收入及体育印刷出版收入、投资收益、利息收入、捐赠收入等。

（二）支出预算

1. 基本支出

基本支出预算是各级各类体育单位为保障机构正常运转、完成日常工作任务而编制的年度基本支出计划，包括人员经费支出和日常公用经费支出。

2. 项目支出

项目支出是各级体育单位为完成特定的行政工作或实现体育事业发展目标，在基本支出预算之外编制的年度项目支出计划，包括行政事业类项目支出、基本建设类支出和其他类项目支出。具体项目如因 2008 北京奥运会而产生的专项计划项目及专项业务项目、大型体育场馆修缮项目、大型体育设施购置项目及其他体育项目。

3. 经营支出

经营支出是指直接从体育单位当期经营收入中扣除的经营活动中的耗费和

损失。经营支出的发生最终导致体育单位资产的减少，对体育经营活动过程中发生的各项支出，均应加强监督与管理，遵守有收入必有支出、有支出也应有其收入的合理配比原则予以核算。在核算中对支出一般应按权责发生制予以确认。

除了上述三大主要支出预算之外，还有各体育单位上缴上级体育主管部门支出预算及对各体育单位附属单位补助支出预算等。

三、体育财力资源预算的基本方法

（一）弹性预算法

弹性预算法也可称为变动预算，是指以预算期间可能发生的多种业务量水平为基础，分别确定与之相应的费用数额而编制的、能适应多种业务量水平的费用预算。正是由于这种预算可以随着业务量的变化而反映各该业务量水平下的支出控制数，具有一定的伸缩性，因而称为"弹性预算"。这种方法适用于各项随业务量变化而变化的项目支出，如公共体育设备的采购项目，由于消费规模变化很大，因而可以根据预算年度计划数、消费人群数量测算应添置的数量。其优点是克服了传统预算编制方法的缺陷，扩大了预算的适用范围，使对预算执行情况的控制、考核、评价都建立在可比的基础上，并避免了由于业务量发生变化而对预算的频繁修订。

（二）增量预算法

增量预算法，是指在上年度预算实际执行情况的基础上，考虑了预算期内各种因素的变动，相应增加或减少有关项目的预算数额，以确定未来一定期间收支的一种预算方法。如果在基期实际数基础上增加一定的比率，则叫"增量预算法"；反之，若是基期实际数基础上减少一定的比率，则叫"减量预算法"。这种方法主要适用于在计划期由于某些采购项目的实现而应相应增加的支出项目。其优点是预算编制方法简便、容易操作。缺点是以前期预算的实际执行结果为基础，不可避免地受到既成事实的影响，易使预算中的某些不合理因素得以长期沿袭，因而有一定的局限性。同时，也容易使基层预算单位养成资金使用上"等、靠、要"的思维习惯，滋长预算分配中的平均主义和简单化，不利于调动各部门增收节支的积极性。

（三）零基预算法

零基预算法，全称为"以零为基础编制计划和预算的方法"，简称零基预算，是指对于预算期的每一种预算项目，其数额都以零为起点，从根本上评价各项业务活动的重要程度，完全按照预算期内应该达到的经营目的，重新考虑每次预算支出的必要性及其水平，并以此决定现有各项资源的分配顺序，编制新的预算。零基预算的编制大致可以按以下三个步骤进行：首先，拟定预算项目并登记预算说明书；然后，对每一预算项目进行"成本—效益"分析；最后，分配资金，落实预算。

此种方法适用于各类政府采购支出项目，其优点是对货物、服务、工程项目按照预算年度影响因素和事项的轻重缓急程度重新测定支出需要，对项目依据、投资、技术要求、效益等有关情况作出详细的论证和说明，根据国民经济和事业发展中长期规划，把关系本地经济发展和社会进步、需要急办的项目排列前面，确保重点支出项目的落实；有利于充分利用有限的财政经费，合理配置资源，发挥各部门管理人员的主动性和积极性，使各部门进行成本效益分析，切实提高政府采购资金的使用效益。其缺点是预算工作量大，需要对预算单位历史资料分析、现有资金使用分析和投入产出分析，要求各单位基础工作扎实，规章制度健全。

（四）滚动预算法

滚动预算法又称连续预算或永续预算，是指按照"近细远粗"的原则，根据上一期的预算完成情况，调整和具体编制下一期预算，并将编制预算的时期逐期连续滚动向前推移，使预算总是保持一定的时间幅度。简单地说，就是根据上一期的预算指标完成情况，调整和具体编制下一期预算，并将预算期连续滚动向前推移的一种预算编制方法。滚动预算的编制，可采用长计划短安排的方式进行，即在编制预算时，可先按年度分季，并将其中第一季度按月划分，编制各月的详细预算。其他三个季度的预算可以粗一些，只列各季总数，到第一季度结束前，再将第二季度的预算按月细分，第三、四季度及下年度第一季度只列各季总数，依此类推，使预算不断地滚动下去。这种方法适用于规模较大、时间较长的工程类或大型设备采购项目。其优点是能够从动态的角度把握近期的规划目标和远期的战略布局，使预算具有较高的透明度。由于在时间上不受日历年度的限制，能够根据前期预算的执行情况及时调整和修订近期预算，有助于保证项目支出的连续性和完整性，能够充分发挥预算的指导和控制作用。

第三节　体育财力资源的培育

体育财力资源培育是通过行政、经济、法律等各种手段，以培养体育财力资源需求市场和供给市场为主要途径，以实现吸引各方资金（尤其社会资金）进入体育领域为目的的行为。其核心是实现体育财力资源从无到有、从少到多、从莠到良的发展过程。

一、体育财力资源培育的概念

在市场经济体制下谈体育财力资源培育问题，其前提是认可体育财力资源具有一般财力资源的共性，即首先要承认体育财力资源是商品，它受到商品经济特有的经济规律的影响和支配，价值规律、供求规律及竞争规律均会对市场经济背景下的体育财力资源产生巨大影响，任何一种具备商品性质的资源其获得必须要付出代价，这是由资源的稀缺性和人类欲望的无穷性所决定的。

辞海中对"培育"一词的核心解释为对幼小生物进行培养使其发育成长，其实质强调为了有更大的收获，必须首先付出代价。由此，本书认为，体育财力资源培育（Sport financial resource culitivation）是指在一定条件下，借助一定的手段和力量促进体育财力资源生成的过程。其实质是通过行政、经济、法律等各种手段，以培养体育财力资源需求市场和供给市场为主要途径，以实现吸引各方资金（尤其社会资金）进入体育领域为目的的活动。其核心是实现体育财力资源从无到有、从少到多、从莠到良的发展过程。

二、体育财力资源培育的途径

（一）体育财力资源需求市场的培育

需求是有购买力保证的需要，而需要的实质是欲望，需求是供给的前提和动力。培育体育财力资源需求市场的前提条件是消费者对体育无形产品（体育服务）及体育有形产品具有较强的需求，而影响消费者需求量的因素则是培育消费需求的重点，概括而言，影响需求量的因素主要有商品价格、消费者收入、相关商品（替代品和互补品）价格、消费者人数、消费者预期、消费者偏好六个方面。一般而言，商品价格越高、消费者收入越高，需求量则比较高；而替代品价格越高、互补品价格越低，则需求量越大；偏好则取决于政府和社会如何引导消费者形成对体育产品的特别的喜好，而这也构成培育体育财力资源需求市场的重要内容。

有了消费者对体育产品的需求，那么就会形成对体育财力资源的需求，想要培育体育财力资源需求市场，需要注意以下几个方面：第一是让潜在的体育财力资源需求者对未来充满乐观预期，即让其了解体育产品的旺盛需求；第二是各级政府提供灵活多样的地方性政策法规帮助财力资源需求者降低进入该市场的门槛；第三是尽量避免市场培育过程中的寻租行为，让需求市场真正成为体育财力资源买方的代言人。

（二）体育财力资源供给市场的培育

在谈体育财力资源供给市场的培育问题之前，有个问题先行交代，即是关于市场均衡问题。简而言之，市场均衡是指某个市场不存在未被满足的需求，也不存在未销售出去的产品，供给量等于需求量。在培育起了强大的体育财力资源需求市场后，供给市场便成为需求最终能否实现的决定性条件。供给是卖方行为，是卖方在某种条件下愿意且能够提供某种商品的行为。从某种意义上讲，体育财力资源的供给从根本上影响着该市场均衡的形成，因为它直接决定着体育资金的来源渠道及数量。

就我国目前体育资金的来源渠道而言，除去政府资金之外，社会资本是不可忽视的力量，也是市场规律能够发挥作用的领域。如何吸引社会资本进入体育财力资源供给市场除了等待市场经济中那只"看不见的手"的牵引之外，政府在该过程中发挥着重要作用。培育体育财力资源供给市场需要注意以下几个方面：第一是让供给者有利可图，市场经济体制下，追求自身利益最大化是所有商品提供者的直接目的，体育财力资源的供给者也不例外，如果没有实现自身利益，社会资金便不会进入体育领域，也就无法形成体育财力资源；第二是政府在市场失灵的时候能够勇敢地站出来发挥自身作用，具体体现在为各方社会资金进入体育领域扫清各种障碍；第三是政府需要扮演好裁判员的角色，在管理体育财力资源供给市场过程中，坚持原则，一视同仁，力争培育一个客观、公正、公开、透明的供给市场。

三、体育财力资源培育的方法

（一）行政方法

行政方法是较普遍采用的一种方法，是指政府凭借政权力量，依靠从上到下的行政组织制定、颁布、运用政策、指令、计划的方法，来实现国家对行政工作的领导、组织和管理的目的，具有控制、制约、调整、协调社会各地区、各部门行政管理工作的方向，保证行政执行的集中统一，实现国家、社会所期望达到的管理目标的功能。行政干预一般分事前预防性干预、事中即工作进行中的干预和事后干预三种。后两种干预方法通常较为普遍，具有强制性、垂直性、具体性和非经济利益性、封闭性的特点。具体方式有行政命令方式、行政引导方式、行政信息方式、行政咨询服务方式。

为了吸引社会资金更多地进入体育领域，体育场馆设施建设过程中涉及的拆迁管理费、城市规划管理费、占道费等大量费用，可考虑免交或减半。在社会主体投资创办体育企业初期，各种审批、检查程序化繁为简，设立绿色通道。同时，政府出面建立体育政策咨询平台、体育信息交流平台、体育资金融通平台、体育商贸交流平台以及体育人才技术交流平台，从而达到鼓励社会资金投资于体育领域的目的。

（二）经济方法

经济方法是行政主体根据客观经济规律，运用价格、信贷、利率、税收、工资、奖惩等经济杠杆和方式，通过调整经济利益关系而实施管理的方法。这是政府经济部门按经济运行规律的要求，来管理下属经济组织及其活动的一种方法。从根本上说，它是利用各部门及其活动的经济利害关系，以制约相互间的活动的行政执行行为，是通过利益诱导进行间接管理的方法。在社会主义市场经济条件下，要通过市场机制引导企业和其他经济组织，使它们的活动大体上符合整个宏观经济发展的目标。社会主义的根本任务就是发展生产力，经济行政管理是我国政府职能的重点。该方式具有间接性、利益性、多样性的特征。

在培育体育财力资源的过程中，经济手段是最为重要的，在国际体育发达国家吸引体育资金的方法中，最具效益也最常使用的就是经济手段。如为了吸引社会力量更多地进入体育资金供应市场，很多国家都实行了税收优惠政策及政府的财政奖励政策。而我国还有相当一部分体育经营项目仍然执行娱乐业的营业税税率，高尔夫、射箭、射击、飞镖等体育运动项目，按"娱乐业"税目20％的税率征营业税，这极大地打击了社会资金的进入。

（三）法律方法

法律方法是依法治国、行政法制的工具，是行政机关以法律为武器，根据法律手段的规律、程序和特点实施行政管理。换句话说，是指国家行政机关在行政管理领域内，依照法定职权和程序，把国家法律、法规实施到具体的行政活动中，以达到有效而合理的管理目的。其内容既包括国家立法机关制定的宪法、法律，也包括国家行政机关在职权范围内制定颁布的各种行政法规、自主性法规三种。该方式具有权威性、强制性、规范性和稳定性的特征。

法律方法能够赋予体育财力资源的需求者和供给者最安全可靠的保证。目前我国保障体育领域资金方面所运用的法律手段还比较少，在其他体育发达国家，已经纷纷采用各种具体方法，以法律的身份给予肯定。韩国在汉城奥运会之后，给予本国从事国际体育竞赛表演的组织和跆拳道推广组织免征企业所得税的政策措施。巴塞罗那市政府给予各种体育职业俱乐部一揽子税收优惠政策，包括企业所得税方面的减免、体育赞助的扣除、球员转会费的扣除。西班牙政府规定，对向体育活动提供赞助的公司，赞助款项免征公司企业所得税。英国政府实行针对体育比赛活动商业赞助政策的"体育配对"计划，即如果赞助商为某项体育比赛活动提供赞助，英国政府拨出与赞助金额相同的款项资助这项赛事，即所谓"一英镑对一英镑"政策。这些措施在带动社会资金进入体育领域方面发挥了积极的作用，对于培育体育财力资源市场也起到了权威的保证。

（四）思想教育方法

思想教育方法是指依靠宣传、说服、沟通、精神鼓励等，激励人们的积极性，使行政人员和管理对象自觉自愿地去从事政府所鼓励的工作或活动，是通过对人们进行确定的、有目的的、有系统的政治思想教育、心理诱导和行为激励，引导被管理者自觉为实现组织目标而努力的管理方法。其方法有启发教育、说服劝告、建议协商、树立典范、舆论抑扬等。该方式具有潜在性、长期性、内在稳定性及主动超前性的特点。

体育财力资源的培育涉及消费者对体育商品的偏好、投资者对体育项目的了解及熟悉程度、资金市场的规范程度等方面，这些都需要政府及社会各方进行大量的宣传及鼓励，让消费者产生体育偏好，让投资者了解体育产品市场及体育资金市场，使投资者打消投资疑虑，从而构建一个和谐、公开的、公平的、自然的体育资金市场，让需求者和供给者都能各有所获，各享其乐，各得其利。

第四节　体育财力资源的开发

体育财力资源开发是指对体育财力资源进行规划、调整，以增加财力资源来源渠道、提高财力资源管理水平和资金使用效果，从而提高体育财力资源可利用程度的过程。体育财力资源开发的途径包括财政拨款、单位或部门拨款、社会集资、经营创收等。体育财力资源开发的方法包括负债方法和所有者投资方法。

一、体育财力资源开发的概念

开发就是使隐藏着的和未被人了解的显露出来，资源开发既包括对现在已有的尚不能完全利用的潜在资源的挖掘，也包括对目前已经能够利用的资源的未知功能做进一步的深度挖掘，从而提高资源的可利用程度。资源开发是对地下矿物、土地、动植物、水力、旅游等资源通过规划和物化劳动以达到利用或提高其利用价值实现新的利用，后者也称资源再开发或二次开发。开发资源可以为人类提供新的物质财富，且避免因未被利用而造成的浪费。

体育财力资源开发是指对体育财力资源进行规划、调整，以增加财力资源来源渠道、提高财力资源管理水平和资金使用效果，从而提高体育财力资源可利用程度的过程。

二、体育财力资源开发的途径

（一）财政拨款

我国政府财政拨款有两种形式：一种是财政直接对体育拨款。《体育法》第六章第四十一条明确规定："县级以上人民政府应当将体育事业经费、体育基本建设资金列入本级财政预算和基本建设投资计划，并随着国民经济的发展逐步增加对体育事业的投入。"这是我国体育经费来源的主体，是有计划按比例发展体育事业的基本保证。其中中央财政拨款用于中央体育事业，地方财政拨款用于地方体育事业；另一种是财政间接对体育事业拨款。这是国家各部门间接用于体育的拨款，主要用于本部门的体育活动。学校的体育经费是含在教育经费之中拨给教育部门，军队的体育经费是含在国防经费中拨给国防部，残疾人体育事业的经费是含在民政经费中拨给民政部等。

（二）单位或部门拨款

除了国家的财政拨款外，各部门和单位也要为本系统的体育活动开展拨出一定的经费，用于为建设体育设施、购置体育器材和组织各种体育活动等。各级工会、共青团、妇联等社会团体也要拨出一定的经费举办一定的福利性体育，目的是为了增进本团体成员的身体健康，加强他们团体的凝聚力，丰富他们的业余文化生活。在市场经济条件下，体育企业组织自己经营、自负盈亏，体育企业拨款的数量应该由企业的需要和经济的可能性来决定，政府无权进行行政干预。

（三）社会集资

体育作为一项社会公益事业，政府有发展它的责任，社会各界也有发展它的义务。体育事业的全民性、社会性、公益性决定了体育经费只靠财政不仅是不现实的，也是不合理的。走依托社会之路是市场经济条件下解决体育经费短缺的重要途径。通过社会筹集体育事业经费，主要有两方面的工作：一是要争取体育彩票能常年不间断发行；二是要建立和完善体育事业各类专项基金。

（四）经营创收

在市场经济条件下，体育经费的一个重要来源就是开发体育自身的商业价值，实现体育的产业化。体育是一项特殊的文化产业，它能向社会提供各种体育服务，能满足人们观赏、娱乐、健身的需要，具有可消费性、有用性，与实物产品一样也可以进入流通，具有使用价值和价值。因此，通过"找市场"来解决经费问题也是理所应当。

体育组织的经营创收可通过以下途径：

（1）各种"服务"活动的报酬和运动竞赛的门票收入。

（2）利用竞赛活动，收取广告费，发售电视转播权，出售商品、纪念品、商标、会标使用权等。

（3）组织优秀运动队表演和比赛，组织优秀教练员和运动员进行体育技术辅导。

（4）利用运动设施的空闲时间组织文艺演出，出租场地、器材等。

（5）利用空闲房间办招待所、旅馆、餐厅、小卖部，修理体育器材和其他各种物品以及生产体育物质产品等。

（6）出售体育科技成果，发行和出售体育报纸、杂志、书籍。

三、体育财力资源开发的方法

体育财力资源来源于财政及单位或部门拨款这一途径的方法很简单，首先在于提高国家及各级地方政府的经济发展水平，有了经济基础，才能加大对体育事业的资金投入；其次，需要加大宣传，重视体育事业发展对社会进步所起的重要作用。

然而，在市场经济体制下，单纯依赖财政拨款显然太过于单一和脆弱，依靠社会力量开发体育财力资源必然会成为社会主义市场经济条件下非常重要的方式。下面，主要就源于社会渠道的体育财力资源开发的方法进行系统介绍。从会计学角度看，任何单位的资产均来自于两个方面：负债和所有者投资，即会计恒等式：资产＝负债＋所有者权益。那么开发体育财力资源则必须从负债和所有者投资两方面入手。

（一）负债方法

1. 借款

体育单位可以向银行、非金融机构借款以满足资金需要。这一方式手续简便，可以在较短时间内取得所需的资金，保密性也很好。但需要负担固定利息，到期必须还本归息。

2. 发行债券

某些具备条件的体育单位按法定程序发行并承担在指定的时间内支付一定的利息、到期还本付息的责任。这一方式与借款有很大的共同点，但债券融资的来源更广，筹集资金的余地更大。

以负债方式开发的体育财力资源具备税收挡板的特点，即按照有关税法规定，符合一定条件的借款利息和借款费用可以计入税前成本费用扣除或摊销，可以直接降低应纳税所得额，减轻税收负担。

（二）所有者投资方法（除政府以外的投资主体）

1. 普通股融资

普通股是股份公司资本构成中最基本、最主要的股份。普通股不需要还本，股息也不需要向借款和债券一样需要定期定额支付，因此风险很低。

2. 优先股融资

优先股综合了债券和普通股的优点，既无到期还本的压力，也并不必担心股东控制权的分散。但这一种方式税后资金成本要高于负债的税后资本成本。

3. 可转换证券融资

可转换证券是指可以被持有人转换为普通股的债券或优先股。可转换债券由于具有转换成普通股的利益，因此其成本一般较低，且可转换债券到期转换成普通股后，不必还本，而获得长期使用的资本。

第五节　体育财力资源的使用

体育财力资源使用的途径可以从各体育单位财力资源流出的方式入手，主要有初始投资支出、经营成本支出、经营费用支出、对附属单位补助支出和上缴上级支出。提高体育财力资源使用效益的方法主要包括强化资金使用的"成本观"，强化预算约束，加强对资金使用情况的动态监测，优化资金与其他资源投入要素的配置等。

一、体育财力资源使用的途径

（一）初始投资支出

体育财力资源的初始投资支出主要包括各体育单位通过各种资金渠道获得

必要的运作资金后，将其转化为相应的资产，分布于业务活动的全过程，具体包括固定资产和无形资产，比如体育场馆修建支出、大型体育设施采购支出等。该部分支出也可称之为资本性支出。

（二）经营成本支出

经营成本指体育单位开展各项业务活动过程中所产生的不能形成固定资产和无形资产的成本支出，比如出售体育纪念商品的进价、开展体育赛事的场地费用、体育表演中运动员的工资等。

（三）经营费用支出

经营费用则是体育单位开展各项业务活动所发生的当期期间费用，比如因资金筹集而发生的手续费、因体育商品销售而发生的销售费用及因各项体育管理活动而发生的管理费用。经营成本支出和经营费用支出也可称之为收益性支出。

（四）对附属单位补助支出

即体育事业单位用财政补助收入之外的收入对附属单位补助发生的支出。

（五）上缴上级支出

即实行收入上缴办法的体育事业单位按照规定的定额或者比例上缴上级单位的支出。

二、提高体育财力资源使用效益的方式

（一）强化资金使用的"成本观"

体育资金使用是有代价的，也就是说是有成本的。只有资金使用者明确意识到资金使用是有代价的，不合理使用资金会造成资金使用成本增大，效益下降，才可能主动提高体育资金的使用效益。

（二）强化预算约束

严格资金使用的财会制度，做好各项资金使用的预算，并严格按照预算支出使用资金，使资金预算约束硬化，是杜绝资金使用中的浪费现象、提高资金使用效益的一项重要制度保证。

（三）加强对资金使用情况的动态监测

资金的实际使用过程中，由于主客观条件的变化，资金使用可能有高效益产出，也可能只有低效益的产出，甚至根本就没有效益产出。加强对资金使用情况的动态监测，就要改变资金一次性投放的惯例，实行先拨付项目启动资

金，然后对项目启动后的实际状况进行评估，评估达到要求后再逐步追加投入，直至项目完成。这样才有可能避免资金的低效和无效使用，进而达到提高资金使用效益的目的。

(四)优化资金与其他资源投入要素的配置

任何活动的开展和活动目标的达成，都是人、财、物等资源投入的结果。资金作为投入要素之一，必须与一定的人和一定的物按一定的比例合理配置才能获得最大的产出，因此，要提高资金使用的效益还必须研究资金与其他投入要素的合理配置问题。根据各单位人、财、物的现状，投入要素的配置要有多种组合方式，研究资金与其他要素的合理替代与配置也是提高资金使用效益的一个途径。

(五)使资金使用与资金筹集形成良性循环

大部分体育事业单位资金使用后所产生的效益是社会效益，诸如奖牌数、输送率、成才率、组织活动的场次和人数等。体育事业单位的管理者和资金使用者应该尽可能地把社会效益的产出与资金筹集挂起钩来，也就是说，要把资金使用的效益作为资金筹集的资本，使资金的使用有助于资金筹集。这样，资金使用才会具有一定的"生产性"，促使资金使用与资金筹集形成良性循环。

复习思考题

1. 什么是体育财力资源及体育财力资源管理？
2. 体育财力资源管理的基本方法体系是什么？各方法地位如何？
3. 体育财力资源预算的基本内容是什么？
4. 如何培育体育财力资源？
5. 如何开发体育财力资源？
6. 如何提高体育财力资源使用效益？

第四章 体育物力资源管理

【内容提要】

物力资源是人类社会赖以存在、发展的必不可少的物质条件。体育物力资源是体育事业发展的物质基础，包括场地、场馆、器材、仪器设备等。体育物力资源管理作为体育管理的一种新兴手段，可以更好地整合开展体育运动所需要的各种载体和硬件，真正发挥体育物力资源为人民服务的功效。本章将对体育物力资源管理的概念，体育场馆资源的规划、开发、利用进行详细介绍，以求更好地发挥体育场馆的经济效益、社会效益和环境效益进行了介绍。

【学习目标】

- 了解物力资源的概念和作用
- 掌握体育物力资源管理的基本内容和方法
- 理解体育场馆的选址和设计要求
- 理解各种类型体育场馆资源的开发和利用

第一节 体育物力资源管理概述

改革开放以来，我国体育场馆场地设施数量如雨后春笋般不断递增。2008年北京奥运会的成功举办和 2009 年 10 月 1 日《全民健身条例》的顺利颁布，全国各地正在掀起一场建设体育场馆场地的浪潮。本章主要对体育物力资源管理的基本内容、方式，以及体育场馆资源的规划、开发与使用等方面进行介绍。

一、体育物力资源管理的概念

（一）物力资源概述

1. 物力资源的概念

首先提出物力资源（Material resource）一词是在对经济资源概念的论述中，因此要对物力资源有一个详细的论述和了解，必须首先弄清楚什么是经济资源。经济资源(Economic resource)是指一国或一定地区内拥有的物力、财力、人力等各种物质要素的总称。分为物力资源和社会资源两大类。前者如阳光、空气、水、土地、森林、草原、动物、矿藏等;后者包括人力资源、信息资源以及经过劳动创造的各种物质财富。物力资源是指人类社会经济活动用以依托的客观存在物。物质资源是人类社会生存和发展的基础,其万千形态、特征和用途,源自何方与去向何处,用于生产或用于消费都不改变这一根本属性,因为"人们首先必须吃、喝、住、穿,然后才能从事政治、科学、艺术、宗教等等",而"人并没有创造物质本身,甚至创造物质的这种或那种能力",只能立足于最初由自然界所提供的物力资源。

2. 物力资源的分类

物力资源按照后天是否被人类加工的属性可分为自然资源和物质资料。自然资源是指自然界天然存在、未经人类加工的资源,如土地、水、生物、能量和矿物等,它是人类生产资料和生活资料的基本来源。物质资料是指人们借助于劳动资料,使劳动对象发生预定的变化,满足人们特定需求的物力资源。

3. 物力资源与经济、社会的关系

物力资源与经济、社会的发展有着密切的联系,这种联系是由组成物力资源的两个要素,即自然资源和物质资料的特性所决定的。

(1)自然资源为经济发展提供着基础和条件。首先,经济活动的主体是人,而人和人类社会的存在和发展离不开大自然提供的资源。从历史唯物主义观点看,人们为了生活,一个简单的基本事实是,首先必须解决衣食住等问题,然后才能进行其他活动,而满足人类这些基本生存需要的物质来源都是自然资源或对自然资源制作和"深加工"。其次,自然资源为经济发展提供劳动对象。常言道,"劳动是财富之父,土地是财富之母"。这就是说,社会一切财富都是劳动创造的,但仅有劳动还不能创造财富,因劳动不可能是超自然的神力,它还依赖一定的劳动对象,即自然界提供的土地、森林等自然资源,否则,就像俗话说的"巧妇难为无米之炊"。再次,自然资源还为经济发展提供劳动资料。马克思说过,人类进行创造财富的劳动,还必须有一定的劳动资料。物质产品的生产不过是"改变物质的形态",而且,"他在这种改变形态的劳动中,还要经常依靠自然力的帮助"。土地、水、能源、风力、畜力以及制造工具的木、锯等广义的劳动资料,无一不是大自然提供的。

(2)自然资源的状况还决定一个国家和地区经济部门的分布和发展方向。一个国家和地区总是根据自己的资源状况来安排经济建设,确定产业结构、规模及生产布局的。"资本的祖国不是草原茂盛的热带,而是温带。不是土地绝对肥力，而是它的差异性和它的自然产品的多样性，形成社会分工的自然基础，并且通过人所处的环境的变化，促使它们自己的需要、能力、资料和劳动方式多样化。"(马克思《资本论》，1963)事实正是如此。我们只有在水力资源丰富的地区才可能建成大型水电站，只有在良田广阔的地方才可能建成商品粮基地。澳大利亚的畜牧业在国民经济中占有很大比例，就是因为它有肥沃的土地和辽阔的草原，而森林丰富的加拿大则能大力发展木材加工业。总之，任何一个国家和地区的经济建设都会在不同程度上受到它的自然资源的制约。

(3)以生产物质资料为基础的生产活动是人类社会存在和发展的基础。生产活动是人类社会存在和发展的基础，是人类最基本的实践活动。人们通过生产活动谋取自己生存和发展所必需的物质资料，"任何一个民族，如果停止劳动，不用说一年，就是几个星期，也要灭亡"。人类其他一切社会活动都以物质资料的生产活动为基础，并随着生产方式的发展变化而改变。物质资料的生产活动决定整个社会生活的面貌和发展，也决定着人自身的状况和发展。马克思指出：在生产活动中，"生产者也改变着，炼出新的品质，通过生产而发展和改造着自身，造成新的力量和新的观念，造成新的交往方式，新的需要和新的语言"。人们在生产活动的基础上，从事政治、教育、科学、艺术等活动。随着社会生产的发展和社会生活的发展变化，人们的观念和思想也发生变化，并给人以精神动力和给社会活动以指导。

(二)体育物力资源管理的概念

体育物力资源(Sport material resource)是指在从事各种形式的体育娱乐、锻炼、比赛过程中，需要用到的物质资料方面的直接实物条件，是开展体育运动的物质基础，包括场地、场馆、器材、仪器设备等。

体育物力资源管理是指管理者通过一定方式整合体育物力资源，以实现体育组织目标的活动。其实质是在开展体育娱乐、锻炼、比赛过程中，协调需要用到的诸如场地、场馆、器材、仪器设备等方面的物质资料，以达到顺利开展体育活动目标的活动过程。

(三)体育物力资源的边际效用理论及其应用价值

1. 体育物力资源的边际效用理论

体育物力资源的使用效益体现在体育物力资源的使用寿命与使用价值，简单地说是物力资源相对于其寿命时间内的使用价值发挥的效益以及相对使用价值发挥的寿命时间长短。两者的最佳结合就是体育物力资源的边际效用。

2. 边际效用理论的应用价值

(1)边际效用理论对国家优化财力资源配置具有指导意义。国家优化配置有限财力资源时，不仅要看投入是否形成效用，还应当重视其边际效用。依据边际效用递减规律，在对任何一个方面的投入过程中，都要及时将边际效用与其他方面的边际效用加以比较，并适时地将投入转向边际效用较大的其他方面，以提高投入效益，最终促使以政府投资为主的体育场馆等体育物力资源的效益最大化。

（2）在宏观上边际效用理论对体育行政部门合理配置体育设施资源同样具有指导意义。对体育行政部门来说，正确地认识体育投入的效用、边际效用，最大限度地追求体育投入的最大效用，整体优化体育资源的配置。体育场地、场馆、大型体育仪器设备等一些耐用设备属于使用时间长的固定资产。这些固定资产无论其当年的使用状况如何，其价值都不会在当年消耗掉，但当年的使用状况影响其使用寿命的长短。也就是说固定资产的使用频率和使用程度会影响固定资产当年的折旧率和折旧费用。如果在物力资源的使用过程中没有对物力资源进行合理的规划管理，其价值消耗必将影响到体育资源建设的投入成本。在使用过程中进行体育活动的人数、场馆及周围的建设规模、管理措施和手段的科学化程度都将影响物力资源的使用效益。体育场馆等物力资源应以当地的发展规模与体育人才培养的质量要求相适应，场馆等物力资源必须围绕当地或当地的体育人才培养的质量要求以及群众锻炼的人数而服务。

二、体育物力资源管理的基本内容

在商品经济条件下，体育物力资源具有二重性，即使用价值和价值。作为使用价值，它是固定资产。作为价值，它是固定资金。因此，对体育物力资源的管理就是两种管理：一种是对体育物力资源物质运动形态的管理；一种是对体育物力资源价值运动形态的管理。

体育物力资源的物质运动形态表现在它不断地被使用，经过长时间磨损消耗，要进行维修，再不断使用，中间有时还要进行改造。

体育物力资源的价值运动形态表现在体育物力资源的价值随着体育物力资源的不断使用、不断消耗而减少，减少的价值变成体育运动的费用。在商业体育中，体育物力资源由于损耗而减少的价值，计入体育商品的成本中，并随着商品的销售，作为折旧费被提取出来，用于将来建设新的设施。价值又重新周转。

对体育物力资源物质运动形态的管理属于体育物力资源的技术管理，而对体育物力资源价值运动形态的管理属于经济管理。技术管理是对固定资产的管理，价值的管理属于经济核算的管理。在公益性体育中只对体育物力资源进行技术管理，没有对价值的经济核算的管理，不计体育物力资源的折旧，也不回收折旧费，仅只计体育物力资源的总价值。而在商业体育中，对体育物力资源既要进行技术管理，也要进行经济核算管理。

（一）体育物力资源技术管理的内容

体育物力资源的技术管理是对体育场地、场馆、器材、仪器设备的日常管理，是贯穿于体育物质运动形态的全过程。主要的管理内容是：

1. 正确地选择体育物力资源及其必要的装备

选择何种类型的体育物力，建设多少体育物力是体育物力资源管理的第一环节，通常是从技术和经济两方面来考虑体育物力资源及其装备的选择。具体从以下几个方面全面考虑：

（1）体育运动和多种经营的需要。无论是类型的选择、数量的安排、位置的选择，都要和体育运动开展的需要和多种经营的需要相适应，要方便群众活动和观看比赛，要有助于提高运动技术水平。

（2）体育设施和附属设施要配套。公共体育设施和运动训练单位的体育设施建设要有配套设施建设，如餐厅、住房以至商店等，才能充分发挥体育设施的功能。

（3）体育设施要多功能，有利于充分利用。

（4）投资效益。要做到技术先进，效能好，经济合理，节约投资。通过全面分析、权衡利弊，选择最优方案。

2. 合理调配

合理安排使用体育物力资源，提高利用率。

3. 建立健全制度

建立和健全体育物力资源使用的管理制度，保证安全、有序地使用体育物力资源。

4. 定期维修和检修

体育物力资源的长期使用由于磨损会出现局部的损坏，所以有必要定期维修和检修，保证体育物力资源经常处于完好状态。

5. 必要时对一些旧的体育物力资源进行扩建和改造

由于技术方面的原因，原有的一些体育物力资源比较落后，如没有看台、体育设施没有空调设备等。在经济和技术条件具备之后，应该进行改造和扩建。改建和扩建也要从实际需要出发，做到先进、适用、经济、合理。

（二）体育物力资源经济管理的主要内容

体育物力资源的经济管理是对体育设施的价值运动形态的日常管理活动。

它和体育设施的技术管理有着密切的关系。

体育物力资源的物质运动和价值运动是受自然规律和经济规律支配的，所以对体育物力资源的经济管理不仅要遵循自然规律，也要遵循经济规律。

体育物力资源的经济管理通常由财务部门负责，它的主要内容有：

1. 对固定资产的增减管理

体育物力资源的价值形态就是固定资金，对体育物力资源的资产增加和减少要有财产登记，以利于经济核算和保证财产不受损失。

2. 合理制订折旧率，正确地提取、分配和使用折旧基金

这只适用于商业体育物力资源，公益性体育物力资源不提折旧费。商业体育物力资源的更新、改造资金有一部分是靠提取固定资产的折旧费来筹集的。对商业体育物力资源来说，就要合理确定体育物力资源的折旧率，并且合理地加以利用，不断地改造和更新体育物力资源，提高体育物力资源的装备水平。

三、体育物力资源管理的基本方法

体育物力资源简单地分为体育场馆资源和体育器材资源。所以对体育物力资源管理的基本方法的归纳也要从这两方面展开。

(一)体育场馆资源管理的基本方法

体育场馆主要包括对社会公众开放并提供各类服务的体育场、体育馆，体育教学训练所需的田径棚、风雨操场、运动场及其他各类室内外场地、群众体育健身娱乐休闲活动所需的体育俱乐部、健身房、体操房和其他简易的健身娱乐场地等。体育场馆的场地按照不同场馆的建设标准和要求大体上有聚氨酯塑胶场地、煤渣场地、木质场地三种类型。以下我们就详细介绍这三种场地的基本管理方法。

1. 聚氨酯塑胶场地的管理

聚氨酯塑胶跑道场地已成为国际比赛的标准场地，其性能是任何场地不能比拟、不能代替的。它已成为现代化运动场，特别是田径运动场的重要标志之一。为了提高聚氨酯塑胶跑道的使用年限，保持其性能的稳定和色泽的绚丽多彩，必须加强管理。

首先，应按其适应范围合理使用，一般只供场地所承担的专项训练和比赛使用。其次，场地是由聚氨酯合成的塑胶弹性体，要禁止各种机动车辆在上面行驶，以防滴油腐蚀胶面。禁止携带易爆、易燃和腐蚀性物品入内。发令枪要妥善保管。不得穿刺，切割。要保持清洁，避免有害物质的污染。再次，进入场地者必须穿运动鞋。跑鞋鞋钉不得超过 9 毫米，跳鞋鞋钉不得超过 12 毫米。

杠铃、哑铃、铅球、铁饼、标枪等器材必须在特设的运动场使用，严禁在塑胶场地上进行训练。严禁吸烟和吐痰。最后，要避免长时间的重压。防止剧烈的机械性冲击和摩擦，以免弹性减弱和变形。紧靠内侧沿的第一、二条跑道使用较多，平时应限制使用，必要时可设置障碍物。

2. 煤渣场地的管理

首先，禁止在跑道上行驶各种车辆（含自行车）。其次，禁止行人穿越跑道。再次，跑道表面应经常保持30%左右的湿度。干旱季节最好每天傍晚洒水，以降低地面温度，便于地下水气融合，节约用水。最后，保持第一道与外道跑道硬度近似。第一条跑道使用最多，硬度较大，外圈各道使用次数相对较小，硬度较小，而跑道硬度会影响运动员的比赛成绩。为防止第一条跑道快速硬化，可采取以下措施：第一，新翻修的跑道，可在第一条跑道上放置栏架。让运动员在外圈各道上练习。第二，一般比赛时，短距离比赛第一条跑道尽量不安排运动员。第三，如全部跑道每年翻修两次，则第一条跑道应翻修三至四次。第四，经常铲除第一条跑道紧靠内沿的积土。在多风地区，第一条跑道内沿边容易积土，使跑道左边高于跑道表面，形成向右倾的斜坡，对中长距离跑有影响，故应经常将堆积的尘土铲平。

3. 木质场地的管理

首先，场地未经主管部门或主管人员批准，任何单位和个人均不得入内训练或活动。其次，进入场地的运动员、裁判员和工作人员等必须穿软底鞋，禁止穿皮鞋、高跟鞋和带钉鞋入内。最后，场内严禁吸烟、吐痰和泼水。禁止在场内踢足球、投掷重机械。场内固定器材不得随意移动。比赛前后布置和收拾器材用具时，要注意轻拿轻放，不得在场上拖拉器械。

（二）体育器材资源管理的基本方法

体育器材的管理，要抓好购置、管理和使用三个环节。

1. 把好器材购置关

器材设备的质量关系到运动员及其广大体育锻炼人员的安全，直接影响教学训练的效果和比赛水平的发挥，同时也关系到器材设备的使用寿命和效益大小。器材设备的质量决定于生产使用的材料和工艺。所以在购置器材设备时，要对生产厂家和选购的器材进行深入的考察，严格检查质量。对于比赛用器材设备，更应按比赛规则的要求，严格把关。尤其应注意检查器材设备上制造商的名称、标记或商标，看其是否符合比赛规则中的有关规定。

2. 器材设备的入库管理

进入器材室或器材库的器材，应根据发货单进行验收，然后登记入库，通常采取填写器材登记表的形式登记器材设备。登记表应包括器材设备的名称、数量、单价、规格、生产厂家、入库时间和备注等。器材设备的保管方法必须保证器材设备的质量不受影响。例如跳高和撑竿跳高用的横杆、标枪等器材的保管，必须保证横杆和枪身不变形。电子设备必须置于干燥的房间内，有的需要保存在有空调设备的房间内。多数器材应放置在特制的架子上，大型的器材设备可置于干燥的地面上。总之，每一种器材设备的保管方法应服从于该器材设备的特殊要求，任何器材设备都不能置于露天，受风吹、日晒、雨淋的侵蚀。

3. 器材设备的日常管理

为了管好器材设备，必须建立清点检查器材设备的制度，固定性设备要根据该设备的特点，制定检查制度。通常对于所有器材设备来说，年终的清查、比赛前的清查和赛后的清查是必不可少的。为管好器材，相关人员在每天活动结束后，应及时清点借出器材的归还情况和场地器材设备的使用情况。

体育器材设备的维护和保养是管理工作的一项重要内容。体育器材设备种类繁多，又是用各种材料制作的，包括金属、木材、人造革、皮、橡胶、棕、毛、布和化纤材料等。各种材料都有一个维护和保养问题，而每一种材料制作的器材设备维护保养的方法又各有不同。例如，为防止用钢制作的器材生锈，有的可以上漆，有的需要上油。为解决木材制品防潮变形问题，有的外表涂油漆，有的采用蜡封。许多体育器材设备，如单杠、双杠、高低杠、铁饼和链球的护笼，都有一个安全使用的问题。而这些器材设备，由于使用中有耗损，降低了安全保证系数。因此，对于这一类器材设备应建立严格的定期检验制度，以便及时更换。电子设备不能长期放置不用，每过一定时间应进行试运转。

总之，体育器材设备的管理绝不仅仅是简单的清点数量，做好这项工作需要多方面的专业知识和技能以及相关的科学知识。

第二节　体育场馆资源的规划

体育场馆是指由各级政府、民间私人或者公私联合为主投资建设的，用于举办国际或国内赛事，供专业运动员进行运动训练、广大人民群众进行身体锻炼的场地设施、器材和设备。体育场馆是开展体育运动的载体和硬件，还是群众集会、文化交流和商业展览的绝佳场所。从某种意义上说，它是城市的现代化标志和必不可少的公共空间。作为具有重要社会功能的大型公共空间，其影响力和风险性一样巨大，管理的重要性不言而喻。

一、体育场馆的选址

体育场馆(Sport stadium and gymnasium)的管理不可避免地要与场馆本身的选址和设计相关联，这是因为，体育场馆的地理位置和功能种类是体育场馆进行管理的前提之一。我国大部分的体育场馆都存在着不同程度的功能单一、布局不合理等弊端，严重影响体育场馆的使用效率，并且使得体育场馆在事业型向经营性转变过程中面临着许多困难。我国大多数体育场馆运营效率的低下很大程度上来源于这种先天不足，因此需要进一步了解和掌握体育场馆在选址和设计方面的科学性，对体育场馆资源进行合理规划，最大限度地开发体育场馆资源的功效。

体育场馆用地属于体育用地的范畴，在城市中科学地选择体育用地是一项专业性很强的工作，因此体育场馆的选址要遵循体育用地的选址依据。第一，要为体育运动创造良好的条件；第二，要便于平时和赛时的使用；第三，要服从城市总体规划，兼顾与城市其他功能区的关系。由于选址是否合理不仅关系到体育场馆本身能否正常运营和效益的大小，而且会对城市改造和发展产生不同程度的影响，所以体育用地的选址至关重要。

(一)体育用地的一般要求

1. 应是地势比较开阔，集散方便，与居民区联系密切，远离污染源，环境质量较好，适合进行体育活动的地方。

2. 须避开未经开采的地下矿藏、滑坡、冲沟等有危险的地段及有高压输电线路等障碍物通过的地方。

3. 应充分利用地形和自然条件(比如和公园、绿地相结合)，因地制宜地灵活安排。

4. 应与城市总体规划相协调，并注意与其他功能区的关系。比如与医院、学校、图书馆、科研机关等类建筑物之间应有合理的隔声间距。

(二)体育场馆的选址理论——中心地理论和生活圈理论

中心地理论的基本理念认为，中心商品(或者服务)一般是在消费者容易到达的交通便利的少数地点布局，即中心地位是供给中心商品职能的区位。根据中心地发挥中心职能的程度不同，中心地又可以分为高、中、低三个等级。体育中心地的主要功能是为周围地区提供体育服务，因此必须建立在市场区域的中心，所建的体育场地设施提供的项目越多，等级就越高，城市体育中心地的等级分布可以满足希望就近得到体育服务机会的人群的需要，也可以使经营者维持最低的门槛人口（马志和、马志强、戴健，等，2004）。

根据体育场馆投入资金主体的不同，在中心地理论的基础上提出了交通原则（交通的可达性）、市场原则（利益最大化）和行政原则（行政命令）。如果是私人投资，则市场原则是场馆建设的主要依据，资本效益最大化压倒一切，然后才是行政原则和交通原则。如果投资主体是公共财政，则可以以行政原则和交通原则作为主要考虑条件，把体育场馆尽可能建设在城市中心。如果是公私合营的方式，则市场原则、交通原则和行政原则是要兼顾的。过去我国的体育场馆建立只是为了体育比赛或者运动训练服务，没有考虑到让广大人民群众平等享受使用体育场馆的机会，因此体育场馆的建立往往远离群众社区，行政原则体现的仅仅是竞技体育价值的单一取向。在新形势下，随着市场经济改革和大众体育需求的多样化，国家财政已经无力全面投入体育场馆建设，要想让更多的民间资本进入体育场馆领域，市场原则和交通原则是未来体育场馆布局所考虑的必要条件。

如果说中心地理论从空间上探讨了体育场馆的建设原则，那么生活圈理论则更进一步考虑了时间特征。生活圈理论将居民的生活圈按时间进行划分，即日常生活圈、周末生活圈和假日生活圈。因此，它能够根据不同的生活圈对体育场馆的功能和选址进行指导。

在日常生活圈（主要指我国按"五天工作制"内的生活半径）里，体育设施主要以适应各种健身活动为主，以社区体育为中心包括健身苑、健身点等。从形态分布来看，以社区体育中心为轴，以1000～1500米为半径服务全区，健身苑和健身点则分别以800～1000米和500～600米为半径服务辐射范围内的居民，采取弹性分布方式。

周末生活圈主要指双休日居民的生活半径。在此生活圈里，体育设施主要以适应市民的体育休闲和娱乐运动为主，包括单项体育场馆、综合性体育场以及绿地体育设施（公园内的绿化带）等。从形态布局来看，如果是在城市内土地资源紧张、建筑密度大的地区，应以小型、室内、商业型为主，如果说是城市郊区土地资源相对宽松，体育建筑则考虑以大中型为主。

假日生活圈主要指市民在长假休假时的生活半径。在此生活圈内，体育设施应主要以满足休闲度假、观光探险、康健娱乐等为目的。从形态布局来看，应当以度假村、体育旅游、体育观战为主兴建体育场馆和设施。

总之，中心地理论和生活圈理论反映了体育场馆在选址方面的内在要求。如果体育场馆在选址时没能综合考虑上述因素，那么它的社会效益、经济效益和环境效益就不能得到很好的发挥，无法从根本上解决体育场馆的经营管理问题。

（三）示例分析——体育中心的选址要求

大型体育建筑尤其是体育中心，是承担国内国际体育比赛的重要场所，是大量人流、车流集散的地方，因此，选址除了要满足上述体育用地的一般要求外，还应考虑它对整个城市方面的影响。

1. 用地面积

体育中心用地应由体育场地建筑、附属建筑、集散广场、停车场、道路和绿化用地组成，缺一不可。其中体育场地建筑包括比赛场地建筑和练习场地建筑；附属建筑包括检测、新闻、管理、医疗、商店等建筑；停车场包括自行车停车场和汽车停车场，汽车停车场又分为内部用车停车场（贵宾、运动员、大会用车）和观众用车停车场；道路包括观众使用道路、内部使用道路（贵宾、运动员、工作人员）和公共交通站场。

2. 自然环境

为创造适宜进行体育运动和开展竞技体育活动的良好环境条件，大型体育建筑及体育中心用地应避开工业区，远离污染源，并十分重视周围环境质量的选择。体育用地本身应尽量增加绿化面积，通常绿化面积应达到整个用地面积30％以上，以美化环境，改善用地内小气候条件。有条件的地方还可以在公园内建体育中心，或将体育中心建成公园。

3. 道路交通

体育场馆举行比赛活动时，有大量人流、车流集散，给城市道路交通带来一定的影响。因此，体育用地附近道路交通的好坏是大型体育场馆能否正常使用的关键，也是选址必须考虑的重要因素。大型体育用地对道路交通的要求是：既要保证所有观众能安全迅速地集散，又要避免人流车流堵塞交通现象的发生。

大型体育用地也不能选在其他人流车流的集散中心，如商业中心、火车站、轮船码头等附近，以免造成城市局部交通负担过重。

此外，还应考虑到近期与远期相结合的问题。在经济不够发达的地方，可采取分段建设的方法，故选址时应注意留有充分的发展余地。

二、体育场馆的设计

(一)体育场馆的构成

体育馆是由比赛大厅、服务用房、管理和设备用房三大部分组成。

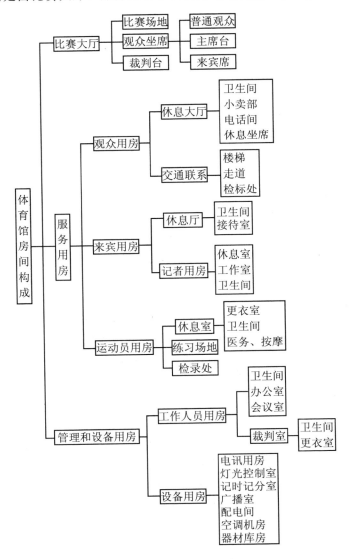

图 4-1　体育馆的构成

（二）体育场馆设计考虑的因素分析

一旦确定了场馆的选址，下一步就是体育场馆的设计了。体育场馆设计必须考虑以下情况：场馆周围的危害（如河流、污水处理设备、工业）；安全因素（公路、缓冲地带、场馆内各处以及场地的实现、紧急情况的处理）；为草皮和硬地场地所设置的排水装置（洪泛区）；作为隔离物的围栏和植物；针对安全、管理和监督因素场馆所设置的服务；针对安全和效率因素而设置的行走路线；赛场、球场以及普通场地的照明问题；维修的成本；急救措施，设备和供给的提供；利用现有的地形特征，树木和植被；为儿童、老人和残疾人提供便利措施；使用耐用的材料和设备。

场馆的设计从场馆位置的规划开始，它包括许多独立的规划，如主要的场馆位置规划，分类规划，灌溉规划，风景规划，交通规划，围栏规划。另外的规划包括建设规划，地板规划，照明规划，以及灌溉，照明，围栏，娱乐场地等的设备等。

1. 建筑系统

场馆的组成部分包括外部的顶棚、门窗，以及天窗等。内部的部分包括墙壁、隔板等间隔设备。水平的设备有地板、天花板、抽水系统、HVAC 系统、灭火系统、电力系统、交流系统、安全系统，以及一些设备、固定装置等。然而，值得注意的是如今的体育场馆，尤其是应用了高新技术的场馆，不仅仅只是一些墙壁组合。它们常常像人体一样复杂。如场馆中就有好几公里的电缆在场馆中的木材、钢铁、管道系统、玻璃，以及其他成分中穿过。所有的这些设计与建筑挑战都需要在规划过程中经过仔细的分析和规划。如一个玻璃墙壁看起来可能很美观，但是当考虑到它的成本时，比起砖砌的墙来，它就不是那么理想了，毕竟砖砌的墙成本低而且不需要太多的维护。

2. 场馆的附属建筑

在设计过程中需要考虑的另一个重要因素就是场馆的附属建筑。有人说，当一所体育馆建成时，那么它周围的附属建筑和场地也需要建设。在规划过程中的许多建议是切实可行的。在建设场馆过程中，如果预算允许的话，这些建议很有可能会被采纳。因为现在在这些空余地区建设场馆附属建筑的成本比日后建设的成本要低得多。场馆的附属建筑有衣物间、教练室、训练室、练习场地、媒体室、洗澡间、储藏室和设备室等。

精确判断场馆附属建筑价值的一个主要因素就是它的各个组成部分。例如，更衣室的面积多大？应该安装多少个衣架？应该设置多少个洗手间？在建设工程启动之前，每一个部分所需的成本都需要认真地考察清楚。

3. 更衣室

判断所需衣架的数量和更衣室的总面积并不是一件容易的事情。最有效地分配更衣室的途径就是通过两个简单的公式。第一个公式能够判断出所需衣架的数量，它需要知道使用更衣室的人数和每包间中拥有的衣架的数量。公式如下：

所需衣架的数量＝使用更衣室的人数＋10%×使用更衣室的人数/每包间中包含的衣架的数量

一旦确定了所需衣架的数量，下一步就是确定所需更衣室的面积。根据第二个公式，一个人所需占有的空间大约是 14 平方英尺（1.3 平方米）。这就意味着当使用这些空间时，只需有使用更衣室的人数×14 平方英尺的空间让人活动就足够了（Gabrielsen and Miles，1958）。

4. 其他场地

可以用类似于计算衣架数量和租借场地面积的方法来计算场馆的其他部分。一位企业顾问曾建议在娱乐中心每位学生所需的面积是 8.5 到 10.5 平方英尺之间。

在设计办公室时，空间面积也很重要。因为没有人喜欢太小的办公室。一般办公室都设有玻璃窗，这样雇员可以通过玻璃窗来监督场馆内的情况。实际上，许多场馆都有一些独特的内部场地。如在俄亥俄州立大学，宿舍被建在了足球运动场内以最大化地利用空间。

由于一所大型的体育场馆在同一时间会有许多人使用洗澡间，所以需要认真仔细地设计洗澡间。传统上女性比男性使用洗澡间的时间要长，因此，较大规模的场馆为女性设计的洗澡间要比男性多一些。

体育场馆中还有许多典型的建筑服务于场馆，如家庭洗澡间、豪华包厢、露天看台、多媒体室等，在体育场馆规划中也应加以重视。

5. 布局

在考虑完那些便利设施和场地之后，对于场馆内部的布局也要加以重视。由于那些附属地区多多少少会对场馆产生影响，因此在规划过程中需要把这些地区考虑在内。如电线、隔音板、休息台都需要被提前考虑在内。设计者应该尽量弄清可利用的场地，并且想方设法把这些地区有机地联系在一起。人们一般经常使用像休息室和正厅这样的普通场地。我们可以利用走廊把这些场地联系在一起。场馆中的其他地方也有类似的用途，如楼梯、电梯、洗手间、储藏室等。

(三)体育场馆设计的管理

设计虽然是设计部门的工作，但是建设单位也必须过问，对设计部门的设计进行必要的管理，要和设计单位签订设计合同，对设计进行必要的审查，发现问题应提出修改意见。

体育设施的设计工作是一项复杂的技术经济工作，因此不论是设计单位，还是建设单位都必须认真对待。

体育设施的设计除了必须遵循一般生产设计的"坚固适用，经济合理，技术先进"的共同原则外，还要注意体育设施的特殊性。

1. 建筑规模不宜过大，一般应以中、小型为宜

合理确定体育设施的建筑规模，是体育设施设计工作的首要原则。建筑规模大小的确定，首先应以有利于提高观众的满座率和体育的使用率为依据。一般的情况是，除了国家级的体育设施，其规模应当大些外，一般应以中、小为宜，否则，规模过大，造价就会提高，使用率和满座率都会相对降低。

2. 辅助面积不宜过大，尽量增加观众坐席

在体育设施的建设规模既定的情况下，要尽量减少辅助面积，如休息厅、贵宾厅、主席台不宜过大，尽量增加观众的空间和坐席，提高服务能力。体育设施的装修不必过于富丽堂皇，应以实际效能为主。

3. 设计多功能的体育场馆

由于运动训练和运动竞赛具有间隙性、季节性的特点，为了充分利用体育场馆，就应使体育场馆具有多功能性，不但能进行多项体育活动，而且还能进行非体育的活动，如演出、放映电影、公众集会、经贸展销等，这样可以大大提高场馆的利用率。

4. 为今后的场馆改造创造条件

有的地区和单位受财力的限制，一时还不能建设体育馆和室内游泳池，暂时只能修灯光球场和室外游泳池，为了给今后的改造创造条件，有的灯光球场在设计时就可以考虑为今后改建体育馆时创造一定的条件，如地基的设计就要考虑加顶的承受能力，灯光球场的看台设计也要考虑到今后改体育馆的需要等等，露天游泳池的设计也要遵照这一原则。

(四)体育场馆设计的趋势——功能复合化

随着体育产业化、社会化的发展，体育场馆的建设形态和功能也呈现出复合化的特点，体育场馆更加注重经济效益和社会效益。在发达国家，体育场馆的运营管理水平日益成熟。体育功能多样化，布局合理，社会效益和经济效益并重。在欧洲，公共体育场地的设计已经超越了单纯体育运动场馆的范畴，并将休闲、餐饮、购物、娱乐同时包容进去，形成了复合化的功能布局。场馆除举办大型比赛外，还向社区提供体育培训、体育咨询等各种服务。

体育场馆的复合化就是体育场馆集比赛、娱乐、商业、办公、文化、博览等多种功能于一身，使体育更多地与社会其他活动相结合，为创造良好的经济效益带来更多的可能性。计划经济时代，我国以竞技体育为导向，因此体育场馆的建设往往只重视体育运动比赛，把体育训练和比赛集中在一起，功能上也仅限于训练和比赛之用，体育设施往往远离广大人民群众，更不会与娱乐、商业、办公、文化、博览等非体育功能相联系。这种以竞技体育导向为单一价值取向的体育场馆往往不利于其经济效益的开发。例如，大连市体育馆与会展中心就一街之隔，展览馆经常人潮涌动，展位不足，而体育设施则经常冷冷清清。从设计的角度讲，体育馆稍加改动就可以实现会展功能，这就造成了资源的浪费。与此相对应，上海8万人体育场2001年进行了功能调整，将"海底世界"改为大型超市，取得了良好的经济和社会效益（胡斌、王冰冰、李元，2005）。又如，德国各级政府充分利用优越的自然地理环境条件，兴建大众体育场馆，把运动与旅游、休闲结合起来，通过举办国际比赛，吸引大众游客观光旅游和其他国家的运动员到德国进行训练，从而促进其旅游业和健身娱乐业的发展。这些成功的事例都说明体育场馆的复合化设计是体育设施建设的一种趋势。

第三节　体育场馆资源的开发

体育场馆是开展各种活动的重要场所和物质载体。体育场馆的开发利用会对人们从事各种体育活动产生直接的影响。按照不同的运营模式，体育场馆可分为公共体育场馆、经营性体育场馆和学校体育场馆。本节将对这三种体育场馆资源的开发进行详细介绍，充分发挥体育场馆资源为人民服务的功效。

一、公共体育场馆的开发

（一）我国公共体育场馆的基本情况

国内理论界对于公共体育场馆（Public sport stadium and gymnasium）的定义没有太大的区别，主要指国家投资或社会集资的，由行政部门管理，运用于训练、竞赛和大众健身的公益性的体育场馆。在场馆数量方面，截止到2003

年 12 月 31 日，在我国现有 850080 个体育场地中，公共体育场馆有 18481 个，占体育场馆总数的 2.2％。当前公共体育场馆管理从整体来说面临着较大的困难，"建得起，养不起"是我国公共体育场馆的通病，在经营和维护上的无力使得体育场馆变成了政府的一个沉重包袱。如北京的奥林匹克中心、广州天河体育中心其规模和档次都在国内国际属先进水平。但在举办完大型的运动会后，该场馆就如同丢荒一样无人管理，每年的水电费、维护费、卫生费都在几百万元以上，漂亮的建筑变成了沉重的包袱，造成了国有资产浪费现象相当严重。

（二）我国公共体育场馆开发的目标

公共体育场馆开发是指通过研究或努力，开拓、发现公共体育场馆资源的新领域、新功能、新特点，保障公共体育场馆资源更好地为人民服务。公共体育场馆具有准公共产品特征，对于准公共产品的供给，在理论上应采取政府和市场共同分担的原则，因此从资产角度来讲，公共体育场馆具有公益性和经营性两个方面的特点。我国公共体育场馆开发的目标就是要增加社会效益和经济效益。

公共体育场馆的社会效益或者公益性是指全民健身以及投资公共体育场馆带来的正外部性（比如刺激经济发展）。从根本上来说，增加社会效益就是要增强体育场馆服务于大众健身和体育产业的能力。公共体育场馆的经济效益目前在国内还没有认真周密的考虑，国外政府投资兴建体育场馆的动力来自于振兴经济或者解决当地居民的体育需求，场馆建设的首要问题是要考虑建成后的经济开发价值。在我国市场经济环境中，公共体育场馆开发的主要目的在于增加体育场馆的经济效益。

（三）我国公共体育场馆开发的措施

首先，根据人民群众日益增长的健身需求，合理规划、建设公共体育场馆，改善全民健身条件。体育场地建设要纳入城乡建设规划，逐步增加数量，不断提高质量。城市居民小区体育场地建设要与小区的总体规划相配套，与教育、文化、卫生等设施布局相协调，已建居民小区要充分利用空间修建小型、简易的群众健身活动场地，要结合城改造和小城镇建设，开辟体育公园、群众锻炼园地、儿童体育娱乐园等，鼓励单位、团体、个人办健身俱乐部、健美馆等。日本在 1995 年年底就完成了公共体育场馆配套标准，除个人和单位体育设施外，政府投资兴建的以社区为依托的体育设施共 229000 多个，极大地满足了日本人民群众进行体育锻炼的健身需求（表 4-1）。

表 4-1 日本公共体育配备设施标准

设施	1 万人	3 万人	5 万人	10 万人	备注
室外	1 个 (10000m²)	2 个 (10000m²)	3 个 (10000m²)	6 个 (10000m²)	棒、垒、足、田综合场地
	2 个 (1560m²)	4 个 (2200m²)	6 个 (2200m²)	10 个 (2840m²)	网、排场地
室内	1 个 (720m²)	2 个 (720m²)	3 个 (720m²)	5 个 (720m²)	篮、羽、乒场地
	1 个 (200m²)	1 个 (300m²)	1 个 (300m²)	1 个 (400m²)	柔道、剑道
	1 个 (400m²)	2 个 (400m²)	3 个 (400m²)	6 个 (400m²)	游泳池水面积

注：引自国家体育总局群体司. 全国群众体育评价指标体系工作方案征求意见稿 [R]. 2009.

其次，在建设体育场馆的时候考虑体育设施的功能多样化和布局合理化，充分满足每个人民群众进行身体锻炼的需求，减少其赛后经营的难度。比如在举办大型赛事以后，公共体育场馆可以作为职业体育竞赛、大学竞赛活动（甚至可以作为大学体育设施建设）、国家级高水平运动集训、社区体育、大型集会、商贸展览、大型会议、文艺活动等活动的场所。巴塞罗那帕劳·桑特·霍尔迪体育场等主要公共体育场馆的运营公司总裁顾问约迪·维沃尔杜介绍，1998 年 6 月 14 日巴塞罗那市政府全体同意建立巴塞罗那珀摩西奥 Promoció 公司，巴塞罗那珀摩西奥 Promoció 公司是一个政府属下的私企，负责管理公共体育场馆和 Montjuc 公园（巴塞罗那的自然保护区，是奥运场馆所在地）。约迪·维沃尔杜在总结巴塞罗那场馆赛后运营经验时说：从 1989 年到 2003 年，我们举办了超过 4100 次活动，累计接待 23500000 以上的观众以及 16300000 以上的游客。公共体育场馆所有的活动项目中，38％的活动是体育赛事，24％是音乐会，11％是家庭活动，27％是其他类活动包括展销会、产品发布会、宗教活动、公司活动以及政治活动。事实证明，场馆的运营和维护一直不需要任何市政府的补贴。巴塞罗那珀摩西奥公司从 1992 年到 2003 年已经获得了经济效益。"在我们的场馆中任何事情都是可能的"（约迪·维沃尔杜，2005）。又如悉尼奥运会卢斯卡特斯海湾帆船比赛场，其本身就是旅游胜地，并且还是澳大利亚游艇健身俱乐部的大本营。

再次，就是提高公共体育场馆的对外开放力度，延长公共体育场馆的对外开放时间。有些城市在对外开放力度方面是相当小的。原因主要是一方面现有大中型公共体育场馆的修建大多是从承办国际、国内比赛的要求考虑，功能单一，规模较大，标准较高，如果把比赛场馆当做一般练习馆使用，消费者无形中将要负担与使用不相干的观众席的投入成本和大量辅助设施的投入成本，导致价位较高，但如果低价位向群众开放，往往入不敷出，因而利用率低；而小型体育场馆大多设施简陋，缺乏配套的服务设施，功能单一，实行经营型管理，其自我发展与生存能力较差。另一方面，我国大部分公共体育场馆优势发展不够，新型体育活动内容和项目开发不够，致使特色服务不明显，体育场馆开发利用活力不够，再则，人们的思想观念还处于闭关自守的状态，使得需要健身的人们没有合适的场所，而仅有的一些场所大多闲置。场馆使用率的高低一定程度上取决于场馆的开放时间，我国公共体育场馆平均每天使用在 8 小时左右，这说明场馆的使用潜力还很大，同时提高场馆的利用率还在于如何吸引本地的健身爱好者到专用场馆进行健身锻炼，在发展全民健身的同时，还应积极申办一些世界性的大型运动会，另外也可尝试多举办商业性竞赛活动，吸引高水平运动队和世界知名运动员前来比赛。

最后，就是改革公共体育场馆经营管理的模式，提高公共体育场馆经营管理的水平。我国公共体育场馆自营管理的经营模式，安排不具有经济实体的公共服务部门独立从事场馆的运营。由于公共服务部门不具有资本逐利性、市场竞争性，致使公共体育场馆除了满足全民健身等公益性活动之外，无法实现场馆的经济效益。场馆的日常运作（如设备维修、员工工资等）需要大量的资金得以保证，而政府给予的补贴不能维持"中心"日常运作产生的费用，最终会导致公共体育场馆因经济问题而关门，损害场馆的公益形象，无法实现场馆的社会效益。相反，对于公共体育场馆，采取以产权和经营权相分离的模式比较合适，即政府拥有产权，民间机构进行经营管理。通过一定的制度安排，在保障场馆公益性的基础上，让民间具有一定经济实体的部门去运营，根据市场多样化的体育需求，引进一些俱乐部比赛、体育锻炼培训课程等收费项目实现公共体育场馆的经济效益，最终为场馆实现全民健身的社会效益提供强大的经济基础。

二、经营性体育场馆的开发

（一）我国经营性体育场馆的基本情况

经营性体育场馆（Business sport stadium and gymnasium）是指为了满足人们追求多元化的体育价值需求，以寻求经济利益和资本最大化为根本出发点，组织专业的经营团队进行运营管理的体育场馆。目前我国绝大多数的经营性体育场馆还是建立在公共体育场馆的基础上，在保证体育场馆为民服务的公益性前提下，开发体育场馆的经济效益。

（二）我国经营性体育场馆开发的目标

经营性体育场馆开发是指通过研究或努力，开拓、发现体育场馆的经济功能。在市场经济的背景下，充分地挖掘体育场馆资源自身的优势，使体育市场作为体育物质资源配置的基础，根据体育市场的需求，即人们渴望进行体育锻炼、体育指导、体育培训、体育欣赏的需求，以体育场馆为依托，进行各种以价值规律为基础的经济活动。因此，我国经营性体育场馆开发的目标是以体育场馆自身的资源优势为依托创造其经济效益。

（三）我国经营性体育场馆开发的措施

1. 引入专业的体育经理（经纪）公司和体育管理公司

体育经理公司和体育管理公司有丰富、科学的体育经营、管理的先进经验、制度及一整套手段和办法，体育经理公司能够根据场馆的资产情况进行科学的分析及市场定位，合理引进能够适应群众需求的体育健身项目，并通过市场商业运作，扩大场馆的创收范围；由于管理公司在人员培训、资源配备、场馆设施的维护、保养等方面具有先进经验，能带动场馆的管理水平，延长场馆设施的使用年限，因此通过引进体育经理和管理公司，可以直接快速有效地培养综合性体育场馆需要的人才，为自身发展积累丰富经验。

2. 积极将职业体育赛事融入我国体育场馆的整体运营战略

美国的经验非常成功，美国最重要的体育产品就是职业体育，美国橄榄球职业联盟的决赛相当于中国的春晚，美国的橄榄球联盟 NFL 一年电视转播权的收入是 44 亿美元，奥运会 IEC 四年一个周期，2008 年周期拿到 16.73 亿美元，四年还没有人家 NFL 一年中的一半多。可以想象职业体育在美国是多么发达。美国经营体育场馆比较简单，多数是政府建的，然后以很低的价格租给职业体育俱乐部，是职业俱乐部在运营（林显鹏，2009）。职业俱乐部运营的核心内容是职业体育赛事。职业体育赛事系指以职业体育俱乐部为参与主体，通过市场化运作方式组织的全国最高水平的单项体育竞赛活动，在美国、英国等西方体育发达国家已经历了一百多年的发展历史。发达国家体育场馆经营管理的经验表明，将大型体育场馆与职业体育赛事相结合是大型体育场馆运作管理的基本规律。随着我国体育竞赛市场的不断开放和发展，越来越多的国际、国内职业体育赛事将落户我国，我国的赛事资源日益丰富，市场价值含量也在逐步提升。比如，国家体育场"鸟巢"于2009年8月8日举办了"意大利超级杯"决赛。两个意大利顶级足球俱乐部——上赛季联赛冠军国际米兰与杯赛冠军拉齐奥的大牌球星云集北京，真刀真枪进行较量，用一场精彩绝伦的比赛，揭开了新赛季的序幕。该场意大利最高水平的足球赛事，吸引了全世界亿万球迷的眼球和媒体的注意力，销售球票7万余张、卖出包厢100余个，票房总收入近7000万元。主办方还将获得"红牛"饮料的赛事冠名赞助以及球衣胸前广告、场地广告、电视转播费等收入。

3. 主动进行市场推广，提高我国体育场馆的利用率

场馆利用率是世界各国场馆经营能否成功的一个标志性指标，美国的体育场馆的利用率是最高的，已经形成了比较完善的产业模式。目前，美国体育场馆绝大多数是通过提高场馆使用率实现盈利，尤其是通过组织职业体育、商业体育比赛和其他娱乐活动，取得场租、门票、广告收入，以及停车场、餐厅服务等收入。如美国丹佛的体育场，每年平均举办的比赛都在100场以上，平均每三天举办一场。体育馆的使用率更高，每年组织职业篮球赛和冰球赛大约80至100场，另外，还组织40至50场音乐会、文艺演出、马术表演和学校集会等活动，年观众达1300万人次（赵树安，2005）。我国体育场馆要树立市场意识、竞争意识、主动营销意识，利用平面、立体、网络等多维的宣传手段和一切时机，向外界大力宣传场馆的优势和特点，不要一味地坐等人家上门，而是要把自己主动推介到市场上去，让公众知悉体育场馆的"多元化"功能和资源优势。要积极与相关机构联络，探讨举办各类大型活动的可能与机会，并对一些崭新或具创意的活动提供租金优惠。另一方面，还要积极响应租用人的诉求，尽力配合主办单位的市场策略。其中包括：全天候24小时运作，以确保入景、拆卸及装台等工作顺利进行；灵活处理主办单位因市场需要或其他突发事件而提出的安排，包括更换演出艺人、加减演出场次等（麦建琳，2005）。通过积极进取的市场推广工作，增加曝光率，扩大知名度，提高美誉度，培育忠诚度，千方百计地提高我国体育场馆设施的利用率。

4. 积极发展会员，形成稳定的体育消费群体

体育场馆的经营对象一般来说是混合型的，即散客与会员并存。国内外体

育场馆的经验表明，积极发展并扩大会员人数，是场馆管理利用的至关重要的环节，会员管理水平是衡量体育场馆利用水平的一个主要标志，实行会员制是提高场馆运营效益的卓有成效的营销策略。采取会员制意味着场馆能保持旺盛的人气和稳定的体育消费群体，能取得比较稳定的经营收入。现代社会生活节奏日益加快，人们在健身时间的选择上，倾向于灵活化，实施会员制的先决条件就是体育场馆除大型比赛期间外要全天候开放，特别是节假日的开放时间要较长且稳定。会员制管理的体系和程序包括：入会调查、健康测试与评定、健身目标设定、运动处分和运动计划的制订、健身指导、项目实施、健身效果评价等（林显鹏，2005）。我国体育场馆要面向广大市民朋友和社区居民，大力发展会员制俱乐部，积极鼓励和引导他们的体育消费。体育场馆如果是鱼，参加锻炼的公众就是水，吸引更多的人来健身并积极发展成为会员，培养并形成稳定的体育消费群体，才能确保奥运场馆的长期有效利用。

5. 提升体育场馆的文化内涵，大力开发无形资产

开发体育场馆的无形资产，提升其文化内涵极其重要。我国有很多具有深厚文化底蕴的体育场馆，我们应该对其深刻挖掘，根据其独特文化，建立自己的品牌。无形资产的开发在国外体育场馆经营中是最大的收入，包括冠名权、广告及知识性无形资产等。美国的大型体育场馆90％以上都进行冠名权的交易，而且收益不菲，美国休斯敦的某体育馆冠名权达到了一年一千万美元。

三、学校体育场馆的开发

（一）我国学校体育场馆的基本情况

根据2004年我国开展的全国第五次体育场地普查数据公报显示，在我国现有的850080个体育场地中，教育系统有558044个，占全国体育场地总数的65.6％。因此，可以看出学校体育场馆是我国最重要的体育场馆资源。然而学校体育场馆由于和大多数公共体育场馆一样进行封闭式管理，在满足学生上体育课的基础上，没有适当地进行开发利用，而是长期闲置，造成了资源的严重浪费。

（二）学校体育场馆开发的目标

学校体育场地应否对外开放，是一个古老的话题。事实上，随着全民健身观念深入人心，公共体育场馆开放已基本上不再成为问题。2000年年底，北京市下发了《北京市学校体育设施对外开放管理办法》的通知，明确规定"学校体育设施应当创造条件向社会开放"，把学校体育设施向社会开放工作纳入了依法管理的轨道。目前，北京已有 1136 所学校的体育设施对社会开放，占全市中小学总数的 54.6％。但是，就全国范围来说，体育场馆真正开放的并不多，主要原因是考虑到学校的秩序。因此，学校体育场馆开发的目标就是在不影响教学任务和正常校园秩序的同时对外开放。

（三）学校体育场馆开发的措施

1. 转变传统思想观念，提高共享意识

学校的体育资源向社会开放，实现资源共享，需要解放思想，敢于突破传统的、封闭的教育管理观念。因此，应大力宣传体育资源共享的意义和必要性，通过对实施效果较好的学校的宣传来转变持消极和反对意见者的态度，营造学校与社会相互交融、共同发展的开放氛围。适时调整体育场馆设施管理结构，实行公司制、俱乐部制、承包租赁制等多种模式，使体育场馆设施拥有更大的自主权，更好地适应市场，其发展前景是非常广阔的。学校体育有偿经营的思路一般有集体承包经营和联营两种方式。在具体经营上，学校留出专门的资金进行场馆营销，进行对外宣传，并大力搞人际交往，对能给场馆开放提供客源的职工进行提成和奖励，或者学校采用会员制来吸引消费者。

2. 建立高校体育资源与社会共享的相关制度

教育行政部门应对学校体育资源与社会共享给予高度重视和大力支持，特别是在考虑到学校体育资源在满足本校师生员工的基础上，对体育资源社会共享给予适当的物力与财力的支持；学校领导要将本校体育资源与社会共享工作列入本校社会职责的重要议程上来，组织校体育相关部门共同商讨，并制定出适合本校体育资源社会共享的相关政策与规范，且由具体部门具体实施，定期检查。

3. 采取"请进来"与"走出去"的共享模式

对于社会体育场馆紧缺的地区，学校可充分利用场馆优势请社会人员进来进行体育锻炼，同时在校内也可充分发挥人力资源优势对外来锻炼人员进行科学指导。而对于社会体育场馆相对丰富的地区，学校尤其是高校可以利用人力资源优势，走进社区对体育锻炼的人群进行指导。对于社会场馆有明显优势的地区，可以让学校师生走进社会体育场馆进行体育锻炼。在"请进来"的人员中，可依据学生崇拜偶像的心理充分发挥名人效应，能够给广大师生带来许多体育新理念，从而促进了学校体育工作的开展。

4. 场地设施和运动项目的开发，实现社区体育、学校体育、单位体育一体化

积极调动和发挥社区居民、机关团体、学校和企事业单位的作用，实现全员、全程、全方位体育的一体化。根据年龄、性别、职业与社会角色的不同，采取丰富多彩的体育形式，满足不同人的不同需求，提高参与率。可采用以下方法加强运动项目资源的开发，例如简化规则、简化技战术、降低难度要求、改造器材等。很多竞技运动项目或是由于残酷的竞争失去乐趣，或是由于严格的规则失去了参与者，或是由于用具、场地的高级化和高消费失去了大众性和平民性，可引入一些新兴运动项目，如健美、现代舞、门球、软式排球等。

5．加强媒体的宣传力度，开发潜在的体育消费群体

应该加强与媒体合作产生广告效应，刺激消费群体和潜在消费群体。实施中学校可与网络、电视、广播、报纸等各种媒体联手合作，共同开发、共同受益，因时因地而宜地搞好宣传工作，把社会体育有效地与学校体育结合在一起，最大限度地发挥学校体育场馆设施资源的功能，创造出可观的经济效益。

6．确立产权关系，多渠道融资

在确立国有资产产权的同时，坚持谁投资、谁所有、谁收益的原则，采取校内教职员工集资、引进外资、与企业合资开发等措施，增加新设施填补校内的空白，提高体育场馆设施资源的含金量，充分发挥学校体育场馆设施资源的优势。可根据各区域体育文化特色，校内教职员工集资建设游泳场、羽毛球场、健身房等投资较小的场馆；利用双休日、节假日，对社会有偿开放，派专业人员指导练习，提高锻炼质量，扩大社会影响；也可以利用引进外资建设规模大、设备全的综合类场馆，举办高质量、高水平的比赛，吸引广大社会体育爱好者观看比赛。设立门票、服务等经济收入分配制度，增加学校经济收入。只要遵循市场经济发展规律，利用各种有利因素，合理开发学校体育场馆设施资源，必将为学校带来一定的经济效益。

第四节　体育场馆资源的利用

体育场馆资源的利用是指在充分挖掘体育场馆资源功能的基础上，发挥体育场馆资源满足人民群众不同体育需求的效能。本节在介绍我国体育场馆资源开发的基础上，进一步介绍我国体育场馆资源的利用问题，使体育场馆资源真正地为人民大众服务。

一、公共体育场馆的利用

(一)我国公共体育场馆利用的现状

1. 我国公共体育场馆利用的主要成就

改革开放以来，体育设施有了较大改观，为了奥运会的召开，我国不仅建成了能接待世界大型比赛的鸟巢体育场馆，还建成了高标准的网球场、室内游泳馆——水立方、青岛奥帆中心等高档次的体育设施。另外我国的大中小学校和企事业单位修建了数以千计的体育场馆设施，有的还达到相当的层次，体育场馆布局日趋合理。我国公共体育场馆的空间布局总的来说，以规模宏大、设施齐全著称，如北京鸟巢体育场、北京的电视塔广场和深圳龙岗公众高尔夫球场，突出了竞技体育和群众体育两大类。此外，顺应我国各大城市的发展方向，在各大城市兴建了体育新城，建设规模宏大、功能齐全，如长沙市，正在建设中的"新世纪体育文化中心"是一个体育文化设施相对集中，集体育、娱乐、休闲、购物等多功能为一体，成为我国中部的体育中心点；西安的城市运动公园是在原城运村的基础上建设完善的大型公益设施，成为我国西部的一个亮点。北京的鸟巢构成了我国体育场馆设施的发展轴，北京依托各高校的体育设施形成高校体育设施发展带，由此形成了我国体育设施发展"两点—轴—带"的总体格局。

2. 我国公共体育场馆存在的问题

相对于群众的巨大需求，公共体育健身场地设施数量仍然不足。我国第五次全国体育场地普查数据显示，截至 2003 年年底，我国共有各类体育场地850080 个，平均每万人拥有体育场地仅 6.58 个，人均体育场地面积仅为 1.03平方米。据新华网 2008 年的调查，97％的受访者认为自己周围没有或很少有体育设施，近 60％的受访者认为自己愿意而没有参加体育锻炼的原因是缺少运动场地。

我国公共体育健身场地设施结构布局不合理。从体育场地设施的行业系统分布看，主要归属学校、机关、部队、企事业单位，公共体育场馆少。教育系统 558044 个，占总数 65.6％；体育系统 18481 个，占总数 2.2％；军警系统23418 个，占总数 2.8％；铁路系统 14544 个，占总数 1.7％；其他系统235593 个，占总数 27.7％，这些地方的体育设施一般不对外开放，不利于附近居民开展健身活动。从体育场地设施类型上看，大型体育场馆比重高，社区体育设施不足，专用于群众健身的场馆少。很多地方严重脱离当地实际和经济社会发展，在体育设施建设上贪大求全、选址不当、功能定位不合理，导致一方面大型体育场馆比重高，这些体育设施长期闲置，赛后利用水平低，造成资源浪费，给政府带来财政负担。另一方面，社区体育设施不足，专用于群众健身的场馆少。群众健身场馆与竞赛场馆的比例为15∶1，远低于日本等发达国家100∶1的水平。从体育场地设施分布地区来看，无论是在数量上还是质量上，东部地区都优于中部、西部。虽然国家通过"雪炭工程"、"阳光工程"给予支持，地方政府通过制定《全民健身发展纲要》给予制度保障，但是我国公共体育场地设施分布失衡的状态始终没有改变。

(二)我国公共体育场馆的利用措施

1. 用科学量化指标建设体育场地，充分满足广大人民群众的健身需求

公共体育场馆的数量、面积要根据不同的人口规模进行科学合理配置。另外体育场馆建设要纳入城乡建设规划，逐步增加数量，不断提高质量。城市居民小区体育场地建设要与小区的总体规划相配套(表4-2)，与教育、文化、卫生等设施布局相协调，已建居民小区要充分利用空间修建小型、简易的群众健身活动场地，要结合老城改造和小城镇建设，开辟体育公园、群众锻炼园地、儿童体育娱乐园等，鼓励单位、团体、个人办健身俱乐部、健美馆等。

表 4-2　城市社区体育设施分级面积指标

人口规模(人)	室外用地面积(m²)	室内建筑面积(m²)
1000~3000	650~950	170~280
10000~15000	4300~6700	2050~2900
30000~50000	18900~27800	7700~10700

2. 改革公共体育场馆管理体制

改革场馆管理体制，实现多种管理模式并存，运用体育规律和经济规律来加强经营管理，使体育场馆逐步向企业化管理过渡，应减少行政干预，逐步实现由行政型向经济型转变，逐步实行所有权与经营权分离，使体育场馆成为名副其实的自主经营、自负盈亏的法人实体。

3. 大力培育体育经营管理人才，加强管理队伍建设

目前，国内体育界普遍存在"懂体育却不懂经营，懂经营却不懂体育"的现象，制约了体育的产业化进程。鉴于公共体育场馆职工队伍的现状，在激烈竞争市场经济中，场馆要想求得生存和发展，就要加强培训工作，提高员工素质，打破长期以来场馆进人渠道单一化的模式，大胆引进体育经济管理人才，采取请进来、送出去等形式培训经理人才，逐步建设一支事业心强、作风正派、熟悉业务、懂得经营的管理人才队伍势在必行。

4. 坚持社会效益与经济效益相结合

要牢固树立以效益为核心的观念，改变过去只讲投入、不讲产出的运作方式，才能面向市场，依托社会，加强自身的发展能力。要坚持社会效益与经济效益统一的原则，当两者发生矛盾时，不能以牺牲社会效益为代价来获得经济效益。实施全民健身计划时，要处理好体育的人民性与经济效益的关系。

5. 调整税收政策

公共体育场馆的创收不同于其他服务性行业，有其自身的特殊性，不能简单地根据市场调节和投入计算，因此对公共体育场馆开放、经营活动实行分类管理，减轻场馆的税费负担，使场馆的经营活动步入良性循环的轨道。

6. 政策法规保障

我国有关体育场馆的政策法规主要有两个方面，一是关于场馆的投资规划，二是对场馆资源的开发利用。在体育场馆投资规划方面，能对体育场地、设备的修建、保管和利用作出规定，能把体育场馆建设纳入城市和县镇建设规划，还能对不同人口的城市公共体育设施的面积作出较详细的规定。在体育场馆的利用上，从 20 世纪 80 年代起，国家开始认识到体育场馆消耗大、利用率不高的问题，从而制定了一系列新的政策、法规。这些政策法规强调要改善体育场馆的管理，充分利用自身的人力和闲置的场地，增加收入，提高使用率，并要讲究经济效益，实行多种经营。

为了更好地利用公共体育场馆，世界上许多国家均通过立法对体育的各个方面作出了比较全面的规定，其中体育设施是很重要的一个方面。国外关于体育场馆建设的政策突出表现在：首先，国家政策的全面支持。各国普遍重视体育场馆建设，从各国的体育法规中可以找出修建场馆的内容。其次，强有力的财政拨款。近几十年来，随着人们对体育参与程度的普遍提高，大多数发达国家的体育投资已超过国内生产总值的 1%。在这些体育拨款中，有很大一部分是用于建设体育场馆的。再次，优惠的税收政策。政府利用税收政策鼓励私人资金流向公共体育设施的建设，如莫斯科为促进体育运动的发展，免除市属体育设施的利润税和土地管理税。最后，多渠道资金来源。广开财源，大力吸取社会资金。除以上方面以外，许多国家在场馆的开放、维修与保养、监督与惩罚等方面都有一系列的政策与法规。

二、经营性体育场馆的利用

（一）经营性体育场馆利用的现状

1. 经营性体育场馆利用的主要成就

经营性体育场馆十几年来得到迅速发展。1992年至今，随着市场经济和体育产业的不断发展，体育场馆实行差额预算拨款以及自收、自支等多种运行机制，使场馆经营工作呈现出勃勃生机的崭新局面。

（1）"本体经营"初具规模，经营领域不断拓宽，经营性体育场馆"以体为本"的体育市场框架日趋清晰。"以体为本"的竞赛表演市场前景更加乐观，健身、体育培训市场蓬勃发展，体育科技与咨询市场成绩显著；充分挖掘有形资产和无形资产的潜力，积极开办体育用品、广告、旅游、资产运营等相关产业；大力发展餐饮娱乐、宾馆等馆办企业，形成了多种经营并存的局面。

（2）经营性体育场馆开发引起了社会各方面的注意，体育场馆经营项目投资、引进和管理，由过去的单一型逐步形成场馆、社会、企业、外资等多元化的参与局面。体育场馆经营的文化性、竞争性和娱乐性吸引了不少企业家，纷纷投资、参与场馆建设，使体育场馆的经营工作从投资、管理到经营出现百花齐放的大好形势。

（3）经营性体育场馆经营效益显著提高。据调查，国家奥林匹克体育中心、广州天河体育中心等七家体育场馆，1997年创收一亿多元人民币，与当前大型国有企业普遍亏损的情况比，综合性体育场馆的经营情况是良好的，基本上弥补了差额拨款的不足。按收入和支出（场馆设备的日常维护费、维修费、管理费和税收等）比，有53%的场馆盈利，33.6%持平，13%亏损。由此看出，体育场馆的经营已走出低谷，进入良性循环的状态。

（4）经营性体育场馆的体育项目逐渐多样化。经营性体育场馆的经济效益与项目种类的多样性有着直接关系。除"以体为本"，提供健身娱乐项目外，还提供桑拿、康复理疗按摩、健身咨询、美容以及餐饮服务。项目越多，种类相对齐全，形成健身娱乐系列，为消费者提供更大方便，就能形成集中的体育娱乐消费市场，从而获取最大的经营效益。

2. 经营性体育场馆存在的问题

（1）体育场馆经营工作发展不平衡。体育场馆经营工作由于所在地区的经济发展水平、人均收入、体育普及程度、消费观念、场馆的管理水平不同等因素，造成了体育场馆之间经营工作不平衡，表现在经营项目、规模、经济效益等方面存在明显差异。从经营性体育场馆所在地理位置看，北京好于其他地区，经济发达地区好于经济落后地区，沿海地区好于西部、北部地区。

（2）经营性体育场馆管理水平低、缺乏人才，影响发展速度。有些体育场馆经营工作管理人员，对体育市场经济的政策和理论研究不够，使得经营工作管理缺乏力度，经营管理办法滞后，管理制度不完善、不先进。有些经营管理制度没有相应的管理法规和实施细则，加上管理者的思路和模式不尽相同，使得经营管理水平和管理效果参差不齐，经营管理与经营开发不能协调发展。我国现行的教育体系中没有培养体育经营人才的院校及专业，也没有培养体育经营人才的专业书籍。所以体育经营人才的培养是一个值得政府和全社会关注的问题。短缺问题没能根本解决。因此，国家应对经营性体育场馆在税收政策上给予一定的倾斜，如减免税收、返还税金、返还国有资产占用费和有偿使用费等方式，从而推动现有经营性体育场馆的维修改造，以便使经营性体育场馆更有效地为全民健身及竞技体育服务。

（3）经营性体育场馆管理必须改革体制，转变运行机制。目前，我国的经营性体育场馆所采用的运行机制主要有：少数采用封闭式管理，全额预算拨款，统收、统支、统管。这种运行机制没有与市场接轨，主要承担上级机关分配的体育训练比赛任务，造成大量国有资产闲置。大多数采用经济责任制和承包经营责任制。但承包责任制的经济指标缺乏科学的依据和客观标准，不利于健全和完善场方自主经营、自负盈亏、自我发展的运行机制，不利于国有资产的保值增值，已经到了不改不行的阶段。采取资本多元化的运作方式，如股份制、合作形式等，可以突破单纯靠自身创收增资的运行模式，这样的场馆还较少，如长春的五环休闲城，完全按照国家规定的标准的股份制形式运作，收效显著。目前，改革现行的运行机制，根本问题是产权归属问题和缺乏改制政策问题。因此，政府有关部门应尽快出台推动经营性体育场馆经营体制改革的政策、法规和制度。各经营性体育场馆也应按照国家建立现代企业制度的基本要求，积极探索体育场馆管理的新模式和新路子。

（二）经营性体育场馆的利用措施

根据我国社会、经济发展规划，将基本建立比较完善的社会主义市场经济体制。为此，经营性体育场馆经营工作必须转变观念，按市场经济规律运行，加大改革力度，与国际体育经营方式接轨，探索出一条结构合理、效益较好、整体素质高的快速发展的路子。

1. 经营性体育场馆建设功能应多样化，设施配套齐全

现有的多数体育场馆在设计和兴建初始，没有充分考虑到大型运动会结束后的经营开发问题，受当时资金问题的限制，大多考虑到眼前的使用性观赏

性，很少考虑其对外开放后的营利性，往往在建筑结构、设施配备、群众锻炼、商业服务等方面存在着严重不足。为了更加适应飞速发展的体育健身市场的需求，让更多的百姓参与到体育健身中来，迫切需要增加新兴的体育项目，但功能设计单一，缺乏开发新项目的辅助设施，使得消费人群减少，导致体育场馆的使用率低、收入下降。

2. 经营性体育场馆应适应群众体育需求，全面向社会开放

体育事业是公益性事业，体育场馆是国有资产，应该也必须为民服务；随着国家政府性拨款的逐年减少，为解决经费不足，经营性体育场馆必须全面向社会开放，这是大势所趋；随着人们物质文化水平的不断提高，为满足群众需求，必须大力开发引进先进的现代新兴的体育娱乐项目，全方位提供更适合百姓娱乐的、健康的、高雅的体育娱乐场所。做好全面开放工作，必须转变观念，加大宣传力度和加强管理力度。在经济发展的基础上，制定长远规划，逐步完善，使经营性体育场馆成为贯彻落实全民健身计划的坚实基础

3. 经营性体育场馆应围绕本体产业规模发展

在计划经济向市场经济过渡的初期，很多场馆为增收节支，解决资金短缺等问题，出现了"变形"现象，如有的场馆办家具城，破坏了场馆的结构，违背了"以体为本"的原则。经过这几年的摸索，体育场馆经营逐步明确了思路，即：以场馆资源为基础，利用体育专业人员技术指导性强的优势，发展技术培训；增加横向联系，广泛开展健身、娱乐、休闲、餐饮、住宿、保健、咨询、服装等"一条龙"服务。这样才能推动综合性体育场馆逐步实现由事业型管理向经营型管理的过渡，并解决场馆管理办法不完善、资金短缺等自身的问题。

4. 经营性体育场馆的数量应与城乡人口的数量相匹配

为了既满足人们健身娱乐的需求，又使综合性体育场馆发挥最好的效益水平，这就要求经营性体育场馆的数量与城乡人口的数量必须相匹配。据测算，匹配率为 1：1000000，即百万人口的城市，拥有一座约三万个座位的综合性体育场馆较为适宜。当场馆的数量大于 1：1000000，容易造成国有资产闲置浪费，难于取得经济效益；当场馆的数量小于 1：1000000，满足不了人们健身娱乐的需求，不能充分发挥场馆经营优势，不能取得最大的经济效益。

5. 应采用适合本身特点的经营管理机制和管理形式

（1）采用集团化经营管理。目前，经营性体育场馆的经营方式，大多采用内部承包责任制办法，形成各场馆、项目相对独立经营的局面，不利于消费者系统消费，容易形成单一消费的局面。采用场馆集团化经营，可以合理地配置场馆资源，有效避免单独经营、单独消费的情况，充分有效地利用场馆优势，

合理利用资金形成拳头项目，并且在人员分工上，责任明确，专职专责，做到管办分离。从经营效果看，由于集团经营容易形成项目优势，利于消费者进行系统消费，便于采用通卡、通票的做法，带动其他相关产业经营，使场馆经营逐渐向大众体育健身的会员制过渡。场馆采用集团化经营对于场馆多、项目全，且采用独立经营的单位是较易操作又合理有效的方式。

(2)引入体育经理(经纪)公司和体育管理公司。体育经理公司和体育管理公司具有丰富、科学的体育经营、管理的先进经验、制度及一整套手段和办法。体育经理公司能够根据场馆的资产情况进行科学的分析及市场定位，合理引进能够适合群众需求的体育健身项目，并通过市场商业运作，扩大场馆的创收范围；由于管理公司在人员培训、资源配备、场馆设施的维护、保养等方面具有先进经验及一整套管理办法，能带动场馆的管理水平，延长场馆设施的使用年限。引入体育经理公司及管理公司，可以充分发挥资产所有者对资源、项目的监督作用，进而形成综合性体育场馆经营开发的一整套科学经营管理流水线——"体育场馆经营管理流水线"。引入体育经理公司的做法，在国外许多国家都普遍采用，如比利时、法国、美国等西方国家。通过引进体育经理和管理公司，可以直接、快速有效地培养综合性体育场馆需要的人才，为自我发展积累丰富经验。

三、学校体育场馆的利用

(一)学校体育场馆利用的现状

2006年8月由国家体育总局和教育部联合在全国开展学校体育场馆向社会开放试点工作。湖北省武汉市、北京市东城区和海淀区、天津市河西区和红桥区、上海市长宁区和杨浦区等12个市、区成为首批试点区，并签订试点周期为两年的协议书(沈祖芸，2006)。这一举措推动了学校体育设施资源与社区的共享。2008年4月，上海市有1090所中小学体育场地向社区居民开放，占全市中小学总数的70%以上，实现了街道、乡镇全覆盖。首批全国试点区——杨浦全区101所中小学校向社会开放的已达95%以上。与此同时，高校体育场馆向社区开放也加大了力度，北京、上海、武汉、广州、长春、天津等多个城市的学校体育场馆已部分或全部向公众开放，但开放比例参差不齐。

从全国部分试点地区学校体育设施向社区居民开放的情况来看，能够实现向社会开放的学校在当地所占比例各不相同，各地区间的差距也较大，说明开放的力度各不相同。如果从全国范围来看，向社会开放、居民能共享体育设施资源的学校所占比例还很低，巨大的学校体育设施资源的潜能还未能充分释放出来。

(二)学校体育场馆利用的具体措施

1. 正确处理体育场馆有偿运营和体育教学的关系

学校体育场馆有偿开放是在满足学校正常体育工作的基础上，运动场地的使用多以收费(消费体育)和少量的免费形式向全校教职员工、学生开放。学校体育场馆不同于社会公共体育设施，它不是完全免费为大众服务，也不是以单纯获取利润为唯一目的，它的主要任务是为学校体育教学服务，在学校体育场馆进行有偿运营时，应正确处理好体育教学与有偿运营之间的关系，既要保证正常的体育教学、训练的需要，又要能满足大众对体育锻炼的需求。满足广大群众的需求，同时也可以弥补体育经费不足的问题。

2. 保证对场馆的再投入

场馆日常维护和保养是场馆可持续运营的前提与保障。学校体育场馆的对外开放并不是以追求经济利益为目的的，因此在日常管理中，管理者要将场馆有偿收入中的绝大部分用作场馆的维护与保养，提高场馆自身条件，改善或丰富体育设施，使其不断更新，以适应社会需要。

3. 提高场馆相关人员的管理水平

雇用专职的懂维修技术的管理人员。这些被雇用的管理人员不仅要负责体育场馆的日常管理工作，还要懂得体育器材的修理技术和维护体育设备的技能。先进的管理办法，能提高场馆的管理水平，延长场馆设施的使用年限。管理人员的主要职责是：1)负责大学所有的体育场馆的安全管理(日常的开闭、巡视场馆等)；2)承担各体育场馆设施和体育器材的维修工作；3)配合体育教师研制教辅器材设备以及各运动场地的清洁卫生等。学校每年定期支出一定的体育维修费，主要用于运动设施和训练器材的补充与维修，做到体育场馆管理维修一体化。

4. 合理安排运动场馆的开放时间

体育场馆在白天主要是保证体育专业教学训练使用，对非体育专业的学生和教职员工开放体育场馆的活动时间，一般为每天下午的 17:00～22:00，每个运动项目的练习时间为 90 分钟(包括运动项目更换、运动场地衔接、运动器材搬运等)，每周各运动项目练习 2～3 次不等，但必须严格遵守学校体育计划的统一安排和要求实施。运动场地设施和器材设备的管理，主要由学校体育机构的专职管理人员负责(如场地维修、场馆卫生、器材设备安全等)，以确保各种运动项目能够有序地衔接、转换、运转。

5. 室内训练场地的合理利用

对学校体育的室内训练场地进行开发利用，制定合理的活动安排，安排各种不同运动项目。如利用帷幕或挡板将一个训练馆分隔为若干个活动区域，制作当以便捷操控为宜，运动项目之间互不干扰，能够满足参与不同运动的练习者的活动需要。也可根据不同运动场地的运动要求，采用各色颜料划分不同的运动场地区域，如跆拳道（黑线）、瑜伽（红线）、健身操（绿线）等，以满足各种运动项目活动的需求。使室内训练场得以高效的使用，避免场地的浪费。

6. 利用体育场所的假期

在假期制定"假期体育活动计划"，充分利用体育场馆的优势，进行有偿营运，为校外体育健身爱好者提供了良好的运动环境。从经营效果看，可以采用通卡、通票的做法，带动其他相关产业经营，使场馆经营逐渐由学生向大众体育健身的会员制过渡，扩大体育场馆服务面积，无论是学校教师员工和学生，还是校外体育爱好者和健身锻炼者，都可以根据自己的身体状况、运动情趣、生活习惯、年龄特征和知识结构等，来选择适合自己的运动项目和运动方式。通过体育活动，达到增进身心的健康，减缓学习（工作）的压力，丰富日常生活的内容，享受体育的乐趣。学校的假期体育为完善终身体育观念奠定了必要的基础，满足了体育锻炼者的愿望和需求，减少了体育场馆设施的闲置现象。

7. 引进高水平体育赛事

将学校体育场馆运营管理与高水平体育赛事相结合，是学校体育场馆运营管理的亮点，一是可以提高高校的社会知名度，扩大高校在社会上的影响。二是影响和吸引高校学生对体育赛事的关注，从而使学生自觉积极地锻炼身体，提高学生的体育锻炼意识。三是推进学校体育工作的发展。

复习思考题

[1]谈谈你对体育物力资源管理的认识和理解。
[2]简述体育场馆在选址过程中所依靠的理论基础。
[3]简述体育场馆的设计趋势。
[4]论述在新形势下，我国各类体育场馆资源应该怎样更好地开发和利用。

第五章　学校体育管理

【内容提要】

学校体育管理既是学校教育管理的组成部分，又是体育管理的重要分支。学校体育管理的目标是通过对学校体育资源的有效整合，以实现学校体育的既定目标。学校体育管理的基本内容包括：体育教学过程、课外体育活动、课余运动训练与竞赛、体育师资、学生体质与健康、学校体育经费、体育场地设施、体育科研等方面。本章主要对学校体育管理的内容、学校体育管理体制等进行分析与探讨。

【学习目标】

● 掌握学校体育管理的概念
● 明确学校体育管理的目标
● 掌握学校体育管理的内容
● 把握学校体育管理的程序与方法

第一节　学校体育管理概述

学校体育既是学校教育的重要组成部分，又是体育管理的重要分支。所谓学校体育管理是指学校体育的管理者通过一定方式整合资源，以实现学校体育目标的活动。我国学校体育的根本目标是增强学生体质、促进学生身心健康，培养学生的终身体育意识及能力，使其成为德、智、体全面发展的社会主义事业建设人才。

一、学校体育管理的概念

学校体育（Physical education）既是学校教育的重要组成部分，又是体育管理的重要分支。所谓学校体育管理（Physical education management）是指学校体育的管理者通过一定方式整合资源，以实现学校体育目标的活动。我国学校体育的根本目标是增强学生体质、促进学生身心健康，培养学生的终身体育意识及能力，使其成为德、智、体全面发展的社会主义事业建设人才。

学校体育既是学校教育的重要组成部分，又是体育管理的重要分支。我国学校体育的根本目标是增强学生体质、促进学生身心健康，培养学生的终身体育意识及能力，使其成为德、智、体全面发展的社会主义事业建设人才。学校体育目标还可以划分出一定的层次。在学校体育总目标下，围绕总目标，并根据各项体育工作特点与要求，可以分解成下一个层次的目标，如体育教学目标、课外体育锻炼目标、课余运动训练目标、课余运动竞赛目标、学校体育教学目标、科学研究目标等。依此还可以分解成各具体目标。学校体育目标的结构及层次反映出学校体育的目标体系，不同目标共同配合，实现学校体育的总目标。而通过对学校体育各项工作的管理，就可以逐步实现上述学校体育的不同目标。因此，进行学校体育管理，其重要目标及任务就在于通过各种管理职能、合理整合资源，发挥资源利用的最大价值，以保证各项学校体育目标的实现。

我国学校体育管理的任务包括：明确学校体育工作开展的指导思想和学校体育发展目标；建立和健全学校体育的各级管理机构，制定一整套管理法规并明确各有关管理机构和人员的管理职责；科学地制订学校体育管理的各种计划和文件，使之适应学校体育发展的需要；合理地组织管理学校体育各方面、各环节的活动，确保各项活动低耗、高效地顺利实施；协调学校体育各管理部门和学校体育内、外部的各种关系，为学校体育工作的顺利开展提供必要的物质技术基础以及创造良好的育人环境；定期和不定期地对学校体育管理工作进行检查评估，促进体育教学质量的不断提高和学生体质的不断增强。

二、学校体育管理的特点

（一）教育性

学校体育具有教育的重要功能，因此，对人的教育与管理要特别突出"以人为本"，充分调动教师、学生及各级各类管理干部的积极性，这是提高管理效益的重要环节。在制定与执行各种体育管理法规的同时，思想教育要始终贯穿于学校体育管理的全过程，特别对学生体育的管理工作，更应将"育人"放在首位。

（二）方向性

方向性是指学校体育管理必须坚持以马列主义、毛泽东思想、邓小平理论为指导，贯彻党的教育方针，为实现学校教育的总目标服务。因此，学校体育各个层次的工作人员都要明确学校的基本目标任务是培养合格的适应社会主义现代化建设需要的"四有"人才，要摆正体育在学校教育中的位置，正确处理体育与其他教育活动之间的关系，使之通力合作，以实现整合效应。

（三）阶段性

首先，不同年龄阶段学生具有其成长的阶段性特点；其次，学校工作是按学期或学年来安排的，上、下两学期的体育教学内容具有一定的差异，从而使每学期的工作需要保持一定独立性。因此，不同的学期、不同年龄段的学生的管理，应体现出阶段性的特点，在管理方式上应有所区别。

（四）系统性

学校体育教育是一个复杂的、多变的动态系统，在运行中出现的各种问题如不及时解决，就会干扰学校体育工作的健康发展。要使该系统运转协调，就必须不断提高学校体育的管理效能。为此，需要建立一个强有力的整合系统，完善各种制度及控制手段，不断获得各种管理信息并及时反馈，以维持学校体育管理系统的动态、良性发展。

三、学校体育管理的原则

学校体育管理必须依据国家教育方针，国家各时期教育改革和发展规划，《学校体育工作条例》，有关部门对学校体育工作要求、规定及学校工作规划等方针政策，对学校体育工作实行系统管理。学校体育管理的原则主要包括整体性原则、计划性原则、导向性原则、可控性原则。

（一）整体性原则

学校体育管理是学校教育管理的一个组成部分，学校体育管理首先要为实现学校管理目标服务，培养学生成为德、智、体全面发展的社会主义建设人才是学校教育的目标。学校体育管理应该建立在这一目标上，开展各种工作，这样才能真正摆正学校体育管理的位置。既要防止片面夸大体育在学校教育中的作用，又要充分发挥体育在发展学生身体、增强体质，培养学生意志品质、形成良好校风、活跃校园文化生活中的作用。还要从整体上协调好学校体育工作的各方面关系，正确处理体育教学、课余体育训练、体育锻炼及运动竞赛之间相互联系、相互制约的关系，要充分发挥它们各自的作用，根据各个时期学校的任务及实际，有所侧重地突出重点，使之能始终围绕完成学校教育目标、学校体育目标开展工作。

(二)计划性原则

学校体育计划是指对学校工作的具体安排及规划。学校体育计划管理要求对学校体育整个系统做出全面的部署，从宏观管理到微观管理，统一计划、统一实施。在宏观上要以《学校体育工作条例》为准则，提出实施细则，明确完成任务的具体措施。在微观上要明确学校体育各方面的具体任务及责任，根据学校的实际情况及学校整体管理的要求，制定全面实施计划并加以贯彻落实。计划是管理过程的首要环节，无论制订哪一方面的计划都应该遵循规律。例如体育教学工作计划，先是制订全年教学工作计划，其次是制订学期教学工作计划，再制订单元教学计划，最后编写教案，然后才能执行和实施。可以说，没有计划，就无法完成任务。无论哪一项工作计划，在实践中必须不断接受检验，及时修改与调整。

(三)导向性原则

学校体育管理的目标在于完成国家赋予的"育人"的重要任务。国家对青少年一代提出了德、智、体全面发展，根据这一目标，学校应结合各个时期的工作重点，提出不同阶段的工作目标。因此，作为子系统的学校体育管理系统必须依据各级政府及有关部门所制定的阶段发展规划，结合每一时期（阶段）本地区学校体育发展水平，制定出相应的措施及办法。

(四)可控性原则

可控性原则就是指在实施目标过程中，通过不断检查、评估和控制，保证整个系统顺利地开展工作。学校体育管理的控制主要通过检查评估去执行，通过检查评估发现在实施目标过程中哪些工作得到贯彻落实，哪些工作在执行中出现问题，需要作哪些方面的修改或促进。评估结果及意见反馈到决策部门后，要对出现的问题加以修正，使原定目标更能切合实际。例如在体育教学中，教师按预定的方法组织学生练习，在练习过程中，教师通过学生的练习作初步评价，根据学生掌握情况及时调整或改变教学方法，以便能更好地完成预定的教学目标。

四、学校体育管理的体制

学校体育管理体制（Physical education management system）是学校体育的管理机构设置、权限划分、管理制度等的总称。建立与健全学校体育管理体制是保证政令畅通，充分发挥各方面积极性的重要措施，也是为学校教育提供组织保证的重要措施。我国学校体育管理体系可分为政府行政部门、社会体育组织、学校体育组织三个方面。

我国学校体育宏观管理机构设置如图 5-1 所示。

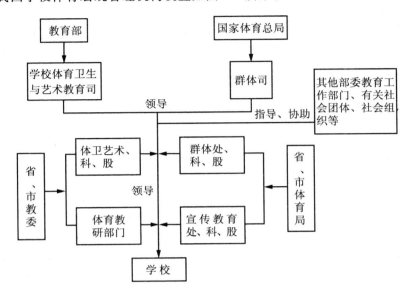

图 5-1 我国学校体育宏观管理机构设置（孙汉超，秦椿林，1999）

（一）政府行政部门

1. 教育行政部门

教育部学校体育卫生与艺术教育司是全国各级各类学校体育工作的最高行政领导机构，负责领导、监督、检查学校体育工作。其具体职责是：制定学校体育总体发展规划和目标；制定学校体育工作的方针、政策及有关的规章制度、管理办法、督促检查贯彻落实情况；审批和颁布体育教学大纲和体育教材；制定学校体育人员编制、经费比例；培训体育师资、卫生人员；领导和组织全国学生运动会，组织参加世界性学生体育竞赛；指导学校体育教育科研机构及社会团体的业务工作；组织学校体育发展战略研究，开展国际性体育学术交流。

各级教育行政部门，均设有相应的体育管理机构，省、直辖市、自治区教育部门设有体育卫生处；市、地、县教育行政部门设有体卫科、股，乡（镇）一级教育行政部门也配有体育专职干部。

我国各地的高等院校（大学、师范大学（学院）、教育学院、体育学院、师范专科学校）、中等师范学校、教育（学校体育）科研所是我国学校体育教育、科学研究的主要机构。它们担负着培养和培训体育教师及体育管理人员，编写学校体育教材及有关专著，开展学校体育教学、科学研究等工作的任务。

2. 国家有关局、部、委及各级地方局、委主管学校体育管理的部门

国家体育总局群体司设有专门的学校体育管理部门，协同领导和组织全国学校体育教育工作。其他有关部委也设有专门管理学校体育工作的机构和人员。各级地方体育局、局委也相应设有学校体育工作的机构和人员、负责管理学校体育工作。

（二）社会体育组织

我国学校体育的社会组织是由学术研究团体和学生体育团体构成。学校体育社会学术团体是中国教育学会学校体育研究会及中国体育科学学会学校体育专业委员会。前者属于教育部门的社会团体组织，后者属于体育部门的社会团体组织。各省、市、自治区，地、市、县教育部门或体育部门一般也都设有相应的学校体育的研究组织。它们负责开展学校体育学术交流活动，组织有关学校体育现状及发展的重点科研课题的研究，普及宣传学校体育工作，开展学校体育工作的调查研究，向教育、体育行政管理部门提供咨询材料及合理化建议，举办各种培训班及学习班，组织出版和推广有关学校体育书刊及科学研究成果，开展学校体育国际学术交流活动等。

学生体育团体有全国大学生体育协会和全国中学生体育协会。全国各地也相应地建立了大学生体育协会和中学生体育协会，其基层组织是大、中、小学的学生体育协会或学生体育俱乐部。学生体育团体的任务是，组织全体学生参加体育锻炼，增强学生体质；选拔有条件的学生参加课余体育训练，发现和培养优秀体育后备人才及优秀体育人才，组织全国性大、中学生体育竞赛，进行学校课余体育训练工作的评估及培训各级各类学校负责训练的体育教师；承接世界大学生、中学生体育协会有关比赛任务，参加世界性学生体育比赛和体育交流等。

此外，我国各社会团体（工会、共青团、妇联、青联、学联等）和体育组织（中华全国体育总会及所属各单项运动协会、中国体育科学学会等），均设有对体育教育进行指导、研究和协助管理学校体育工作的机构或组织。这些团体在全国也都有相应的机构，它们接受上级的领导，在全国和各地的学校体育工作中发挥自己的作用。

（三）学校体育组织

1. 学校体育的组织领导系统

（1）校长或副校长对学校体育工作全面负责。其具体职责是，提出学校体育工作的总目标、制订学校体育工作计划；加强对体育教研室（组）和体育教师的领导；经常深入实际，检查体育教学和课外体育活动；根据学校的规模与结构、配备体育教师，关心体育教师的生活，帮助他们提高政治思想和业务水平；加强宣传体育、明确体育在学校教育中的地位和作用，动员全体教职工关心学生健康；对学校的体育工作提供必要的物质保障；充分依靠共青团、少先队、学生会组织，协同一致搞好学校体育工作。

（2）教导处（教务处）或体育卫生处。其具体职责是：在校长授权下，管理全校体育工作；配备体育教师，推荐体育教研室主任，提交校长任命；安排全校的体育教学和课外活动时间表；督促检查日常体育工作，研究教改措施；安排体育教师进修、不断提高教师的思想业务水平；组织学生进行体格检查和体质测定；审查学校体育工作计划。

（3）总务处。其具体职责是：合理安排体育经费，购置必要的体育设施和器材；负责场地建设和维护、设备维修；教育后勤人员支持体育工作，做到服务育人。

2. 学校体育管理的组织实施系统

体育教研室（组）具体负责全校的体育工作，其主要职责是：

（1）根据党的教育与体育方针和上级部门的体育工作计划、文件精神，结合学校的工作计划以及学校方面的具体情况，会同学校有关部门、制订体育工作计划和必要的规章制度，提交校领导审批。定期向学校领导汇报工作。

（2）组织好教研室（组）的政治、业务学习，认真开展教研活动，督促教师认真备课，定期检查教师的教学和进修工作。积极组织教师从事学校体育教学改革，热情关心他们，充分调动其积极性。

（3）认真组织和领导早操、课间操和课外体育活动，积极推行《国家体育锻炼标准》。

（4）组织开展课余体育训练和校内、外各项体育竞赛活动。

（5）重视学生的卫生健康教育，并协同校医定期开展对学生的身体机能，素质的测定工作，建立学生健康卡片，不断改进学校体育工作。

（6）协助总务部门做好场地器材的修建，选购、维修和保管工作。教育学生爱护公物，发动师生自己动手自制体育器材。

（7）做好体育的宣传教育工作，积极培养开展学校体育工作的骨干力量。

体育教师是学校体育工作的具体执行者，他们的工作直接关系到学校体育任务的完成情况。因此，明确体育教师的职责有着重要的意义。其主要职责是：

(1)认真学习马列主义、毛泽东思想、邓小平理论及国家的教育、体育方针，忠诚党的教育事业；热爱学校体育工作，掌握增进学生身心健康的手段和方法，圆满完成学校体育教学任务。

(2)根据上级对体育工作的有关指示及学校体育工作计划，认真研究教学大纲和教材。

(3)深入了解学生和教学实际情况，制订好各种体育教学工作计划。

(4)认真备课，努力上好体育课。并加强自身业务学习及科研训练，不断提高教学质量。切实组织好早操，课间操和班级体育活动，积极推行《国家体育锻炼标准施行办法》，搞好运动队训练工作和校内外各项体育竞赛工作。

(5)协同校医定期检查学生的身体，不断对学生进行健康教育和身体机能，素质的测定工作，建立学生健康卡片。

(6)协同总务部门做好场地，器材的修建、选购、维修和保管工作，教育学生爱护公物，带动并引导学生自制体育器材。

(7)切实做好宣传教育工作，注意培养体育骨干。

(8)以身作则，教书育人，全面关心学生的成长。

(9)及时总结工作中的经验教训，定期向领导汇报情况，积极提供合理化建议。

班主任是班级的组织领导人。对学生的全面发展负有直接责任。班主任的工作职责是：

(1)"三育"同步抓，把班级体育工作列入班级教学工作，组织班干部带领学生积极锻炼身体，严格考勤。

(2)了解学生各阶段的健康状况(年龄、性别特点、发育情况等)和学生在集体锻炼时的表现，成为横向和纵向联系的桥梁和解决问题的核心。

(3)利用体育的特点，对学生进行思想品德教育，培养优良的班风。

(4)积极参加体育锻炼，做好表率。协同体育教师完成体育教学任务。

3. 学生体育活动组织

学校少先队、共青团、学生会，学生体协(体育俱乐部)是开展学校体育工作的主要活动组织。学校体育工作开展得是否活跃，与学生组织对体育工作的参加、管理有直接关系。其主要职责和任务是：

(1)根据学校及体育教师的有关工作安排，积极组织学生参加各种体育锻炼，运动训练活动。

(2)积极做好学校体育的宣传工作。

(3)在体育教师指导下，组织各种丰富多彩的体育活动，积极开展班级之间体育竞赛，并热情为同学服务。

（4）选拔学生组织中体育优秀人才，担任体育干部，积极参加学生体育的组织、管理工作，以发挥团、队组织的骨干作用和模范作用。

第二节　学校体育管理的基本内容

学校体育管理的基本内容包括：体育教学过程、课外体育锻炼、课余运动训练与竞赛、体育师资、学生体质与健康、学校体育经费、体育场地设施、体育科研等方面。

一、体育教学工作管理

体育教学（Physical education teaching）是学校体育工作的重要组成部分，是实现学校体育目标的基本途径。学校体育教学管理的目的在于提高教学质量，保证体育教学目标的实现。体育教学管理的主要内容包括体育教学过程管理、体育教学管理评估、体育课成绩考核管理等。

（一）体育教学过程管理

体育教学过程是指师生为共同实现体育教学任务而进行的双边活动过程，其内容主要包括教务管理、课堂管理以及意外伤害事故管理。

1. 教务管理

教务管理是课堂管理前的一项基础性工作。包括编班、安排课表，教师任务分配等工作。编班时应考虑到男女学生的比例，体育基础好与差的学生要适当分配，每班的人数应控制在 50 人以内。根据体育教学的特点和学生生理特点，体育课一般应安排在上午第三节和下午进行，同时要使同一个班级的各次体育课之间保持合理的间隔时间，同一进度的内容宜集中安排。因受到天气气候等客观因素的影响，课程安排需要有一定的弹性。同时要留出理论课的时间。课表制定以后下达到体育教研室，由教研室把课分给各位教师。

2. 课堂管理

课堂管理包括备课管理、上课管理、课堂结束管理。

（1）备课管理。在备课中，管理者要对教师提出备课的具体要求，如教案规范，详略程度等，并定期或不定期进行教案评比，组织一定的集体备课。体育教师在备课中要根据教学大纲的要求和学校的有关规定写出教案，备课应考虑到学生的情况，如体育基础、体育骨干、伤病情况等，同时要考虑到场地，器材的实际情况等。备课的文字要精练、准确、教法运用要正确。

（2）上课管理。管理者对体育课的教学要给予关心和支持，并提出一定的要求，要深入到课堂看课、听课，加强对体育课的检查督导，还要组织一定的公开课、观摩课等，同时要尽可能为体育课提供必要的条件，帮助体育教师解决一些实际问题，创造良好的教学环境；体育教师在体育课上既是教育者，又是管理者，教师对体育课的管理质量起决定的作用。体育教师的管理工作包括课堂常规的建立、课的合理分组、调度和运动密度强度的掌握、教学方法手段的运用、场地器材的运用、安全措施的运用、做好思想政治工作、调动学生积极性以及教师本人和学生的服装要求等。

（3）课堂结束管理。教师应按时下课，并对本次课进行小结，提出下次课的任务，组织学生收交器材、整理场地。

3. 意外伤害事故管理

学校体育意外伤害事故是指在学校体育教育教学活动期间发生的学生人身伤害或者死亡事故。体育教育教学活动期间是指在校内与体育教育教学相关的活动期间。人身伤害是指在法定时间内，肢体残疾、组织器官功能障碍及其他影响人身健康的损伤。对于学校体育意外伤害事故的管理，首先要强化"预防为主，安全第一"的意识及措施；其次要做好意外伤害事故的现场处理及管理。

（1）意外伤害事故的预防措施。主要包括：学校应当根据国家和省、市有关规定，确保教育教学和生活的设施、设备符合安全标准；学校应当教育和监督教职员工履行职责，根据实际情况采取必要措施，预防和消除可能造成学生人身伤害的危险；学校应当按照学生不同年龄的生理、心理以及教育特点，建立健全各项管理和保护学生的规章制度；学校应当健全各项安全保障措施，活动场所和设施应当符合安全标准；学校在进行规模较大的文体活动时要进行必要的安全检查项目并要求活动管理者严格遵守操作规程。

（2）发生伤害事故后的现场处理及管理。要做到以下几点：第一，正确地判断并实施相应的抢救措施。应根据意外伤害事故的性质做出正确的判断并实施相应的抢救措施，轻伤者可送医务室医疗，重伤者或者生命危险者应立即转送医院抢救；第二，及时通报。重大的意外伤害事故应立即通知家长、学校领导和当地派出所或有关部门，并详细汇报伤害事故发生的时间、地点、原因、后果与处理措施等；第三，填写有关意外伤害事故的报告。报告的内容应实事求是，必要时应提供证人和物证。重大的伤害事故如发生意外的死亡，最好请当地的法医出具鉴定报告。

(二)体育教学管理评估

体育教学管理评估是指按照一定的标准对整个体育教学管理工作和体育部、体育教研室(组)工作的效率和质量做出客观的判定。提高体育教学工作的管理水平是学校管理者(特别是教务部门)和体育部、体育教研室(组)管理者极为关注的问题。体育教学管理评估是解决这个问题的有效手段之一。这是由于：通过体育教学管理的评估，可以获得体育教学的有关信息，有助于管理者及时发现和处理体育教学管理上的问题，不断改进体育教学管理工作，提高体育教学管理水平；通过体育教学管理的评估，可以将有关的信息及时反馈给教师、学生以及有关人员，可以调动他们的积极性，提高体育教学质量和效率；通过体育教学管理评估，特别是校际间的评估，可以进行校际间的横向比较，有助于相互学习，取长补短，加强协作，共同提高；通过评估，还可以为上级主管部门提供有关的材料，便于他们制定政策和进行有效的监督和指导。

体育教学管理评估的种类，概括地说可分为校内和校外两大类。校内评估即学校自我评估，目的在于获得本校体育教学管理的有关材料，为学校管理者对改进和提高体育教学管理水平作决策和措施时提供依据，同时也对有关人员(教师及场地器材管理人员)起检查、督促作用。这类评估可以每年进行一次。校外评估即由上级有关部门或兄弟单位组成的评估组的评估，这类评估的目的主要是检查和了解各校体育教学管理的水平和存在的共同问题或突出的问题，以便采取措施，促进相互学习，取长补短，推动各校体育教学工作。这类评估需要花费较多的人力，可以两三年进行一次。

(三)体育课成绩考核管理

学生体育课成绩的考核是体育教学过程管理的一个重要组成部分。可分为教研室对成绩考核的管理，体育教师对成绩考核的管理。

1. 体育教研室(组)对成绩考核的管理

主要是根据体育教学大纲和教学计划的有关规定，结合学生实际情况确定体育课考核的内容，制定考核的标准，评分的方法。审核各组体育课成绩，及时上报教务部门，建立学生成绩档案。组织对不及格学生进行补考等。

2. 体育教师对体育课成绩考核的管理

按照学校和体育教研室的有关要求，认真组织落实体育课成绩考核的工作。熟练掌握成绩考核的办法与标准，客观、公正、准确地进行实际测评，及时做好成绩的登记，按规定程序上报体育教研室及有关部门。组织落实不及格学生的补考工作。

二、课外体育活动管理

课外体育活动(Extracurricular sport exercise)是学校在体育教学大纲和教科书范围以外，对学生进行的有计划、有目的、有组织的教育活动。它在课堂体育教学的基础上进行，并与课堂体育教学相互促进、互为补充。课外体育活动有利于发展学生的智力，培养学生的能力，促进学生的全面发展。因此，学校管理者应该加强课外体育活动的管理。

(一)课外体育活动管理的内容

课外体育活动管理包括早操、课间操、班级体育锻炼、体育节、节假日体育等内容。

1. 早操、课间操的管理

早操的内容一般可以徒手体操为主，如广播操、眼保健操、健身操等，也可开展早锻炼活动，如跑步、太极拳、武术、气功、各项球类基本动作练习以及和缓轻松的游戏活动等。

早操的时间一般为 15 至 20 分钟，生理负荷不宜过大，以免影响文化课学习。

早操的组织方法应根据学校的实际情况而定。在场地器材的安排上，可集体与分散相结合；在确定项目内容上，可统一安排和自选相结合；在工作方法上，学生干部、班主任、体育教师应相互配合；在活动效果上，可平时考勤与抽查评比相结合。

课间操是在上午第二、三节课之间开展的体育活动，师生都应参加。时间为 15 至 20 分钟。生理负荷不宜过大。每节课间的 10 分钟休息，虽未规定要组织体育锻炼，但最好的休息方法也仍是适当的身体活动，进行积极性休息，以尽快地消除因静坐学习而带来的消极影响。课间操的内容和组织方法可参照早操的内容和组织方法。

在早操、课间操的管理中，要首先保证"两操"的时间，不得以任何理由占用"两操"的时间；早操、课间操要有专人负责组织、班主任、任课教师要密切配合；要充分发挥学生干部的作用；要做好宣传教育工作，使学生充分认识"两操"的重要作用，使之成为自觉行动；可通过会操表演，比赛等方式提高"两操"的质量。

2. 班级体育锻炼

班级体育锻炼是以班为单位分成若干小组，由班干部和锻炼小组长带领下进行的体育活动，班主任和体育教师应进行指导。班级体育锻炼在时间、内容、组织和生理负荷等方面有着更多、更高的要求。

班级体育锻炼的活动内容，可以与体育课教学内容结合起来，可以围绕"标准"项目开展锻炼；也可以与学校传统项目和学生喜闻乐见的简单易行的非正规项目，以及游戏、校外体育活动等结合起来。

课外体育锻炼管理中，可采用以下方式组织实施：

(1)在组织措施上要做到"六落实"，即领导分管落实、时间落实、内容落实、场地器材落实、学生干部落实、考勤检查落实。

(2)在锻炼内容上要做好"六结合"，即与体育教学结合、与"标准"结合、与传统体育项目结合、与小型多样竞赛活动结合，与"体育合格标准"结合。

(3)在组织形式上要注意"四结合"，即集中与分散结合、规定与自愿结合、班组与个人结合、锻炼与测验比赛结合。

(4)在管理上要建立定期研究、制订计划、汇报检查验收、总结评比奖励等有关制度。

(5)在锻炼中要掌握适宜的生理负荷和心理负荷。

(6)在效果上要达到身心和谐发展，促进健康，增强体质。

3. 体育节管理

体育节一般有"体育周"、"体育日"(健康日)两种形式。

"体育周"是集中利用一周下午的课外活动时间，组织各种宣传教育、锻炼、比赛等活动。如体育专题报告，体育讲座，体育知识竞赛、体育表演、比赛、体育游戏等。它具有浓厚的节日气氛，能提高学生的兴趣并吸引广大学生参加。这对扩大学生的知识领域，提高体育素养，增强体育意识，调动锻炼的自觉积极性，培养体育骨干等方面都有重大意义。开展"体育节"活动应列入学校体育工作计划，成立临时性指挥机构，取得各有关方面的支持与配合，并做好充分准备。体育周结束后要做好总结工作。

"体育日"一般是结合有意义节日或体育形势(重大的国际、国内的体育活动)，利用一天或半天的时间，开展专题性的体育主题活动，进行体育教育和锻炼。一般可以组织全校性的活动，也可按年级、班组进行，充分发挥学生的积极性与创造性。

4. 节、假日体育管理

利用节、假日组织开展各种体育活动。可以在校内进行，也可以到大自然中去组织进行。校内活动，可充分利用现有的场地器材等活动条件，尽可能满足学生的兴趣爱好。校外活动可组织郊游、旅行、登山、游泳、远足、野营等活动。在进行这一活动时，要加强领导，搞好组织工作，注意安全和卫生，防止伤害事故。

(二)课外体育活动管理的基本要求

1. 管理者要重视

充分发挥学校体育教研室、班主任、卫生教师,以及共青团、学生会、少先队等部门在课外体育活动中的作用,切实把青少年儿童身体健康放在教育、体育工作的重要位置。

2. 加强学生组织建设

充分调动社会、学校、家长、学生等各方面的积极性,建立适合不同年龄、性别学生的不同需要的课外体育活动组织,使学生参加课外体育活动得到组织保证。同时,还要注意培养和使用好学生体育骨干,是他们在体育组织中发挥积极作用。

3. 安排好时间以及提供必要的场地、器材、设备与物质保证

要安排好时间,保证学生每天有一小时的活动时间和相应的场地器材。加大学校体育场地设施建设力度,新建学校要按国家标准建设体育场地。

4. 积极开展各种活动与比赛

各级教育、体育行政部门及各种社会组织、公共体育场馆都要组织适合学生参加的各种各样、丰富多彩的课外体育活动及竞赛。要针对当前学生体质健康存在的问题,倡导并重点开展长跑等简单易行、锻炼价值大的体育活动。

5. 加强宣传

思想教育工作要有针对性,要切合实际,教育要形象化、多样化。宣传的重点对象是学生、家长,要使家长深刻认识从保证学生健康成长出发应是"健康第一,学习第二",使家长自觉督促孩子经常参加体育锻炼;要对学生进行课外体育活动科学方面的宣传,积极引导学生自愿、自觉参加体育课外体育锻炼。

6. 建立必要的规章制度

要使课外体育工作持久有序的进行,不仅需要认真贯彻并不断完善有关法规制度,考勤制度,检查评比制度,定期测验制度等,使学生参加课外体育活动得到制度保证。

7. 加强医务监督

加强课外体育工作的医务监督也是保护学生健康,保证课外体育活动顺利进行的重要一环。

三、课余运动训练与竞赛管理

课余运动训练与竞赛(Afterschool physical training and competition)是学

校体育工作的一个重要组成部分。科学地进行课余运动训练和运动竞赛是提高运动技术水平，培养群众体育活动骨干，选拔配备体育后备人才的基本途径，对于推动学校体育工作的开展，实现学校体育目标具有重要作用。

（一）课余运动训练管理

课余运动训练是指利用课余时间，教练员对部分在体育方面有一定才能的学生进行系统的训练，全面发展他们的身体，不断提高专项运动成绩、培养体育骨干而专门组织的一种教育过程。它是全面贯彻我国教育方针实现学校教育目标和体育目标的一项重要措施，也是我国体育运动普及与提高的中间环节。

1. 课余运动训练管理的特点

（1）针对性。课余运动训练管理是对学生而进行的，其管理和其他类型运动训练管理有所区别，在目标计划的制订组织实施等方面都要考虑到这一点。

（2）基础性。学生正处于生长发育时期，他们的思想作风、道德品质、身体机能均处于形成和发展阶段。因此，在管理过程中，要加强思想教育，训练从打基础方面考虑，使他们能够全面发展。

（3）课余性。学生的训练时间基本上都在每天下午文化课学习之后以及星期天和每年的两个假期。这就要求计划的制订、执行等方面要适应业余性这一特点。

2. 课余运动训练的组织形式

（1）学校运动队。学校运动队包括班级代表队、年级代表队及学校代表队等。它是我国学校课余运动训练最普遍、最广泛的组织形式，也是我国运动训练体制的基础。其主要任务是全面发展学生运动员的身体，增进健康，增强体质，打好思想、身体、技术、战术等方面的基础，逐步提高专项运动技术水平，推动学校群众性体育活动广泛开展，为国家培养和输送体育人才。

（2）体育传统项目学校。体育传统项目学校是开展学校课余运动训练的有效组织形式。它的主要任务是，普及群众性体育活动，广泛开展体育传统项目训练；更好地增强学生体质，提高传统项目的运动技术水平；培养输送有某项运动专长的后备体育人才。体育传统项目学校，通常以小学和初中为主，以城镇为主，以田径和本地区重点项目为主，国家教育和体育主管部门对体育传统项目学校实行分级分批申报，批准命名，并颁发证书。证书一般有效期为三年，以促进竞争，提高效益。

（3）基层运动训练点。基层运动训练点是在学校群众性体育活动广泛开展的基础上，以一两个传统运动项目为重点的训练场所。它是由县区体育和教育部门根据需要，共同规划、全面布局设置的。也有的基层训练点是以某一重点学校为基地，吸收附近学校有培养条件的学生参加训练的，通常也把这些参加训练的学生编制成一个班，以便教学、训练工作的统一安排和管理。

（4）体育运动后备人才试点校。培养体育运动后备人才试点校是在深化改革的过程中，从体育传统项目学校中，选择一批学校领导重视、师资力量强、全面贯彻教育方针、推行素质教育、重视学校体育、运动场地器材设备条件好、教学质量较高的学校试办的一种专项体育训练的形式。其目标是在课余时间，对部分全面发展的学生进行系统的、科学的运动训练，不断提高运动技术水平，创造优异的运动成绩，培养优秀的体育运动人才，推动学校群众性体育运动的广泛开展。

（5）青少年体育俱乐部。从 1999 年开始，国家体育总局提出了使用体育彩票公益金开展创建适应市场经济体制和青少年体育活动需求的青少年体育俱乐部的工作思路，即充分利用和发掘现有社会体育资源，建立一种新型的具有社会主义公益性特征、旨在广泛开展青少年日常体育活动的青少年体育组织。青少年体育俱乐部主要任务是，培养青少年体育兴趣和爱好，养成终生体育锻炼的良好习惯，增强青少年体质，并向其传授体育运动技能，发现和培养体育人才。

3. 课余运动训练管理的基本要求

（1）加强领导，健全课余运动训练的管理机构。

（2）按照儿童、少年、青年生理和心理发育的客观规律、营养条件和运动训练原则，进行系统的、科学的训练。

（3）切实抓好学生运动员的政治思想教育和文化课学习。

（4）建立一支高水平的课余体育训练的教练员队伍。

（5）加强运动训练科学研究的管理，建立科学选材、科学训练、质量评估制度。

（6）建设必要的体育场馆、设施和保证课余体育训练经费。

（7）把课余体育竞赛纳入课余体育训练之中，使竞赛为促进、检查、指导课余体育训练工作服务。

（8）加强教育部门与体育部门的紧密配合，处理好学校课余体育训练与体育部门业余体育训练之间的关系，课余体育训练与整个体育运动训练之间的关系，处理好运动训练与文化学习的关系，运动队训练与课外体育锻炼的关系，使参加训练的学生得到全面发展。

（二）课余运动竞赛的管理

课余运动竞赛是指运用借助运动项目及游戏等活动，充分利用课余时间，在校内、外组织学生进行的各种运动竞赛活动。课余体育竞赛是学校课外体育的重要组成部分，是推动学校群众性体育运动广泛开展，增强学生体质和提高运动技术水平的重要措施。

1. 课余运动竞赛的形式

课余运动竞赛包括校内竞赛和校际竞赛。

校内运动竞赛一般由体育教研室(组)或有关专门机构负责，根据制订的课余运动竞赛计划进行组织管理，开展灵活多样的、学生喜爱的班级之间、年级之间、科系之间的竞赛活动。

校际运动竞赛一般由上级教育主管部门负责，体育局协助，以当地就近为主，普通小学校际体育竞赛一般不出区、县，普通中学校际体育竞赛一般不出地、市。中等专业学校和职业学校的体育竞赛一般在省、自治区、直辖市范围内进行或由主管部(委)及其行业体协组织安排。全国大、中学生运动会及单项体育竞赛一般安排在寒、暑假期间进行。如遇特殊情况需要在假期以外时间举行的，必须由主办单位报经原国家教委批准后方可举行。

2. 课余运动竞赛的组织与领导

学校组织和开展运动竞赛工作，应在主管体育工作的校长直接领导下，由各有关部门和人员(体育教研组(室)、总务处、卫生室、共青团、学生会等)参加，组成相应的机构来负责组织领导体育竞赛工作。

(1)全校运动会的竞赛组织委员会。竞赛组织委员会的成员，一般应由党、政、工、团、体育教研组(室)、总务处、学生会、医务人员等组成。他们全面负责竞赛工作，制订各种计划，审批有关报告和通知等文件。在组委会领导下可设立有关办事机构。如大会秘书组、宣传组、竞赛组和后勤组等。

秘书组是组织委员会的常设机构。负责召开组委会，执行组委会决议，检查督促竞赛工作的进行，制订比赛工作日程计划，协助有关部门工作，主持大会期间日常工作等。

宣传组是负责思想教育和宣传报道工作。负责出黑板报、墙报，广播宣传，以及印发有关学习文件和参考资料等工作。

竞赛组是比赛中业务工作的中心，主要由体育教师担任。负责编排比赛秩序册，组织裁判工作，做好成绩记录和统计评定，审查成绩记录等工作，及时召开有关会议，解决比赛中出现的有关问题。

后勤组是负责编制经费预算，保证此赛的场地器材和设备的供应，搞好医务卫生和防伤急救等工作。

(2)体育教研组(室)。各种球类比赛、广播操、健美操比赛等，一般由体育教研组（室）负责，并会同班主任或年级主任统一安排，具体由体育教师分头组织进行。

（3）团、队、学生会。为了培养学生的独立工作能力，在体育教师的帮助和指导下，由共青团、学生会、少先队等学生的群众组织，负责举办一些简单易行的群众性的比赛活动，如跳绳、拔河、踢毽子、登山、越野跑、接力跑等。

（4）班内组织。在班主任和班级体育委员的组织安排下进行小型多样的比赛。如《国家体育锻炼标准》的某个项目的比赛、各种游戏比赛活动，越野跑、班级旅游活动等生动活泼，小型多样的比赛。

3. 课余运动竞赛的基本要求

（1）明确课余运动竞赛的宗旨。组织学生课余运动竞赛，应以培养教育人为根本宗旨运动竞赛要有利于学生全面发展，有利于培养学生终身体育意识及能力。要从学校实际出发，贯彻灵活多样、广受欢迎、基层为主、勤俭节约的原则。

（2）做好宣传教育工作。要采取各种宣传手段广泛宣传比赛的意义、作用以及各种体育知识，并及时通报竞赛中的好人好事，特别是那些既是优秀运动员，又是"三好学生"的典型事例，以树立学校的赛风和学风榜样。同时要及时批评和制止比赛中的不好风气和现象。

（3）坚持竞赛的业余性和经常性。学校运动竞赛要尽量利用节假日和课外时间进行。按照运动项目的特点和气候季节特点，使某一竞赛项目形成传统，要定期举行。还要在项目的设置、比赛办法、标准的确立等方面要考虑适应学生的特点。每年春秋两季应尽可能举办田径运动会或球类单项赛。冬季可组织越野跑、象征性长跑、拔河、跳绳、武术、滑冰等活动。夏季可开展游泳比赛活动等。使学校活动经常不断，小型多样。

（4）依靠领导与组织，发动群众、培训骨干。体育部、体育教研室（组）应依靠学校领导，在主管校长的直接领导下，组织和抓好竞赛工作。对竞赛活动的计划安排，工作进程和存在的问题，要主动、及时向领导汇报。同时还应与总务处、教务处、卫生室、学生会、共青团等有关部门的人员密切联系和配合。竞赛管理过程要充分发挥体协、共青团、少先队等群众组织的作用。要根据各项比赛的需要，利用业余时间培训体育骨干和裁判人员，提高他们的业务能力，统一工作方法和要求，明确分工和职责并进行现场示范和实习。

（5）课余运动竞赛要与课外体育锻炼密切结合。竞赛活动是学校课余体育活动的一个方面。虽然它有多方面的作用，深受师生欢迎，但不能用大量的课余时间来搞竞赛活动，学校组织运动竞赛的时间，尽可能不占用上课时间。要把竞赛活动与锻炼活动有机地结合起来，使锻炼活动中有比赛，使比赛为学生的全面锻炼服务，成为推动锻炼活动开展的动力。因此，在时间、经费的安排上都应统筹兼顾，使竞赛促进学校体育锻炼活动的开展。

（6）厉行节约、勤俭办竞赛。学校课余运动竞赛应特别讲求实效性和节俭性，节省一切可节省的经费开支，尽可能用较少的钱办好竞赛活动，把学校有限的资金用在改善场地设施上。还要按照场地、经费等实际情况，尽量扩大竞赛活动的群众性。

四、体育教师管理

（一）体育教师管理的主要内容

1. 教师队伍规划

在科学预测的基础上，对体育教师的数量和结构制定长远的、全面的发展规划。内容一般包括对现有体育教师的数量、结构、能力等各项指标的分析，通过科学预测，确定各项规划指标，制定实现规划的措施。

2. 教师编制

根据学校规模和规格、体育教育任务，制定岗位规范，确定体育教师配备数额，制定合理的编制。

3. 教师使用

按照用其所学、用其所长、量才使用的原则，根据学校体育教学、训练、科研等项工作的需要，对体育教师进行合理的组织，调配和激励，最大限度地发挥每个体育教师的才能。

4. 教师培训

教师培训包括岗位培训和在职培训，前者指按照岗位工作的需要和人员素质的要求，对体育教师进行的一种有目的、有组织的培训活动，使之获得从事本岗位工作所必需的基本知识和技能，更有效地开展本职工作，后者是一种在不脱离原岗位职务的条件下参加学习和培训的形式，通常采用指定专人传、帮、带，业余时间自学或进函授学校、夜大学、电视大学进行脱产与半脱产的学习等方式。

5. 考核和晋升

建立、健全体育教师的岗位责任制、教师工作量制度、业务档案管理制度和考核奖惩制度，为体育教师考核工作的制度化、规范化打下基础，并在全面考核的基础上做好体育教师的晋升工作，以达到合理使用人才的目的。

（二）体育教师队伍规划

1. 体育教师队伍规划的目标

教师队伍的规划目标是建设一支能坚持正确的政治方向、数量适度、质量合格、结构合理、充满生机与活力的教师队伍。坚定正确的政治方向是我国社会主义教育事业的要求，应当要求广大教师热爱社会主义祖国，坚持四项基本原则，自觉学习马列主义、毛泽东思想、邓小平理论及"三个代表"重要思想，忠诚社会主义教育事业，以身作则，为人师表，教书育人，全面地贯彻党的教育方针；数量适度要求学术教师队伍的教师数量要与学校的发展规模相适应；教师的质量合格要求教师政治思想水平高、学术造诣深、教学科研能力强、教学效果好；结构合理要求教师队伍中教师的年龄、学历，职务、专业、技能、性格等因素要有一个合理的构成状态。

2. 教师队伍建设的具体指标

教师队伍的数量。

教师队伍的质量。

教师队伍的结构。

师资队伍的培养。

3. 教师队伍建设的实施措施

学校教师队伍建设的目标一旦确定，就应当要求有实现规划目标的具体措施。

要把好选录教师的"进入"关，做好教师的补充工作。

要加强做好中青年教师的培养工作，分别提出培养的方案、措施。

要加强学术梯队建设。

要健全考核制度，做好考核工作。

要做好教师队伍的调整工作。

要提高管理水平。

（三）体育教师的培训

体育教师培训是指为提高体育教师的质量而实施的一种专门教育。体育教师培训的形式主要有短期培训班、教材教法合格证书培训班、专业合格证书培训班、学历证书班（包括中师班、大学专科班、大学本科班）、助教进修班、研究生班以及岗位培训等。培训方式主要有脱产、半脱产、函授、电大、夜大学以及自学等。

培训在职体育教师的机构及形式包括：

1. 体育学院、高师体育院系

利用其优越条件，通过全日制成人、函授、夜大学等，举办专科班、本科班以及中师班、短训班，这是培训中小学和职业中学体育教师的主要途径。在有条件的重点高等学校，还通过举办助教进修班和接受国内访问学者、培训层次更高的体育教师。

2. 教师进修学校及部分中等师范学校

通过举办短训班、各种证书班、单科培训班，以及中师班、专科班、本科班，承担培训中小学和职业中学体育教师的主要任务。

3. 广播电视教育机构

4. 自学考试机构

中央和各省、自治区、直辖市的自学考试指导委员会开设高等和中等师范自学考试工作。

5. 单位体育机构

体育系、部及教研室要安排各种培训活动，包括集体备课、观摩教学、经验交流会、教学研究课等。还要有计划地组织体育教师进行科学调查、教学法研究，体育学术探讨，定期或不定期举行学术报告会。

五、学生体质与健康管理

增强学生体质与健康（Exercise and health）是学校体育的重要任务。学生是国家的未来，他们的体质及健康状况，直接影响到学校培养人才的质量。根据 2000 年全国国民体质健康状况调查和 2003 年教育部公布的青少年体质监测结果显示，目前我国青少年的体质状况不容乐观，多项指标呈下降趋势，这一现象引起了全社会的普遍关注，学校体育部门更是责无旁贷。因此，必须加强学生体质与健康管理。

学生体质与健康管理的基本要求是：

（一）建立健全组织机构

健全体质、健康检测的组织机构，学校应由校长领导，由体育教研室会同学校卫生部门、在班主任的协助下，定期对学生进行体质与健康检查，并将其纳入体育工作计划。一般从新生入学到毕业，每年都应该进行全面检查，其内容包括身体形态发育水平，生理机能和身体素质与运动能力水平。

（二）建立各项管理制度

《学校卫生工作条例》规定："学校应当建立学生健康管理制度。根据条件定期对学生进行体格检查、建立学生体质健康卡片，纳入学生档案。"此外，还要建立体弱、伤残学生体育活动制度，开设体弱、伤残体育与保健康复体育（医疗体育）课，加强监测，切实增强他们的体质和健康。

（三）加强对学生健康教育

不断对学生进行体质与健康方面的宣传教育，如清洁卫生和生活习惯教育、疾病意外伤害的预防教育、营养与膳食卫生教育、公共卫生与环境教育、心理卫生教育、性教育、青春期教育和艾滋病教育等。可通过开设健康教育课程进行宣传教育。另外，加强学生课外活动的指导与训练，通过游戏、讨论、表演、示范、参观和实验等多种方法可使健康教育丰富多彩，为学生所喜爱。

（四）建立学生健康档案

对学生体质与健康的档案应分班、分人进行整理，编写登记，然后汇入总登记册。要分年级、教学班定位陈列，以利于随时查阅。

（五）开展检查评估

要对学生体质与健康进行经常性检查与评估，并对全体学生的体质与健康状况进行深入的分析研究，并据此开展宣传教育，采取各种针对性的措施，改善学生的卫生习惯和卫生条件，增进学生健康。

六、学校体育经费管理

（一）学校体育经费管理的目标及任务

学校体育经费（Finance）的管理是指对学校体育经费进行合理地计划、使用与监督检查等工作。管理的目的是加强经济核算，讲究经济效益，提高管理水平，为学校体育发展提供经济保障。学校体育经费管理的主要任务是：编制并负责执行学校体育各项工作经费计划和预算，切实管理好各项体育资金；拟定学校各项体育工作经费使用管理制度及实施细则；监督检查学校各项体育工作经费使用的情况与计划执行情况，分析考核各种体育经费的使用效果，使有限的体育经费发挥出最大的效益。

（二）学校体育经费的收入来源

学校体育经费的收入来源主要有事业拨款、学校筹措、社会集资和自行创收等。事业拨款是从教育行政部门按学生人数下拨的教育事业经费中用于体育的部分，它包括用于维持正常学校体育工作开展的体育维持费和用于购置大型体育设备所用的体育设备费，以及学校体育场馆建设专项经费等；学校筹措是学校内部从创收、校办产业等方面划拨给体育教师的奖励及福利经费，一般用于体育教师的课时酬金补贴；社会集资是学校或体育教学部（室）因举办重大比赛、参加重大比赛和体育场馆建设等向社会各界募集得到的赞助费；自行创收则是由体育教学部（室）通过合法的手段向师生和社会人员提供有偿服务而获得的收入。

（三）学校体育经费的支出

学校体育经费的支出一般包括维持正常体育教学、课外群体活动、运动队训练竞赛、场馆器材维护、图书资料添置的体育维持费；购置大型体育器材设备的体育设备购置费；建设体育场馆的专项建设费；用于体育教师和行政后勤人员的奖励、福利经费和后勤经费；用于体育管理机构的日常办公经费等。

（四）学校体育经费的预算

学校体育经费的预算，一般是按年度对体育教育的各项经费进行收支预算。学校体育经费预算的依据是：国家和学校的有关财政法规制度；当年度学校经费预算的指导思想；学校对经费预算的内容要求；上年度收支指标完成情况分析和决算财务分析；本年度开展学校体育工作所需要的经费预测或者与上年度相比主要增减项目；本年度学校体育自我创收经费估计；熟悉预算科目和预算表格。

体育教学部（室）在体育经费的使用和管理中，应当严格执行国家和学校制定的财务制度与经费使用办法，应本着勤俭节约的原则依据财务管理的规定和权限，履行相应的报批手续。

七、学校体育场地设施与器材管理

体育场地设施与器材管理（Sport stadium，facility and equipment management）是加强学校体育物质条件保证的重要环节。在其管理过程中，只有做到按计划购建、合理保管、及时供应、充分利用、科学保养、修旧利废、余缺调剂，才能有效地发挥体育场地器材的最大效用。国家在《学校体育工作条例》中明文规定："学校的上级部门和学校应当按照国家或者地方制定的各类学校体育场地器材、设备标准，有计划地逐步配齐。体育器材应纳入教学仪器供应计划。新建、改建学校必须按照有关场地、器材的规定进行规划、设计和建设。"

（一）学校体育场地设施管理

1. 制定管理制度与使用计划

管理制度包括学校场地使用规定、场地管理人员岗位责任制、场地目标管理条例等。使用计划主要指场地修建维修计划、教学、训练、锻炼、竞赛使用计划、经费预算等。体育场地必须由专人管理，可根据各学校场地的大小，按情况决定管理员数量。

2. 定期对场地进行保养和维护

首先，要保证场地的安全性，例如足球场的坑洼不平的地方要进行修复。跑道上的石块要清理干净，保证跑道的平整。单杠等一些健身器材要定期检查，拧紧螺丝。游泳池要订立专门的安全守则。做到悉心检修体育场地设施，保证场地的标准化使用，并做好防火、防盗等安全保卫工作；其次，还要延长场地设施的使用寿命。例如，篮球架，单双杠等设施油漆剥落要及时补修。田径场跑道要定期进行平整。足球场的草坪要定时剪修、浇水。场地的一些边界线条很容易磨损，要定期进行修补。木板场地要定期进行保养等。

3. 协调场地的使用，做到合理、高效

在保证开展学校体育各项活动正常使用体育场地设施的前提下，可向社会开放体育场地，扩大学校与社会的联系交往，提高场地使用率并适当提高其经济效益。但必须加强管理，统一安排。

4. 合理布置，优化场地布局，注意体育场馆的清洁卫生与环境美化

学校体育场地设施的优化配备，以及良好的环境条件，是促使学校体育管理目标顺利实现的重要因素之一。

（二）体育器材管理

1. 体育器材的登记与保管

学校体育器材应设专人进行管理，应对所有体育器材的种类、名称、性能、用途、数量、单价、金额和存放地点等登记编号，分类编制目录、设置账卡、详细记载。对购入、自制、领用、借用、变价、调拨、报废、报损、盘亏等严格进出手续，保持账目与物品、卡片相符。管理部门应设置"固定资产明细账"、"材料明细账"和"低值易耗明细账"三本账簿，对体育器材实行统一、严格、有序的管理。

2. 体育器材的使用

要建立体育器材设施使用的规章制度，并设专门机构及人员负责严格执行和遵守规章制度。对体育器材的领用和借用，要认真履行借领手续。归还时，管理人员应和借领人员一起检验物品的数量与质量，如有损坏，要严格按规定赔偿或修好后方可归还；体育器材使用过程中，要经常检查清理，除进行数量的清点外，还要检查器材使用、维修情况，检查有无长期闲置或损坏的器材，对闲置或积压的器材设施可变价处理；对使用不当或保养不当而导致损坏的器材可先行修理，对已损坏且不能修复的器材及时报废或报损，以防止使用中发生事故。另外，在使用中还应切实加强领导，对学生和教师进行爱护器材的教育，推行责任制，贯彻"谁用、谁管、谁负责"的原则，实行交接与奖惩制度，以提高体育器材的使用管理水平。

3. 定期对器材进行保养

定期保养体育器材可以大大延长器材的寿命，还能保证器材的使用质量。不同器材的维修周期不同，一些比较耐用的器材，维修周期可以长些，可以以月、季、学期为标准，一些损耗较大的器材维修周期要短些，以天、星期为标准，另外一些损耗特别严重的如乒乓球、羽毛球则要以一节课为标准。另外，为了防止和学生自带的器材发生混淆，可在学校的器材上留下标记，以便区分。那么在对器材进行保养的同时也要检查，标记是否脱落或模糊不清，如果是，就要进行添加。

4. 定期补充器材

由于器材有必然的损耗，一种是使用过程中的正常损耗所导致；另一种则是由于个别学生的恶意破坏导致。这就要求教师对学生要严格要求，给予正确的指导来尽量避免。另外，在器材补充当中，被淘汰的器材要集中存放。补充器材要根据需要，不要造成浪费。发现有属于质量问题的器材，要马上找供应商进行解决。补充器材的周期因不同学校不同情况而定，主要是按需补充。

八、学校体育科研与信息管理

（一）学校体育科研管理

学校体育科研管理（Physical education scientific research management）的目的在于有效地组织开展学校体育科研活动，提高科研管理水平，调动广大体育教师体育科研的积极性，提高科研效率，获得更多更好的科研成果，促进学校体育事业的发展。

1. 学校体育科研管理的基本内容

（1）制定体育科学技术政策。

（2）选择制订体育科研计划。

（3）科学地组织学校体育科研队伍，并按科研工作需要和个人能力组织科研人员。

（4）建设相应的研究室、实验室、课题组。

（5）为学校体育科研工作提供必要的物资条件。

（6）提供体育科研工作所需的图书与情报资料。

（7）加强研究人员的培训工作。

（8）组织成果鉴定、推广和评奖等。

2. 学校体育科研计划

开展体育科研是提高体育教学质量的必要条件，也是提高教师理论水平的有效途径，还是深化体育教学改革的重要措施。因此，通过体育科研管理，不仅获得体育科研的成果，还能促进教育教学质量的提高。体育科研管理的重要内容是制订体育科研计划，在制订体育科研计划时，需要注意以下几点：

（1）要深入调查研究。全面了解教师的理论水平、科研能力和有关科研条件，对不同职称的教师在研究课题方面提出不同要求。

（2）要坚持体育科研为体育教学改革服务。联系当前教学中存在的问题进行研究，如培养学生体育能力问题，优化课堂教学结构问题，改革教法与学法问题等。

（3）要正确处理科研与教学的关系。以教学推动科研，以科研促进教学，使科研与教学相结合。

（4）举办体育学术报告会。应定期举行体育科研成果交流活动，对教师的体育科研成果给予奖励。

（5）建立教师体育科研档案。保存好教师的科研成果资料，作为教师晋升职称的依据。

3. 学校体育科研组织

完成学校体育科研工作，必须依赖于一定的组织及设立相应的管理制度。

（1）设立学校体育科研机构。学校体育科研机构的设立随科研项目、课题的来源不同而不同。一般应由科研项目、课题批准部门作为最高管理部门，学校科技处（社科处）和体育教学部（室）均应根据学校有关科研管理政策加以管理，项目、课题负责人为具体管理者。

（2）明确学校体育科研职责。学校体育科研职责权限，同样因项目、课题的来源不同而不同。但主要职责应由项目、课题负责人承担，并对研究成员进行具体分工。但是任何体育科研课题都需要划分为课题前期管理、中期管理和后期管理三个阶段。各阶段的管理要求也有所区别，前期管理要准，中期管理要紧，后期管理要狠。

（3）建立学校体育科研管理制度。制定学校体育科研工作管理规定，一方面是为了保证项目、课题任务的顺利完成，另一方面也是鼓励和约束广大体育教师自觉主动地参加体育科研工作的需要。除了按照国家、地方科研管理部门颁布实施的有关科技法规，制定本单位的相应规定之外，还可以结合学校人事分配制度改革(岗位津贴)，制定体育教师岗位职责和体育科研工作任务，明确科研奖惩管理规定。

(二)学校体育信息管理

学校体育信息管理(Physical education information management)是指对学校体育各种信息的收集、加工、利用和储存的一系列活动过程。学校体育信息的主要表现形式是反映学校体育发展状况与趋势的情报、资料。如体育教学档案，学生体质测定、业余运动训练的各种资料、数据，学校各种体育活动和竞赛活动的情况记载、成绩记录，体育教师科研情况及科研成果，有关学校体育发展状况的各种统计资料、报表，以及各种体育报刊等。学校体育信息管理应加强对各种信息的收集、汇总、加工、处理、分析、储存与传递，使之形成相互协调、密切结合的运转机制。还应创造条件，逐步推广运用电子计算机，建立一个"灵敏、准确、及时、适用"的学校体育信息管理系统。

在学校体育信息管理中要做好体育管理的统计工作，如体育统计报表是按照国家或上级统一规定的表格形式、内容、上报时间和报送程序，定期向国家或上级报告计划执行情况和重要体育工作情况的一种报告制度。它是获取体育信息的重要来源和渠道。体育管理的统计工作，主要是收集并记录、整理和分析有关体育事业的各种数据统计资料，为各级体育领导决策研究提供可靠依据，对国家体育事业的发展状况做出客观的反映，对各项体育政策、计划、措施的执行情况进行检查和监督。体育统计与报表要及时、准确、系统、齐备。它要求建立严格的规范，包括报表的格式和指标体系，建立和完善统计组织体系。学校体育的统计与报表按照原国家教委发布的《教育统计工作暂行规定》实施。体育局系统所实施的统计与报表制度，也包括学校体育工作的某些指标与数值，如《国家体育锻炼标准》达标率，经常参加体育活动的学生人数，体育传统项目学校布局情况和学校参加业余训练的运动队数与运动员数等。

第三节　学校体育管理的基本方式

学校体育管理的基本方式包括学校体育管理的过程与方法。学校体育管理的基本过程包括学校体育管理的计划、组织实施、检查评估等方面。学校体育管理的基本方法包括行政管理法、政策法规管理法、目标管理法、宣传教育方法等。

一、学校体育管理的基本过程

学校体育管理涉及面广，需要周密的组织和各方面的配合。学校体育管理过程实际上是一个"制订计划——组织实施——再制订计划——再实施……"的连续过程。计划是管理的起点和终点，组织实施是为了计划的有效实施，必须各部门协同配合。这一过程中必须实施有效的监控手段，即检查和评估，在此基础上进行再制订新的计划，以此形成循环往复的过程。

（一）学校体育管理的计划

制订切实可行的学校体育管理计划，有利于全面考虑和科学地安排学校体育管理的各项工作，有利于调动师生的积极性，不断提高教学质量，有利于检查工作，总结经验，有目的有步骤地完成学校体育管理的目标。

1. 体育教学工作计划

体育教学工作计划是贯彻国家制定的体育教学大纲和教材、科学地安排整个教学工作、顺利完成教学工作目标不可缺少的文件，是体育教师进行体育教学的主要依据。它包括全年教学工作计划、单元教学计划和课时计划等。

2. 学年体育工作计划

学年体育工作计划是在长期规划的基础上，概括国家的教育和体育方针、上级领导机关的指示精神、学校工作的中心任务及要求，总结上学年或上学期体育工作的基础上，结合学校体育工作的实际情况制订的。

3. 课外体育工作计划

课外体育工作计划是学校体育工作计划的一个重要组成部分。应包括全校课外体育工作计划、班级体育锻炼计划和个人锻炼计划等。

4. 业余运动训练计划

学校业余运动训练是学校体育的一项重要任务，积极开展业余训练可以增强学生体质，提高运动技术水平。它可以分为个人训练计划、集体训练计划、多年训练计划、学年训练计划、阶段训练计划、周训练计划、课时训练计划等。

5. 运动竞赛计划

运动竞赛计划是检查教学质量、衡量运动训练水平、选拔优秀体育人才的重要手段。它包括年度竞赛计划、学期竞赛计划。制订运动竞赛计划时应考虑和上级竞赛计划相吻合，在时间安排上要利用节假日，项目安排上除考虑竞技体育项目外，还要考虑到学生喜闻乐见的项目。

6. 教师培训计划

在制订教师培训计划时，要考虑到每个教师的业务水平及学校体育的发展水平、年龄层次，要结合教学的实际情况，在不影响教学的情况下轮流培训。

7. 场馆、器材计划

制定场馆建设、维护，器材购买、维修计划，应考虑到学校体育的发展情况，同时要考虑到实际情况，合理地配置有限的财力、物力资源。

(二)学校体育管理的组织实施

管理的组织职能贯穿体育教育的全过程。没有科学严密的组织工作，就无法实现学校体育预定的目标任务。学校体育管理的组织过程，就是围绕学校体育目标对人、财、物、时间、信息等因素的配置和调整。根据管理组织职能所包括的内容，首先要按照学校类型、规模大小，建立学校体育组织管理机构；其次要对每一层次人员进行职权分工，确定职责范围，明确各层次或横向间的协调关系；第三，优化配置各层次管理人员，做到人尽其才；第四，建立各层次体育教学管理规定，做到有规可循，有章可依。

学校体育管理目标能否实现，学校体育计划能否执行，关键是对学校体育管理过程进行有效的控制。现实学校体育管理过程中原有的计划往往与现实情况发生矛盾。如果这些矛盾和问题不能及时发现和信息反馈，就无法发现偏差找出原因，采取措施消除问题，从而影响学校体育目标的实现。

(三)学校体育管理的检查与评估

学校体育管理的检查与评估(Inspection assessment)，是全面贯彻党的教育方针，实现学校体育目标的重要措施。

1. 学校体育管理检查与评估的主要内容

根据学校体育工作所涉及的范围，对学校体育管理的检查与评估可分为对学校体育管理的总体检查评估和对学校体育某项工作管理的检查评估两种类型。《学校体育工作条例》与各级学校学生《体育合格标准》及其《实施办法》等，是对学校体育管理工作进行检查评估的重要依据。

搞好学校体育管理的检查与评估，应根据学校体育的目标，按照检查评估的科学要求，选择确定相应的评估项目(指标体系)、标准与权重及评价方法，形成科学的评估方案。通过系统的信息收集和定性、定量的分析，对学校各项体育管理工作作出评价。

2. 学校体育管理检查评估的基本程序

学校体育管理工作检查评估的实施程序一般可分为准备、自评与验收三个阶段。

（1）准备阶段。主要包括组织准备与方案准备两个方面：前者须成立专门的检查与评估工作组和办事机构，并聘请有关专家和人员组成评估组；后者是整个检查评估过程中技术性最强的工作。评估方案通常由评估对象、内容、方法、指标体系、评价等级、步骤（措施）及有关说明（细则）等几部分组成，并将这些内容设计成评估表格与相应文件。

（2）自评阶段。自评阶段的工作内容主要包括宣传动员、收集资料、客观评定、汇总整理四个方面。被评学校应自建一支有代表性、有权威性的评估队伍，根据指标条目收集相关数据、资料和信息并进行查对核实；然后将各类数据认真填入报表，据实向组织评估的主管部门上报。

（3）验收阶段。即由评估主管部门组织评估专家组对被评学校进行检查与评估。检查与评估组的成员一般由主管部门聘请有关行政领导和专家组成。检查评估时，可以采取调阅文件、检查材料、抽样调查、实地考察和座谈访问等多种方式了解情况，按照评估方案，从总体上对被评学校的体育管理工作作出客观评定，并由评估组填写评估表，交主管部门。评定结果应及时向被评学校反馈。被评学校要积极配合检查评估组的工作，认真听取反馈意见，不断改进和提高学校体育管理工作。

二、学校体育管理的基本方法

（一）行政方法

学校体育管理的行政方法是指运用行政组织的职能与手段，对各级学校体育实施管理的一种方法。由于行政方法具有权威性、指令性、针对性的特点，能有效地发挥组织、指挥、控制、调节的作用，所以它是一种常用的管理方法。

正确运用行政管理法，主要应注意两点：一是下达任务与检查落实紧密结合；二是教育、体育部门应相互尊重、相互协作，共同搞好学校体育。

（二）政策法规方法

学校体育管理的政策法规方法是指运用国家各种有关学校体育的法令、条例、决议、规章制度等来管理学校体育的方法。由于法规具有普遍性、规范性和强制性等特点，故在其适用范围内具有普遍的约束力。它有利于维护学校体育管理秩序，确保体育工作在学校的应有地位与作用，以促进学校体育事业的发展。

我国宪法明确规定："国家培养青年、少年、儿童在品德、智力、体质等方面全面发展。"这就使关系到我国广大青少年儿童身心健康的学校体育受到了国家根本大法的保护，并具有应有的法律地位。目前，我国在学校体育中实施的法规有《体育法》、《学校体育工作条例》、《学生体质健康标准》、《全民健身计划纲要》等。国家教育部颁发的中小学《全日制义务教育体育（1～6年级）、体育与健康（7～9年级）课程标准》、《全国普通高等学校体育课程教学指导纲要》等规范性文件，国家体育总局颁发的《运动员技术等级制度》、《裁判员技术等级制度》、《体育运动竞赛制度》等，对学校体育同样具有法规效力。

在学校体育管理中，要正确运用法规，充分发挥其作用，就必须加强学校体育立法，建立健全各种学校体育法规，充分发挥其作用，做到"有法可依，有法必依，执法必严，违法必究"。

（三）目标管理方法

学校体育管理的目标管理方法是指依据学校体育工作有关规划及计划，科学确定出一定阶段的工作目标，并通过实施、检查达到目标的一种方法。在体育教学、课余运动训练、学生课外体育锻炼等方面，应经常运用目标管理法，以促进学校体育的整体发展，如落实《体育（与健康）课程标准》的情况、课余运动训练目标的完成情况、学生体质健康状况与应达到的目标等。

运用目标管理方法时应注意：一是确定的目标要恰当，应从学校、学生的实际情况出发，不能急功近利，而且目标不宜过高或过低；二是要对目标的落实情况进行检查和评估，以便督促落实。

（四）宣传教育方法

学校体育管理的宣传教育方法是运用宣传教育的手段和形式，对学校体育进行管理的方法。由于宣传教育方法具有先行性、滞后性、疏导性、多样性、灵活性和表率性等特点，能使管理者和被管理者知其然，也知其所以然，启发自觉性和积极性，使管理制度和办法得以顺利地贯彻和推行，并使管理具有教育性意义。

教育方法的手段和形式有：举行各种会议，如行政办公会、校会、班会、专题报告会等。利用广播、录像、放映体育科教片、板报、墙报等。举办竞赛活动，体育周（节）、体育月、体育表演等。宣传教育方法的方式主要有两种：一是对管理者和教育者的宣传教育，以统一思想，调动积极性，发挥他们的表率作用；二是对受教育者的宣传教育，使他们领会和认识管理者的意图，明白并意识到自己的责任，从而自觉地服从管理并参与管理。

（五）奖惩方法

学校体育管理的奖惩法是表彰、奖励先进，批评或惩戒后进的激励方法。因而也可以称作激励法。是学校体育管理中常用的行之有效的方法，也符合体育是一种竞争性活动的特点。

表彰、奖励是对集体和个人的体育工作和成绩进行肯定、褒扬的方法，能起到激励、示范和推动学校体育工作的积极效果。《学校体育工作条例》第二十六条规定，"对在学校体育工作中成绩显著的单位和个人，各级教育、体育行政部门或学校应当给予表彰、奖励。"表彰和奖励应本着实事求是的原则，给予全面的考虑，不仅对运动成绩优秀的运动员应给予表彰和奖励，而且对关心学生身心健康发展、增强学生体质方面确有成绩的集体和个人，也应给予表彰与奖励。我国由各级评选群众体育先进学校、优秀体育传统项目学校、优秀体育教师等活动，对提高学校体育和体育教师的社会地位，推动学校体育工作的发展，起到了重要的作用。在学校内部评选体育先进集体（系、班级）、先进个人、体育积极分子，也起到了积极的推动作用。

表彰和奖励可分为精神奖励和物质奖励两类。物质奖励的奖品或奖金应适当，并有教育意义。批评和惩戒，是对学校体育工作后进的集体或个人进行批评教育、惩罚处理的方法，能起到教育、告诫、鞭策的作用。《学校体育工作条例》第二十七条、第二十八条，对违反条例的单位和个人，根据情节的轻重作出了具体的处理规定。实施本方法时，要求批评应实事求是，以理服人，惩戒应依据罚则实事求是，适度掌握，惩前毖后。运用此方法时要注意：表彰和奖励要客观、恰当，表彰和奖励相结合，奖励与惩罚相结合。

复习思考题

[1]什么是学校体育管理？
[2]学校体育管理的目标任务是什么？
[3]我国学校体育管理的体制是什么？
[4]学校体育管理包括哪些内容？
[5]学校体育管理的基本过程是什么？
[6]学校体育管理的方法是什么？

第六章 社会体育管理

【内容提要】

社会体育管理旨在通过一定方式整合资源，满足人们娱乐、消遣等多种需要，促进社会成员体质和健康水平的提高。社会体育管理具有管理目标多样性、管理边界模糊性、管理系统复杂性、管理主体多元化等特点。社会体育管理要求以指导性计划、宣传教育、依法管理、扶助支持作为主要手段。当前，我国社会体育体制正向政府与社会结合型的体制过渡。

【学习目标】

● 掌握社会体育管理的概念
● 把握社会体育管理的目标
● 了解社会体育管理的特点
● 掌握社会体育管理的体制
● 明确社区、职工和农村体育管理的基本内容与方式

第一节 社会体育管理概论

社会体育是指在社会成员余暇时间中广泛开展的，以身体运动作为主要手段，以增进健康、满足娱乐消遣为主要目的的体育活动。社会体育管理是指社会体育组织中的管理者通过一定方式整合资源，以实现社会体育目标的活动。社会体育管理体制是指社会体育管理的机构设置、权限划分、管理制度等方面的体系和制度的总称，它是实现社会体育总目标的组织保证。

一、社会体育管理的概念

社会体育（Mass sport）是指在社会成员余暇时间中广泛开展的，以身体运动作为主要手段，以增进健康、满足娱乐消遣为主要目的的体育活动。社会体育即狭义的群众体育。随着经济和社会发展的全面进步，我国城乡居民的生活方式正在发生着深刻而急剧的变革，生活方式的转变为社会体育的发展创造了

良好的社会环境，同时产生的新的社会健康问题，对社会体育提出了新的要求。在这种环境下，如何促进社会体育的健康、快速、协调发展就成为一项国家必须要进行管理的社会公益事业。现在许多国家在政府机构中设置了社会体育管理部门，以政府的力量推动和促进社会体育的发展。《中华人民共和国宪法》第21条明确规定："国家发展体育事业，开展群众性体育活动，增强人民体质。"《中华人民共和国体育法》也指出："国家发展体育事业，开展群众性的体育活动，提高全民族身体素质。"这说明我国政府高度重视社会体育的开展，社会体育在我国整个体育事业和社会生活中已占有重要的地位。在我国，对社会体育管理不仅是政府的责任，也是各级各类机关、企业、事业单位的责任。不仅是各级工会、共青团、妇联等人民团体的责任，也是各级各类体育社会团体的责任。

所谓社会体育管理是指社会体育组织中的管理者通过一定方式整合资源，以实现社会体育目标的活动。把握这一概念需要注意以下几点：

1）社会体育管理的"载体"是"组织"，组织是完成管理活动的有力工具，是管理活动的实体。管理总是存在于一定的组织之中。我国社会体育管理的组织不仅包括各种政府行政部门的专门、非专门组织，还包括各种非政府部门的社会体育管理组织。

2）社会体育组织中的管理者是指在社会体育活动中起支配作用的个体或集体。

3）任何社会活动目标均须通过一定的方式来实现。社会体育管理中的方式不仅包括计划、组织、控制等属于管理职能的内容，还包括各种行政的、经济的、法律的及宣传的方法手段。

4）社会体育资源的整合过程主要是对资源的培育、开发、配置、利用等方面进行的调节和控制活动。

5）资源是管理的对象，是管理实践得以运行的基础。社会体育发展所需要的资源包括人、财、物、时间、信息等类型。

6）目标是管理活动的出发点和最终归宿。管理活动的目标是分层次的，制定不同层次的管理目标是为了实现组织的最终目标服务。

我国社会体育存续的目的在于通过增强人的健康水平，减少疾病发生率，提高工作效率，以及通过刺激人们的体育消费、安置就业人口、增加经济效益等方式促进社会经济的发展。因此，各种社会体育组织的既定目标应该是提高社会成员的体质和健康水平，满足人们的娱乐、消遣等需要。社会体育管理的目标则是促使社会体育组织更好地实现其既定目标。为实现这一管理目标还需要一系列的管理工作子目标，如发展体育人口、开展国民体质监测、进行社会体育宣传、培训社会体育干部、筹措社会体育经费等。

二、社会体育管理的特点

1. 管理目标多样性

由于社会体育工作的复杂性、层次性、多样性等特征，在客观上决定了对社会体育管理的目标也是多样的。一般而言，社会体育工作内容包括提高国民体质及健康水平，发展体育人口和经常参加体育活动的人数，筹措社会体育经费，创建社会体育活动的场地设施，培训社会体育干部、社会体育指导员以及骨干力量，组建社会体育组织，开展各种类型的社会体育活动等方面。因此，各级各类社会体育组织的管理的目标也应遵从以上社会体育工作内容进行确定。

2. 管理边界模糊性

首先，从社会组织划分角度讲，社会体育的参与主体从属于不同的社会组织。因此，社会体育工作的开展需要不同组织中的社会成员广泛发生互动；其次，从社会体育活动的组织管理角度而言，社会体育部门需要与其他社会组织进行广泛的联系与沟通。因此，社会体育在实践中经常与社会的文化、教育、娱乐、旅游等组织形成互渗互动。社会体育管理与社会其他组织这种广泛的结合点，使它表现出巨大的包容性和适应性，往往与社会其他系统的有关管理交叉在一起，难以划清它的组织边界。这种管理特点为更紧密地依托社会发展社会体育创造了非常有利的条件，但由于社会体育管理系统的独立性不明显，也易于在具体的组织管理工作中，与其他系统产生矛盾和冲突，进而加大了管理的难度，尤其是对协调职能的要求。

3. 管理系统复杂性

由于社会体育是一项涉及全社会的事业，在社会体育管理系统中，既有专门、正式的政府体育部门，也有形形色色、非正式的社会体育组织；既有各行业单位的体育机构，也有分散在社会各界的社会体育指导员。同时，参与者的分布地域、职业性质、社会地位、活动目的等差异较大，进一步增大了社会体育管理的复杂性。要求社会体育在管理机制上，既要与外部环境保持高度的耦合，又要保持自身相对的独立性和稳定性。此外，社会体育所处资源系统也极其错综复杂。社会体育这种复杂性，对管理水平和管理艺术提出了很高要求。

4. 管理主体多元化

随着我国体育改革的深化与发展，社会体育投资的多元化、社会办体育的自主化和体育行政职能的规范化，正在打破我国长期以来政府集投资者、主办者与管理者于一身的旧格局。这是由于，社会体育的对象广泛、内容多样，其管理资源大多来源社会，受到多种社会因素的影响。因此，社会体育管理必须从实际出发，采取灵活的组织形式，以多元化管理为主。各级政府体育部门应发挥宏观调控职能，积极引导各级社会体育组织管理社会体育的积极性，不断提高社会体育工作绩效。

三、社会体育管理的原则与方法

（一）社会体育管理的原则

1. 指导性原则

社会体育涉及面很大，不同地区、行业和单位，其地理环境、经济物质条件、科学文化水平等都不一样。社会体育参加者对体育的需求程度、价值取向等，因年龄、职业、受教育程度和性别的不同亦有很大差别。加之人们余暇时间的长短、多少不一，余暇生活的方式迥异……因此社会体育的计划、社会体育活动的内容、方式等都不宜强求一致，不宜用简单的行政命令下达计划指标及要求，而应以指导性计划为主。

2. 宣传教育原则

人们进行社会体育活动主要是利用业余时间，其活动动机也主要是满足自我需求，因此，必须通过有效的宣传教育，帮助人们树立正确的体育价值观，加深对体育的认识和理解，启发他们的锻炼自觉性，才能产生参加体育活动的内在需要和主动行为，身心愉快地参加社会体育活动。

3. 依法管理原则

社会体育活动参加者职业各异、需求不同、年龄跨度极大，对这样一个复杂的锻炼人群进行有效的组织管理，仅靠一些组织机构的行政措施，缺乏管理权威性和普遍约束力。规范、协调、指导社会全体成员参与体育活动的行为和相互关系，必须依靠法律手段。一方面，要建立健全整个社会体育工作的有关法规，保障社会体育健康、快速地发展；另一方面，在社会体育组织内部也要建章立制，以维护组织活动的良好秩序和组织成员的合法权益。

4. 扶助支持原则

社会体育是一项利国利民的公益事业，各级政府及社会各界一方面要通过法规、政策、制度等来规范和引导它的发展；同时还要在人力、物力、财力等方面对社会体育给予积极的扶持，为社会成员参加体育锻炼，从事健身活动提供物质、资金、场地等多方面的支持，确保人民真正享有参加体育活动的权利，这也是大众体育发达国家的共同经验。

（二）社会体育管理的方法

社会体育管理的常用方法主要包括行政方法、经济方法、法律方法、宣传方法等基本方法和其他方法。

1. 行政方法

行政方法是指按照一定的职权范围，下达指令直接指挥管理对象的方法。在实行行政方法时，下达指令的方式包括命令、指令、条例、规定、通知和指令性计划等。行政方法实行强制，但不等于个人专制，强迫命令。应用行政方法时，应注意指令的目标性、科学性和权威性。目标性是指行政指令一定要符合管理目标。在社会体育工作中，由于管理目标具有多样性，因此在应用行政方法时，一定要慎重，不要使指令违背管理目标；科学性是指行政指令要实事求是，要经过科学的调查研究；行政管理中，应注意管理者是否具有权威性。因为行政指令被接受和执行的程度取决于管理组织和管理者的权威。权威越高，指令被接受和执行的效率越高，反之效率越低。

2. 经济方法

经济方法是指使用经济的手段，利用经济利益的后果影响和控制被管理者的方法。采用经济的方法进行管理时，常用的形式有拨款、投资、赞助、奖金、罚款等经济手段和经济责任制、承包制、招标制等经济制度。采用经济的手段进行管理，要特别注意不能脱离主要的管理目标，还应注意不要忽略社会效益。实际上，也只有当满足了人们的体育需求时，社会体育活动才有经济效益可言。

3. 法律方法

法律方法是指利用各种法规、法令有效地规范和调整社会体育活动中各种关系的方法。由于群众体育是由不同地区、不同行业、不同系统的人们组成的复杂系统，社会体育活动中存在的许多矛盾，形成了非常复杂的社会关系。因此有必要建立在整个国家范围内强制人们遵守的社会行为规范，这就是国家的法律和法规。法律、法规等是由国家通过立法确立的，它带有强制性、规范性和普遍性，各级社会体育工作者要学会运用国家的法律、法规、制度、条例来开展工作。

4. 宣传方法

宣传方法是进行社会体育管理的一个重要方法。由于社会体育大多以人们自愿参加为主，因而通过有效的宣传，可以便于人们加强对体育的理解，从而自觉自愿地投身到体育活动中去。宣传可以采用各种不同的形式。除了大量的口头宣传，还有广播、墙报、通讯等。在有条件时，应该争取向报刊、电台投稿；在举行大型活动时，还可以争取电视台转播。越是运用广泛宣传工具，就越有较好的宣传效果。要充分发挥宣传方法在基层社会体育管理中的作用。

5. 其他方法

表彰与评比。树立典型，鼓励先进，激励后进，找出差距，不断提高。这种利用人的向上心理和竞争机制的手段，能够有效地促进工作。通过典型经验，推动全局工作。

检查与评价。督促、检查完成计划的情况，对保证任务的落实有重要作用。不能什么工作只有布置没有检查，否则任务就容易落空。评价也是这样，但评价有时要制定一些标准，使各基层有所遵循，也便于贯彻落实。

分类指导。区别不同单位、不同人的情况，因人、因地、因时制宜，提出不同的要求，并在工作中给予具体指导。

开展竞赛活动。基层开展社会体育活动，竞赛是一种好形式。它被称为推动社会体育工作开展的"杠杆"，可以起到调动、激励、宣传和号召的作用。竞赛形式可灵活多样。

四、社会体育管理的体制

社会体育管理体制（Mass sport management system）是指社会体育管理的机构设置、权限划分、管理制度等方面的体系和制度的总称，它是实现社会体育总目标的组织保证。社会体育管理体制具体地表现为负责社会体育的领导机构和组织、它们之间的隶属关系和职责范围以及由它们所制定和实施的各种有关规章制度和措施等，社会体育管理体制还表现为这些组织和机构的运行方式、管理方法和控制手段等。

我国现行社会体育管理体制是处于由政府管理型体制向政府与社会结合型管理体制改革过程中的一个过渡类型。从层次上看，它包括宏观、中观和微观三个层次，其中宏观和中观管理系统由社会体育政府管理系统和社会体育社会管理系统共同组成，它的微观管理系统由体育活动点、辅导站和俱乐部构成（图6-1）。

（一）政府管理系统

社会体育的政府管理系统是由政府专门管理系统和政府非专门管理系统组成。

政府专门管理系统是由政府体育行政管理系统中各级社会体育管理机构组成，它是社会体育管理的主系统。国家体育总局群体司是社会体育的最高职能

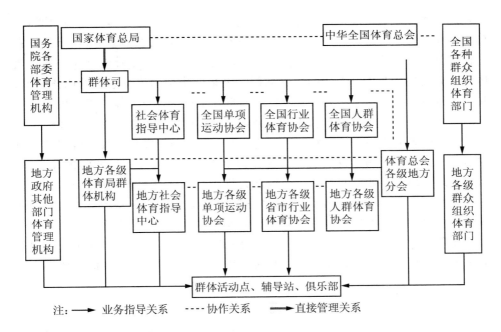

注：——→ 业务指导关系　----→ 协作关系　━━━━→ 直接管理关系

图 6-1　我国社会体育管理组织系统（中国群众体育现状调查研究，1998）

部门，它具有研究拟定社会体育工作的政策法规和发展规划；推行全民健身计划，监督国家体育锻炼标准实施，开展国民体质监测；指导和推动学校体育、农村体育、城市体育及其他社会体育的发展的职能。地方各级体育行政部门受上级体育行政部门在业务上的指导，同时受该级人民政府在人事、财务等方面的行政领导。政府专门社会体育管理系统的基层机构是县及县级市体育局（处、科），近年来，在政府机构改革中，一些县（市）体育部门已与教育或卫生部门合并，但仍设专人负责体育工作。各级体育行政机构中都设置了主管社会体育的专门机构，并配备了一定的专、兼职社会体育干部。各级社会体育行政机构组织开展了大量各种项目的群众体育活动。

在政府其他部门中，有些部门还设有体育管理部门，如卫生部、民政部等，负责本系统的体育工作。

（二）社会管理系统

社会体育的社会管理系统由体育社会组织与其他社会组织组成。

我国现有社会体育组织主要有各单项运动协会、行业体育协会和各种人群体育协会三类。单项运动协会是为促进某一项目的发展而成立的社会团体。在我国，作为中华全国体育总会的团体会员，单项运动协会具有宣传和推动本项目群众性体育运动开展，促进体育社会化，举办各种比赛和体育活动的职责。目前，我国的绝大多数单项运动协会是国家体育行政部门所属的事业单位，它们在各自项目的业务管理上兼有部分行政职能，是半官方的体育组织。各行业体育协会是各行业体育工作的主管部门，也是中华全国体育总会的团体会员，我国的行业体育协会大多属于各行业直属事业单位。各行业体育工作由其主管部门负责，是社会体育改革和体育社会化的一项重要政策性措施。行业体协不仅具有较完善的组织系统和经验丰富的体育干部队伍，而且还具有雄厚的经济实力，较好的体育场地设施条件，通过行业体协组织领导本行业的体育工作，易于管理、协调，便于开展活动。因此是推动社会体育工作不可忽略的力量。各种人群体育协会是为了满足不同人口群体开展社会体育活动的需要而成立的体育社会组织，如老年人体育协会、农民体育协会等，它们在组织不同人群体育活动中也发挥着特有的作用。某些社会组织虽然不是专门的体育组织，但它们下设体育部门如工会、共青团、妇联等都设有体育机构，负责组织职工、青年和妇女的体育活动。

（三）基层社会体育管理系统

基层社会体育组织可以分为公益性组织和经营性组织两类。公益性社会体育基层组织主要是指群众体育活动点，它是由具有共同体育兴趣或体育目的的人们自愿组织起来的松散的区域性体育组织。随着我国经济和社会的快速发展，"花钱买健康"的体育消费观念正在被越来越多的人所接受，体育消费成了新的热点，体育市场迅速扩大，各种经营性体育组织不断涌现，成为体育社会化、产业化的一种有效的实现形式，为广大人民群众参与体育活动提供了方便。

目前，我国基层社会体育的组织形式主要有以下几种：

（1）以街道办事处牵头建立的社会体育组织。主要包括街道体育协会、街道体育运动委员会、街道文体协调委员会。

（2）以大企业为"龙头"的社会体育组织。这种社会体育活动主要依靠地区内一些实力较强大的企业大力支持和各单位积极参与。

（3）"一条街"式的社会体育组织。多出现在城市的商业区，特点是参加的单位多而规模小。

（4）文化宫、文化馆、俱乐部。这三个机构都设立管理社会体育的组织并配有兼职或专职的干部，有一定的场地设施，可为开展社会体育活动提供场所。

（5）辅导站、辅导中心。这是在基层体育单位建立的体育技术辅导机构。

(6)文体站、文体中心、青年之家。

(7)锻炼小组。这是由一些志趣相投的锻炼者自发而成的组织。

(8)拳社、棋社、武馆。

目前我国社会体育管理体制正在向政府与社会结合型体制过渡，中国社会体育组织的力量虽然得到一定的加强，但政府社会体育行政部门在社会体育管理中仍发挥着重要的作用。这种状况在现阶段中国体育社会团体发育尚不完善，自身运行机制尚未形成的情况下，具有一定的合理性。但从长远来看，大力发展体育社会团体，划清政企、政民界限，充分发挥体育社会组织在开展社会体育活动中的作用，形成社会化的社会体育组织网络，是中国社会体育改革和发展的历史必然要求。

第二节　社区体育管理

社区体育是社会体育的组成部分，是指由社区开展的以满足社区成员健身、娱乐等体育需求为主要目的的体育活动。具有区域性、多样性、娱乐性、自主性、随意性特点。对丰富居民文化生活，提高生活质量，交流邻里感情，改善人际关系，促进社区繁荣发展等具有重要意义。职工体育应遵循职工活动的有关规律进行科学管理。

一、社区体育管理的概念

一般认为，社区（Community）是进行一定的社会活动、具有某种互动关系和共同文化维系力的人类群体及其活动区域。社区体育（Community sport）则是指社区开展的以满足社区成员健身、娱乐等体育需求为主要目的的体育活动。社区体育管理（Community sport management）是指通过有效方式对社区体育资源进行整合，发挥资源利用的最大价值，以实现社区体育目标的活动。

社区体育的目标主要包含两方面内容：一是增强社区居民的体质，提高居民的身体健康水平和生活质量，改善社区居民的生活方式，丰富生活及活动内容；一是通过社区体育活动产生互动，增进社区居民间的感情，提高社区的凝聚力。社区内的体育资源主要包括各级各类管理者及指导者、经费、场地设施、社区成员、社区体育组织等，社区体育管理要使有限的社区体育资源实现尽可能大的利用效益。社区体育管理要求社区体育管理组织和管理者通过对社区体育活动的计划、组织与控制等职能，使社区体育活动高效、和谐有序地运行。

二、社区体育的组织管理体系

（一）政府部门的宏观管理

社区体育管理的政府部门包括省（市、区）人民政府、体育部门、教育部门、民政部门、文化部门、城市规划部门等。各部门主要管理职责如下：

各级人民政府及其派出机构——街道办事处是社区体育的领导和管理部门。其主要职责则是：将社区体育工作纳入城市社会发展的总体规划，作为社区建设和社会主义精神文明的一项重要内容。有计划地发展社区体育，为居民参加体育健身活动创造良好的社会环境和物质条件。

国家体育总局群体司城市体育处及各省、市、区体育局群体处（科）是社区体育工作业务主管部门，其主要职责是按照国家的体育方针、政策支持和指导社区体育工作，制订社区体育的发展规划和工作计划以及各项管理制度。

民政部门的主要职责是根据城市管理中心街道办事处的管理、协调、指导、服务等职能作用，将开展社区体育作为街道办事处的一项工作职责，将社区体育作为社区建设的组成部分，统筹规划和评估，在政策上给予扶持。

城市规划部门的主要职责是按照国家对城市公共体育设施用地定额指标的规定，将居民住宅区的公共体育设施建设纳入城市总体规划和详细规划中，合理布局，统一安排。

文化部门的主要职责是在建设和发展社区文化的工作中，重视社区体育的开展。大力宣传体育健身对增强体质、丰富文化生活、提高生活质量等方面的意义和作用。

教育部门的主要职责是鼓励和支持学校体育设施对社区居民开放，发挥学校体育教师、体育设施在开展社区体育活动中的积极作用。

（二）街道社区体协的微观管理

街道社区体协（也称街道文体协会）是目前主要的社区体育组织形式，该组织形式在 20 世纪 80 年代中期出现。街道社区体协以街道辖区为区域范围，以基层政府派出机构——街道办事处为依托，由辖区各单位和下属各居（家）委会参与共同组成，采用理事会制度，机构附设在街道文教科、文化站或社区服务中心。它是一种街道辖区内的体育联合体。街道社区体协下设人群、项目体育协会、晨晚练活动站和居（家）委会体育小组等。街道社区体协的管理结构如图6-2 所示。

由图 6-2 可见，我国城市社区体育以街道社区体协为主，其他区域性体协

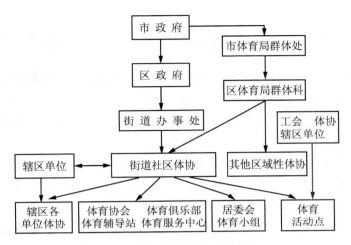

图 6-2　社区体育组织管理体系

为辅，组织结构基层化特点十分明显。街道社区体协以街道办事处为依托，以辖区单位和居（家）委会为参加单位，共同组成了街道社区体协。街道社区体协属于上位管理型组织，体育协会、体育俱乐部、晨晚练活动站、体育辅导站、体育服务中心，辖区单位体协，居委会体育小组等组织是下位活动型组织。晨晚练活动点部分由街道社区体协管理，部分由市（区）工会、体协和辖区单位管理。辖区单位体协在接受本单位直接领导的同时，还接受街道社区体协的间接领导，这是现阶段社区体育与单位职工体育密不可分的具体表现。

三、社区体育管理的基本内容

（一）社区体育组织管理

社区体育的开展需要建立一套较为完善的组织体系。在组织机构上，应建立市区人民政府有关部门、街道体育组织、居委体育组织和体育活动点四个层次的社区体育组织管理机构，由区政府牵头，以街道为主体，社区居委会为依托，体育活动站为基地，形成社区体育组织管理体系。

街道办事处应成立以街道办事处行政领导挂帅、辖区内各有关单位参加的社区体育组织。应有部门管理体育工作，配备专兼职体育干部，在区人民政府体育行政部门的指导下开展工作。要充分利用辖区内各单位人才、资源和场地等条件，组建街道办事处一级的各类体育协会、文体中心、体育指导站、健身俱乐部等，形成在街道办事处领导下的街道、居委会和单位多层面的体育组织网络，有效地开展多种多样的群众性体育健身活动，满足社区成员的广泛兴趣和爱好。

居委会应协助街道办事处做好居住区、楼群的晨、晚练指导站等体育组织的建设与管理工作。

社区内的机关、学校、企事业单位要增强社区意识，支持协助街道办事处开展社区体育工作，积极参加社区的各类体育活动。

要充分发挥社会体育指导员在开展群众性体育健身活动中的技能传授、锻炼指导和组织管理作用。还要充分发挥辖区内各单位体育干部、业余体校教练员、体育教师以及热心体育和有体育专长的离退休人员的作用，吸收他们参与社区各类体育组织的领导与管理工作以及活动的组织、技术指导等。

（二）社区体育活动管理

社区体育以经常性健身活动为主体，坚持业余、自愿、小型多样，遵循因地、因时、因人制宜和科学文明的原则。在开展各种体育健身活动中，要讲究科学，注意安全，重在参与。实行传统健身养生法与现代健身方式相结合，个人锻炼与集体活动相结合，健身娱乐与医疗保健相结合，健身活动与节假日活动相结合，广泛开展形式多样的体育活动。

要积极开展形式多样的竞赛活动，激发居民体育健身的积极性。社区体育竞赛的组织与其他竞赛相比并无很大的区别，因此，社区体育活动的组织工作主要是加强体育活动站的管理。目前我国的社区体育活动站大部分属于自发产生的非正式组织，规模较小，便于参与，是组织和吸引社区居民参加体育活动的有效形式。但是由于自身性质、特点，体育活动站也存在一些问题并需要进一步加强管理，将其纳入到正式的社区体育组织体系中，以取得上级组织的指导帮助和支持。还要做好体育活动站中骨干分子的培训与管理，促使体育活动站健康发展。

（三）社区体育场地管理

体育场地设施是社区居民开展体育活动必需的物质条件，是体育活动经常化的重要保证。市、区人民政府要加强社区体育场地设施和学校体育场地设施的建设。

街道办事处应在辖区内有计划地修建社区体育活动室或体育服务站（点），并配备相应的健身器材设备。

合理使用街道辖区内现有的各类体育场地设施，充分发挥其作用。公共体育场地设施一律向辖区内单位和居民开放。机关、企事业单位的体育场地设施，在不影响工作和生产秩序的前提下，有组织、有计划地向居民开放，为居民健身服务。

应在社区内公园、闲置空地和楼群间合理布局简易的体育场地设施，开辟健身场所，使居民就近就便参加体育活动，做到运动场地就在身边。鼓励居民自力更生及义务维护和建设体育场地设施。提倡居民添置体育健身器械，开展家庭健身活动。

任何单位和个人不得侵占、破坏和挪用体育场地设施。

（四）社区体育经费管理

社区体育经费实行公益型的管理方式，多渠道筹措经费。区人民政府要根据《体育法》的规定，逐年增加对体育事业的经费投入。体育行政部门要对社区体育工作安排经费并逐年有所增加，鼓励企事业单位、社会团体和个人捐赠资助社区体育活动和体育设施建设，鼓励辖区单位举办或承担社区大型体育活动。有条件的社区，可设立由团体和个人投资的社区体育发展基金。社区的各类体育协会或其他体育组织可实行会员制，可向会员收取一定数额的会费。

要积极创造条件，开发体育产业，依法开辟体育经营场所，为经营体育产业提供有利条件。要努力开展技术指导、骨干培训、体育表演、健身咨询等多种形式的社区体育服务。

四、社区体育管理的基本要求

（一）处理好社区体育组织与行政机构的关系

目前我国社区体育组织以独立的民间性和半官半民性组织类型为主体，这类组织普遍存在着活动经费、场地、指导力量不足等方面的困难。因此，社区体育组织必须重视与当地政府行政机构的关系，依靠行政机构的支持及优惠政策，解决开展活动中遇到的自身难以解决的问题。可采用靠政府行政机构支持，聘请政府部门领导干部担任职务，与政府行政机构建立经常、稳定性联系等方式，形成与行政机构的良好关系。

（二）充分发挥驻区企、事业单位的作用

每一社区都有驻区的企、事业单位，他们在资金、设施和人力方面较社区更为雄厚，这是开展社区体育活动可借助的有利条件。社区体育组织应主动与驻区企、事业单位联系，做好宣传，得到他们的认同、理解和支持；吸纳企、事业职工参加社区体育活动；在活动中为企业进行广告宣传。

（三）增强居委会一级社区体育组织建设

居委会这一层次辖区范围较小，人口数量相对较少，与社区居民联系最直

接，所以是最适合于开展社区体育活动的一级组织。而目前我国社区体育组织以街道为基本层次的情况较为普遍，使得社区体育组织管理"力矩"较长，力度不够。改变这种局面，需将社区体育组织适当"下沉"，加强居委会一级社区体育组织的建设，充分利用居委会熟悉情况、联系直接、易于组织的优势，组织开展群众性体育活动。

（四）开发社区体育资源

社区体育资源主要包括人力、财力和物力。社区体育管理机构应重点培养一批经过专门教育和培训，有一定组织能力和业务水平，热心为群众服务的社会体育指导员和社区体育骨干队伍；资金是开展社区体育的物质保证。除了政府的支持外，社区体育组织还应采取各种形式拓展社区体育资金的筹集途径，如辖区单位集资、赞助、缴纳会费或比赛报名费等，广泛动员社区各方面力量，解决社区体育的资金问题；体育场地设施是开展社区体育的重要条件。社区体育组织应与市、区体育部门和有关单位进行协调，充分利用辖区内的体育场馆设施，以保证群众体育锻炼和大型体育活动的开展。社区体育组织应有计划地建设社区的各种体育场地设施，如建立各种体育活动中心、辅导站等，同时要使用和管理好社区体育场地设施，使其发挥最大效能。

（五）构建社区体育服务体系

从专业化服务角度，构建包括社区体育设施服务、组织服务、指导服务和信息服务专门化服务在内的服务系统。并且将社区体育服务分为两个层次，即基本体育权益保障服务、社区体育照顾服务（对弱势群体开展的特别服务）。

（六）建立社区体育工作的奖励机制和约束机制

社区体育工作的义务性很强，为了调动社区体育工作者的积极性，必须建立相应的奖励制度。同时要将社区体育工作列入街道居委会的发展规划及其工作职责，通过建立社区体育管理的约束机制，保证和促进管理者为社区体育发展进行有效服务。

第三节　职工体育管理

职工体育是社会体育的组成部分，是指在工商、企事业、机关、团体等职工中开展的体育锻炼活动。目的是提高职工健康水平，调节情绪，增强对各种环境的适应能力和防止职业病。职工体育的普及程度与发展水平，在很大程度上取决于管理措施的恰当与否。

一、职工体育管理的概念

职工体育(Workman sport)是社会体育的组成部分。改革开放以来，随着我国经济社会的不断发展，人民群众生活水平的日益提高，广大职工的体育健身意识得到明显增强，行业职工体育协会纷纷建立，职工体育组织网络体系正在形成，体育场馆设施建设速度加快，各级各类职工体育赛事不断增多，职工群众性体育健身活动日益活跃。

职工体育是在工商、企事业、机关、团体等职工中开展的体育锻炼活动，其目的是提高职工健康水平，调节情绪，增强对各种环境的适应能力和预防职业病。职工体育以职工喜闻乐见的运动项目和适合职业岗位劳动特点的各种有益于健身和娱乐的锻炼项目为主。形式有工前操、工间操小型多样的锻炼或竞赛活动、简易运动会等。

所谓职工体育管理(Workman sport management)是指通过一定方式整合资源，实现职工体育目标的活动。加强职工体育管理，大力发展职工体育，不断提高广大职工的体育意识和健康水平，对建立一支体魄强健、充满活力的高素质职工队伍，促进我国经济社会可持续发展具有重要的现实意义和深远的历史意义。同时，加强职工体育管理对培养广大职工乐观向上的人生观，塑造健全人格、磨炼坚强意志、促进人际关系和谐发展、增强单位凝聚力和向心力等都具有特殊功能和影响。

二、职工体育的组织管理体系

(一)职工体育的政府管理部门

政府对职工体育的管理主要通过各部委体育主管部门和体育行政管理部门进行管理。职工体育属于社会体育的组成部分，要想取得顺利发展，必须紧紧依靠各级体育部门的领导。职工体育的开展计划，必须纳入体育局社会工作整体计划之中，以使体育部门从宏观上进行调控。职工体育的组织实施，也必须取得体育部门的领导和具体指导，才能得到蓬勃发展。国家体育总局是国家政府的职能部门。总局作为国务院下属的体育行政主管部门，统一领导、协调、监督全国体育事业。国家体育总局群体司及各地体育局群体部门负责对单位体育的方针、政策、制度、规划的制定，运用宏观调控手段，在面向全民的基础上，加强对单位体育工作的指导、配合、协调，充分发挥各级工会对单位体育的组织领导作用，体现单位体育管理以工会为主。

（二）职工体育的社会管理部门

社会对职工体育的管理体系包括中华全国体育总会所属的行业体协和中华全国总工会及地方工会、共青团、妇联等群众组织对职工体育中的青年和妇女人群的体育活动也有宏观和具体指导职能。全国总工会管理职工体育工作的机构，1955年10月以前，是全国总工会下设的宣传部。1955年10月建立了全国总工会体育部。1982年7月，体育部与宣传部、教育部合并，改称为全国总工会宣教部，宣教部下设体育处。1992年9月，为适应职工体育发展的需要，并使组织机构名称与工作内容相一致，改称全国总工会宣传教育文化体育部，下设体育处。各省、自治区、直辖市总工会管理职工体育的机构，个别为体育部，绝大多数为宣传部。行业体协由各类单位按系统组成，自成体系。行业体协具有雄厚的经济实力，较完善的组织机构、较好的体育设施、经验丰富的体育干部队伍及较为完整的教育体系，通过行业体协组织领导本行业的体育工作，易于管理、协调，便于开展活动。因此，它是推动整个单位体育工作不可忽视的力量。

（三）职工体育的基层体育组织

目前各厂矿、企业、事业、机关等基层单位普遍建立了从属工会领导的基层职工体育协会，具体负责本单位的职工体育工作。也有少数单位是在基层工会委员会中建立职工体育工作委员会或体育部，也有的建立文化体育工作委员会或文体部。基层群众体育组织一般是在体协领导下或指导下建立起来的，通常有基层体育协会、老年人体育协会、伤残人体育协会及各单项体育协会等。基层体协是群众自愿组成的业余群众体育团体，是中华全国体育总会的基层组织，具体负责本单位的职工体育工作。有少数单位是在基层工会委员会中建立职工体育工作委员会或体育部，也有的建立文化体育工作委员会或文体部。基层体协根据工作需要，设专人或一定机构分工负责日常工作，工会有一名主席或副主席分管体育工作。在车间、科、室设体协分会或体育委员，负责开展本部门的体育工作。

随着我国市场经济体制改革的逐步深入，职工体育组织近些年出现了许多新的创造和发展，一些省区建立了职工体育协会、联合会和基金会，一些城市建立了片区联合的地区体协、街道体协、有的厂矿建立宿舍区的幢区体协，还出现了各种体育宣传部，这些组织的特点是：横向联系，结合经济，促进提高，推动普及。其中街道体育协会和体育宣传部使职工体育活动与城市居民的社会的群众性体育活动在组织上联系起来，与整个城市的精神文明建设联系起来，既有利于使厂矿机关职工的体育得到更广泛的支持，又有利于推动整个城市群众体育活动的开展。

三、职工体育管理的基本内容

（一）职工体育组织管理

职工体育的组织管理部门包括各级体育行政部门、各级工会、体协系统等。基层职工的基层体育组织一般是在体协领导下或指导下建立起来的组织，例如基层体育协会、老年人体育协会、伤残人体育协会、各单项体育协会，以及运动队、辅导站、文化馆、俱乐部等组织的活动等。要充分发挥它们的组织功能，共同管理好职工体育。

1. 各级体育行政部门要发挥政府职能部门的主导作用，按照国务院《全民健身条例》的要求，将职工体育工作纳入本地全民健身总体规划当中，科学规划，全面统筹。各级体育部门要切实加强对各类机关、企事业单位开展职工体育活动的指导和支持，充分利用各种体育设施，积极探索适合职工特点的体育活动组织形式，推广普及有利于广大职工积极参与的体育健身项目，组织开展形式多样的职工体育健身交流、展示和竞赛活动。

2. 各级工会、体协等在开展工作时，主动取得党的领导和争取行政领导的支持是十分必要的，也是开展职工体育活动的重要保证。同时还需共青团、妇联等组织的配合。工会、体协系统管理职工体育的主要职责包括：（1）研究、执行党和政府关于群众体育的各项政策和组织措施；（2）制订所辖范围的职工体育工作计划，包括宣传发动、经费开支、干部配备、场地设施等，并定期检查落实；（3）积极推行《中国成年人体质测试标准》、《全国职工健身七项锻炼标准》和广播体操；（4）组织运动代表队，培训裁判员、教练员；（5）对优秀体育工作者、运动员、教练员、体育积极分子的先进事迹进行表彰和奖励。

3. 各级工会组织要充分发挥在组织开展职工体育工作中的重要作用，根据本地区、本单位职工体育工作实际，成立专门机构，配备必要的专职体育干部。要进一步建立和完善职工体育组织网络体系。倡导在机关、企业事业单位中建立职工体育协会和体育俱乐部、体育健身团队等体育组织，开展职工体育活动。

4. 依托职工体育基层组织开展职工体育运动，要有一支业余骨干队伍，这些骨干是体协的基本依靠力量。各级体育部门和工会组织要通过多种形式加大对职工体育骨干的培训力度，注重在职工群体中发展社会体育指导员，不断提高职工体育干部的理论素养和业务水平，逐步建设一支具有一定体育专项运动技能和专业知识的职工体育工作骨干队伍。

(二)职工体育活动管理

1. 各级体育部门和工会组织要切实加强对各类机关、企事业单位开展职工体育活动的指导和支持，充分利用各种体育设施，积极探索适合职工特点的体育活动组织形式，推广普及有利于广大职工积极参与的体育健身项目，组织开展形式多样的职工体育健身交流、展示和竞赛活动。

2. 各类机关、企事业单位要广泛开展符合职工身体状况和职业特点的健身活动和体育竞赛。要坚持机关、企业事业单位的工间(前)操制度，提倡根据行业、工种特点自行创编行业体操、工种体操等符合职工特点的健身项目，并根据单位实际，定期或不定期地举办多层次、多形式的职工运动会或单项比赛。有条件的单位可以探索建立高水平运动队，为实现我国运动员培养模式的多元化作出贡献。

3. 要高度重视进城务工人员的身体健康，将开展进城务工人员体育活动作为职工体育的一部分，从他们的生产劳动和生活特点出发，开展形式多样的体育健身活动，丰富进城务工人员的业余文化生活，提高他们的身体素质。

4. 要通过评选体育先进基层单位、模范体育家庭等开展职工体育活动。还可结合节假日开展体育活动。在节假日开展体育活动，具有不影响生产、丰富业余文化生活、便于扩大宣传和发动群众等优点。这是运用健康的体育活动去占领群众业余文化阵地，进行社会主义教育和推动精神文明建设的有力措施，也是新中国成立以来普遍采用的组织形式。

(三)职工体育场地管理

职工体育活动发动起来之后，首先就要求有活动场所和运动器材，各级主管部门要将自己所掌握的场地器材，为群众提供方便，提高运动场所和运动器材的使用率。

各类机关和企事业单位要积极为本单位职工参加体育健身活动创造条件，鼓励有条件的单位采取建设、开放、开办、合办等多种途径，新建职工体育活动设施。

要利用一切可能利用的空地，和就近的自然地理条件来开展活动。例如靠山的可开展登山活动，靠水的可开展划船、游泳活动，车间前空地可开展一些非正规的体育项目等。

(四)职工体育经费管理

各类机关和企事业单位应当把职工体育活动经费纳入本单位的年度财政预

算，为开展本单位职工体育活动提供经费支持。

各级体育行政部门每年应按照一定的比例从本级体育彩票公益金中拨出资金，用于组织开展本地区职工体育工作。

各级工会和职工体育协会要多渠道、多形式筹措资金，积极争取财政经费和社会支持，发展职工体育事业，实现职工体育经费和资源的多元化。

（五）职工体育宣传管理

大力宣传和普及职工体育活动和体育科普知识。充分利用广播、电视、报刊、互联网等多种媒体，采取宣传栏、宣传板报、健康咨询、科普讲座等形式，在广大职工中普及科学健身知识，推广健身方法，展示健身成果，为职工体育活动的开展营造浓厚的舆论氛围。

充分发挥体育科研的理论指导、实践探索和决策咨询作用，加强对职工体育的科学研究。支持和鼓励广大职工对职工体育改革与发展中重大理论问题和实际问题进行大胆探索，提出对策建议。通过举办多种层次职工体育学术会议，提供学术和经验交流的平台，提高职工体育科学化水平。

四、职工体育管理的基本要求

（一）争取单位领导对职工体育的重视和支持

企、事业单位领导对职工体育的认识水平和态度，直接影响本单位职工体育的开展。只有领导充分认识和理解职工体育的功能、作用，认识到开展体育活动与单位主业之间的相互联系，才能对职工体育给予各方面的支持。许多职工体育先进单位的共同经验之一，就是领导重视体育，并能率先垂范，亲自参加体育活动。为此，职工体育管理部门应当经常主动地向领导宣传、汇报和请示体育工作，积极争取领导对职工体育工作的重视与支持。

（二）制订本单位职工体育工作计划

要使职工体育工作持续发展、形成传统，必须认真制订职工体育工作计划，并纳入企、事业单位整体发展规划之中。职工体育工作计划应包含组织机构，建立与完善有关规章制度，体育经费、场地设施的投入与建设，体育活动和竞赛组织，经常参加体育活动职工人数的增长等内容及其保障措施。

职工的体育行为受职工体育意识、体育价值观的影响，要使广大职工自觉积极地参加体育活动，应从他们的体育意识上下工夫。可采用板报、广播、电视、报纸、讲演、体育竞赛等方式大力宣传体育的作用，宣传体育锻炼积极分子的典型事迹，宣传科学锻炼的知识和方法等。通过宣传，营造出浓厚的体育氛围，鼓励、激励职工积极参与体育活动。

（三）建设体育场地设施

体育场地设施是搞好体育工作的必备的基本条件和物质基础，也是构建全民健身服务体系的基本保障。职工体育活动发动起来之后，首先就要求有活动场所和运动器材，各级主管部门要依法管理体育场地设施，保证全民设施建设和管理有法可依，有章可循。加大现有体育场地设施的开放力度，将自己所掌握的场地器材，为群众提供方便，提高运动场所和运动器材的使用率。

（四）发挥体育骨干作用

企、事业单位工会要注意发现、选拔、培养体育骨干，使之在职工体育活动中发挥支撑、带头、示范和组织作用，启发更多的职工参与体育活动。要不断培训辅导员，布置锻炼网点。布置锻炼网点，是深入开展职工体育活动的有效方法，也是培养辅导员的有力措施。一般可根据教练员力量、辅导员情况、当地和基层单位群众的爱好和传统、场地设备条件等来确定运动项目的锻炼点。

（五）组织丰富多彩的体育活动和竞赛

这是事业单位职工体育管理工作的主要内容和基本方式。开展职工体育活动要突出特色、趣味性和健身性，可结合节假日开展体育活动。在节假日开展体育活动，具有不影响生产、丰富业余文化生活、便于扩大宣传和发动群众等优点。它是运用健康的体育活动去占领群众业余文化阵地，进行社会主义教育和推动精神文明建设的有力措施，也是新中国成立以来普遍采用的组织形式。

（六）建立职工体育评比检查制度

对下级各部门的群众体育工作进行评比检查，奖优罚劣，促进发展，是促进职工体育发展的一个有效措施。职工体育管理部门应当定期对下级各部门体育活动的开展情况进行检查和评比。对于成绩突出的车间、班组、科室给予物质或精神奖励，对于不响应、不参加体育活动的部门给予相应的处罚。

第四节　农村体育管理

农村体育是社会体育的组成部分，是指在农村开展的以健康、休闲、娱乐为目的的身体锻炼活动。农村体育具有鲜明的自身特点，必须遵循农村、农业、农民的基本规律实施科学的管理。

一、农村体育管理的概念

农村体育（Countryside sport）是我国体育事业的一个重要组成部分，是农村文化建设的一个重要方面。按照我国习惯，县以下的体育工作，通称为农村体育工作。农村体育开展的如何不仅关系到广大农民群众的身心健康发展问题，而且也将直接关系到我国农村经济、文化建设和优秀体育后备人才培养的衔接问题。由于农民在生产方式、生活环境和生活习惯等方面与城市居民存在较大的差别。

农村体育管理是指通过一定方式整合资源，以实现农村体育目标的活动。我国农村体育管理工作的主要目标是，普及群众性的体育活动，不断提高广大农民的身体素质和科学健身知识，为丰富农民的业余文化生活和推进农村两个文明建设发挥作用。我国农村体育管理的主要任务包括：贯彻国家有关体育和农村工作的法规及方针政策，发展体育事业，增进农民的身心健康，培养有理想、有道德、有文化、守纪律的新型农民，建设社会主义新农村；紧紧围绕发展经济、建设小康的目标，全面落实全民健身计划，大力倡导和推广适合农村特点、科学、文明、健康的健身方式，提高农民的生活质量；健全业余训练体系，发现和培养优秀体育后备人才；加强农村体育场地设施建设和管理，改善和提高群众体育健身的物质条件；发展体育产业，培育和发展体育市场。促进农村经济和社会的协调发展，为农业和农村工作服务（农村体育工作暂行规定，体群字〔2002〕53号）。

二、农村体育的组织管理体系

我国农村体育的管理部门分为政府管理部门和社会管理部门。在管理形式上基本采取五级垂直管理模式：省体育局、市体育局、县文体局、乡（镇）文化站、社会体育团体（民间体育组织）。

（一）政府管理部门

我国《宪法》第89条第七款规定：国务院行使"领导和管理教育、科学、文化、卫生、体育和计划生育工作"的职权。中央和地方各级体育局中都相应地设立下属的司、处、科，领导和管理体育健身活动。从行政系统来看，县一级政府体育主管部门，县级体育主管部门应当加强本行政区域农村体育工作，建立与当地农村体育发展相适应的工作机构，配备工作人员，会同有关部门共同推进农村体育事业的发展。应当加强对当地体育社会团体和基层体育组织的管理、指导和监督，支持其依照法律、法规和章程开展工作，发挥他们在发展农村体育事业中的重要作用。在 20 世纪 90 年代中期进行的政府机构改革中，部分县级体委被撤销合并，这在一定程度上削弱了农村体育的组织管理力量。在我国县级体育机构改革中，出现了保留、合并和变更为事业单位等多种形式，有的仍称为县体委，有的改称为文体委(局)、教体委(局)、体育局、文化体育卫生局、社会发展局、文教体委、文教体卫委、文教体卫广播委等，名称有40 多种。据相关资料显示，在原国家体委对全国 1095 个县级体育工作基本情况的调查中，其中有 796 个县保留了县体委，占调查总数的 72.7%。

(二)社会管理部门

农村体育的社会管理部门主要包括管理农村体育工作的各级工会、共青团、妇联、体协等。成立于 1986 年的中国农民体育协会是农村体育的社会管理部门。中国农民体育协会建立以来，遵照"面向广大农村，广泛开展群众性体育活动，普及与提高相结合，以普及增强农民体质，促进农村两个文明建设发展"的方针，积极而稳妥地开展了各项工作，取得了明显的效果。农民体育民间组织指的是人民群众自发成立起来为了实现某种共同的体育目标的一类农民体育组织。主要包括基层体育指导站、体育健身点等。这类组织的基本职责是：根据规程筹募活动经费、发展会员、增加农村体育人口；为会员提供活动场地、器材和技术指导等；组织某些相关活动的比赛或集会等；积极发展与其他相关活动协会之间的联系等。

三、农村体育管理的基本内容

(一)农村体育组织管理

县级体育主管部门应当加强本行政区域农村体育工作，建立与当地农村体育发展相适应的工作机构，配备工作人员，会同有关部门共同推进农村体育事业的发展。应当加强对当地体育社会团体和基层体育组织的管理、指导和监督，支持其依照法律、法规和章程开展工作，发挥他们在发展农村体育事业中的重要作用。

有条件的县可以建立社会体育指导中心，乡镇、居委会可以建立体育指导站。县、乡镇、村和居民小区适时建立和发展体育健身点。社会体育指导中心、体育指导站、体育健身点应根据当地条件安排场地设施，制订工作计划，结合其他文化体育工作配备专兼职工作人员，安排一定的活动经费。县级体育主管部门和乡镇、居委会应当加强对社会体育指导中心、体育指导站和体育健身点的管理，为其开展工作创造条件。

乡镇、居委会应当加强对体育工作的领导，应当为群众参加体育活动创造必要的条件，支持和扶助群众性体育活动的开展。村民委员会、居民委员会和基层文化体育组织应当组织开展群众性体育活动。

县应当根据条件和工作需要，建立体育总会，对农民体育进行组织和指导。县、乡镇、居委会应当建立农民体育协会、老年人体育协会、单项体育协会等体育社会团体。体育社会团体应当加强自身建设，依照法律、法规和章程开展工作。

县、乡镇、居委会和村应当建立以社会体育指导员为主体的体育骨干队伍。农村体育骨干包括社会体育指导员和组织、指导群众开展体育活动的体育教师、教练员、裁判员及其他志愿者。

(二)农村体育活动管理

农村体育活动应当坚持与生产劳动、文化活动相结合，坚持业余、自愿、小型、多样和因人、因时、因地制宜、科学文明的原则，利用传统节日和农闲季节，开展群众喜闻乐见、丰富多彩的体育活动。农村体育竞赛和表演活动应当突出经常性、普遍性、民族性、多样性、趣味性和科学性。任何组织和个人都应当依法开展体育活动，严禁在体育活动中从事赌博、封建迷信和一切违法活动。

县、乡镇、居委会应当定期举办全民健身运动会，每年有计划地开展多种形式的体育竞赛和表演活动。

县、乡镇、居委会应当注重开展老年人、残疾人和妇女、儿童的体育健身活动，为他们参加体育健身活动创造条件，提供方便。

县、乡镇、居委会应当宣传、普及体育科学知识，推广简便易行、科学有效的体育健身方法。

学校应当每年至少举办一次全校性体育运动会，经常举办各种小型体育竞赛及活动。应当坚持课外体育活动制度，保证学生课外体育活动时间，组织好各类体育代表队和课外体育小组，开展经常性的体育锻炼和课外运动训练，提高课外体育活动的组织化、科学化水平。

县、乡镇、居委会应当积极推行国民体质测定标准，扶持有条件的地方和单位建立体质测试站，组织广大群众进行体质检测。县级体育主管部门应当依照有关规定，严格体质测试机构的审批和管理。

(三)农村体育场地管理

农村应当在全面推进小康县、小康乡镇、小康村的建设中，搞好体育场地设施建设。农村体育场地设施建设应当按照国家有关公共体育场地设施用地定额指标的规定，纳入当地国民经济和社会发展规划及城镇建设规划和土地利用总体规划，合理布局，统筹安排。县级体育主管部门应当配合有关部门搞好各类体育设施建设规划。县城应当建设比较完善的体育场地设施。区位条件优越、基础建设好、已经形成一定规模的小城镇应当按照国家发展小城镇的部署，率先搞好体育场地设施建设，在农村体育场地设施建设中发挥引导、示范、带动作用。

县、乡镇、居委会应当坚持多样、实用、就近、方便的原则，在群众居住区建设体育设施。有条件的县、乡镇可建综合性群众健身活动中心，不断提高农村体育场地设施的建设规模和水平。县级体育主管部门应当会同有关部门共同发展公园体育和广场体育，加强对公园体育、广场体育的建设、指导和管理。县、乡镇、居委会应当鼓励企业事业组织、社会团体和个人投资建设体育设施。

县、乡镇、居委会应当加强对公共体育设施的管理和维护，保障功能完好，使用安全。农村公共体育设施应当向社会开放，方便群众开展体育活动，提高使用率和服务质量。应当对学生、老年人、残疾人实行优惠办法。机关、企业、事业组织的体育设施应当创造条件向社会开放。

县、乡镇、居委会应当为儿童青少年开辟校外体育活动场所，建设儿童青少年体育活动中心或体育俱乐部，丰富学生校外生活。

任何组织和个人不得侵占、破坏公共体育设施。因特殊情况需要临时占用体育设施的，必须经县级体育主管部门和建设规划部门批准，并及时归还；按照规划需要改变体育场地用途的，应当按照法律规定，首先选择适当地点，在不减少原有体育场地面积和不降低原有体育场地标准的前提下，新建体育场地后，方能改变原体育场地用途。非法侵占、破坏公共体育设施的组织和个人，应当依法承担法律责任。

（四）农村体育经费管理

农村体育事业经费和体育基本建设资金应当列入县级财政预算和基本建设投资计划，并随着经济发展，逐步增加对体育事业的投入。乡镇、居委会应当随着经济的发展适当投入体育事业经费和体育基本建设资金，发展体育事业。县、乡镇、居委会应当鼓励企业、事业组织、社会团体和个人以投资、捐赠和赞助等形式支持发展体育事业。

四、农村体育管理的基本要求

(一)争取有关领导的重视

各级体育主管部门应当明确农村体育在体育事业中的基础地位,各级人民政府体育、农业部门应当根据各自职责,贯彻国家有关体育和农村工作的法规及方针政策,做好农村体育的管理和组织工作。各县级体育领导机构都要从政治的高度、战略的高度认识农村体育工作的重要性。乡镇政府应把体育事业纳入乡镇经济和发展总体规划,经常研究体育工作,成立体育工作领导小组、农民体育协会以及老年人体协等,由乡镇主要负责同志参与领导;建立体育站(或体育办)等机构,配备体育专干,关心、支持、督促他们的工作。

(二)广泛调动各种社会力量开展农村体育

动员和发挥各行业、各系统和基层政权,工会、共青团、妇联和其他社会团体,各企业事业单位以及个人单独创办或与体育部门采用合资、合作等多种方式联合兴办各种形式的基层农村体育组织。以多种形式办体育,努力促进城乡体育社会化,大力倡导社会团体和个人修建体育场所,自办小型竞赛和业余训练,设立健身辅导站,等等。

(三)健全农村体育组织

开展农村体育活动,必须首先建立健全农村体育组织网络。要充分发挥农民体育协会、农民体育俱乐部、体育辅导站等基层体育组织的作用。有条件的县可以建立社会体育指导中心,乡镇、居委会可以建立体育指导站。县、乡镇、村和居民小区适时建立和发展体育健身点。社会体育指导中心、体育指导站、体育健身点应根据当地条件安排场地设施,制订工作计划,结合其他文化体育工作配备专兼职工作人员,安排一定的活动经费。县级体育主管部门和乡镇、居委会应当加强对社会体育指导中心、体育指导站和体育健身点的管理,为其开展工作创造条件。特别是要以乡镇文化站为中心,发挥其阵地作用,以农村体育积极分子(复员退伍军人;高、初中毕业回乡青年)为骨干力量,推动农村体育发展。

(四)提供必要的物质保障条件

为了促进农村体育的发展,必须首先为广大农民群众提供和创造必要的物质条件。农村体育事业经费和体育基本建设资金应当列入县级财政预算和基本建设投资计划,并随着经济发展,逐步增加对体育事业的投入。县城应当建设比较完善的体育场地设施。县、乡镇、居委会应当坚持多样、实用、就近、方便的原则，在群众居住区建设体育设施。有条件的县、乡镇可建综合性群众健身活动中心，不断提高农村体育场地设施的建设规模和水平。县、乡镇、居委会应当为儿童青少年开辟校外体育活动场所，建设儿童青少年体育活动中心或体育俱乐部，丰富学生校外生活。

（五）发展骨干力量

农村体育的骨干力量主要来自于两个方面，一是农村学校的学校体育，一是乡镇企业的职工体育。发展农村学校体育工作，首先要抓好乡镇规模较大的中、小学学校体育工作，同时也要关心条件较差的村级小学学校体育工作的开展。要建立县级学校体育教研中心（或委员会），定期进行教学研究和体育教师的进修培训等活动。要认真执行中小学体育工作的规定，努力提高教学质量，有计划地推行《国家体育锻炼标准》和《学生体育合格标准》。建立学校运动队，积极开展业余训练；组织好体育竞赛，提高学生的运动技术水平。建立学生身体形态和体能档案。全面增强学生各项身体素质，乡镇小学要帮助村级小学开展体育活动，在竞赛、场地建设、技术等方面给予指导；县直机关和厂矿、企事业单位，应将体育列入精神文明建设的重要内容。要有必要的体育活动场所。建立和健全行业和基层体育协会。各行业和百人以上的基层单位，应有体育工作计划和总结，应建立业余运动队，广泛开展工间操和业余体育活动。把节假日和周末的体育竞赛逐步形成制度。要建立各种各样的健身辅导站，重视和加强职工体育队伍建设。

（六）组织开展农村特色的体育活动

农村体育活动应当坚持与生产劳动、文化活动相结合，坚持业余、自愿、小型、多样和因人、因时、因地制宜。科学文明的原则，利用传统节日和农闲季节，开展群众喜闻乐见、丰富多彩的体育活动。农村体育竞赛和表演活动应当突出经常性、普遍性、民族性、多样性、趣味性和科学性。

（七）加强农村体育工作的检查评估

"争创体育先进县"活动是 1985 年经国务院批准，在广大农村开展的每两年一次的评选活动，农村体育管理部门要组织"全国体育先进县"的评选，农村参加评选活动，可以使体育工作者有明确的努力方向和奋斗目标，进一步调动和激发他们做农村体育工作的积极性。同时，还要对基层农村体育的开展情况进行检查和评估，发现存在的问题，并做到及时解决，促进农村体育的发展。

复习思考题

[1]什么是社会体育管理?

[2]我国社会体育管理的体制是什么?

[3]社会体育管理的基本要求是什么?

[4]社区体育管理的基本内容与方式是什么?

[5]职工体育管理的基本内容与方式是什么?

[6]农村体育管理的基本内容与方式是什么?

第七章 竞技体育管理

【内容提要】

运动训练与竞赛是现代竞技体育的基本组成部分。一个完整的运动训练系统主要由管理者、管理对象和信息三大要素组成。我国现行运动训练体制体现为初级、中级、高级三级训练网。运动训练活动依托于一定的运动项目。运动项目的管理内容主要包括运动项目分类、布局管理和运动项目协会制管理等；运动竞赛管理是运动竞赛系统的管理者通过一定方式整合资源，实现运动竞赛目标的活动。运动竞赛管理的过程可分为赛前、赛中及赛后管理。运动竞赛管理产生的效益主要体现为社会效益和经济效益。

【学习目标】

● 掌握运动训练管理的概念与系统构成
● 掌握运动训练管理的基本内容
● 明确运动训练管理的基本过程与方式
● 掌握运动竞赛管理的概念
● 掌握运动竞赛管理的基本内容
● 明确运动竞赛管理的基本过程与方式

第一节 运动训练管理

运动训练是现代竞技体育（Professional sport）的重要组成部分，是为提高运动员的竞技能力和运动成绩，在教练员的指导下，专门组织的有计划的体育活动。运动训练管理的目的在于实现对运动员生物学、社会学、心理学等方面的改造，以适应高强度运动训练和竞赛要求。

一、运动训练管理的概念

运动训练（Atheletic training）是指为提高运动员的竞技能力和运动成绩，在教练员的指导下，专门组织的有计划的体育活动。运动训练的本质是通过对运动员在生物学、社会学、心理学等方面进行改造，以适应高水平竞争需要的过程。所以，运动训练的目标就在于通过对运动员在生物学、社会学、心理学等方面的有效改造，促使其竞技能力不断提高，从而适应现代竞技体育高水平竞争的需要。所谓运动训练管理就是运动训练系统的管理者通过一定方式整合资源，以实现运动训练目标的活动。

根据现代管理的基本原理，结合运动训练管理的特点，一个完整的运动训练系统主要由管理者、管理对象和信息三大要素组成。

（一）运动训练的管理者

运动训练的管理者主要包括各级行政干部以及教练员，运动员有时也会成为自身的管理者。在运动训练过程中，教练员担负着培养运动员的重要任务，他们是培养人才的人才，努力建设一支具有高水平的教练员队伍，是加强运动训练管理的一个重要环节。随着现代运动训练逐渐向科学化发展对运动员的文化教育、科学指导、医务监督以及物质技术保障的要求逐渐提高，这就客观上要求运动训练的内容向深度和广度扩展，就必须依靠有关科研人员、领队、文化教员、医师及其他人员的密切配合。运动员对自身的管理也成为训练中的关键因素，由此形成的现代运动训练的管理队伍。

（二）运动训练的管理对象

从广义而言运动训练的管理对象包括运动训练管理系统中所包含的人员、经费、场地设施、仪器器材，以及训练体制、机制等，决策对运动项目的管理也是一个不可忽视的重要内容。如果从运动训练管理最直接、最基本的作用目标来看，运动员乃是最主要的管理对象，因为运动训练及其管理的一切效果最终都要通过运动员反映出来。

（三）信息

信息是运动训练管理系统中沟通内外环境的联系。它既是管理对象内容之一，又是不可缺少的管理手段。从哲学角度看，事物（系统）间的一切联系和相互作用都可概括为信息。运动训练管理系统的目标和发展受外信息作用的影响，而运动训练管理的机制运行要取决于内信息的畅通。

二、运动训练管理的体制

（一）运动训练管理体制的类型

运动训练管理体制是运动训练管理的机构设置、权限划分及管理制度等的总称。运动训练管理体制的建立以及是否健全与科学化程度如何，对运动训练的效果有着直接的影响。世界各国根据各自的国情建立了具有不同特点的运动训练管理体制，按不同的分类标准，我们可以将其划分为以下几种类型：

1. 按层次结构划分

按层次结构划分，运动训练管理体制一般包含彼此密切联系的若干层次。如前苏联运动训练管理体制就包括三个层次：少年儿童体育学校、奥林匹克后备力量专项少年体校和运动寄宿学校三种体育运动学校为初级形式；高级运动技术学校和奥林匹克专项训练中心为中级形式；国家代表队为高级形式。美国运动训练管理体制也可划分为中学生代表队、大学生代表队和国家集训队三个层次；此外，日本、德国的训练管理体制则划分为四级。

2. 按训练性质划分

(1)以专业训练为主的训练管理体制。实行这种训练体制的国家，其训练经费、训练场地、设施建设等均以国家拨款为主，教练员由国家统一安排，训练与科研一般结合较好，能有效、较快地培养出高水平运动员，运动后备人才输送率也较高。但这种体制需要国家比较多的投资，运动员的文化学习也不大好安排，从而不利于运动员的全面发展和优秀运动员退役后的工作安置。

(2)以业余训练为主的训练管理体制。实行这种体制的国家，其训练经费、训练场地设施等，主要来源于社会资助。教练员一般由运动俱乐部或体育学校聘请，并提供相应经费，运动员则自付学费。在这种体制中，运动员的文化教育基本上能够得到保障，因而有利于运动员的全面成长，国家也无须更多的投资。但是，其科研与训练的结合较为困难，加之各方面竞争较激烈，难以完全满足高水平竞技体育训练的发展需要。如美国和西欧等市场经济较发达国家的运动训练体制。

(3)以职业训练为主的训练管理体制。这种体制是市场经济和社会分工不断完善的产物，其实质就是遵循市场经济和体育运动发展规律来经营体育，从而使体育运动所创造的价值得以充分实现。这种体制目前主要限于一些具有较广泛群众基础、观赏性较强、经济效益较显著的体育项目，如足球、篮球等。

(4)综合型的训练管理体制。综合型管理体制既不把运动训练管理权限过分集中在政府，也不完全放任于社会、体育组织，而是把管理体制建立在政府机构与社会组织相结合的基础上。其主要体现是政府机构主要进行宏观控制、规划目标、制定方针政策、发挥协调和监督的职能。而社会体育组织在政府的统一控制下，重点对训练过程进行管理。它相对集中了前面所述几种体制的优点，从发展趋势看，综合型体制相对具有更多的优点，更有利于运动技术水平的提高，它代表着世界运动训练管理体制改革发展的基本方向。

（二）我国运动训练管理体制

1. 我国运动训练管理体制的基本结构

我国现行的运动训练管理体制是依据"思想一盘棋、组织一条龙、训练一贯制"的指导思想所建立的三级训练体制（图7-1）。这种三级训练体制，在纵向与横向上已经基本上形成了一定的立体网络。

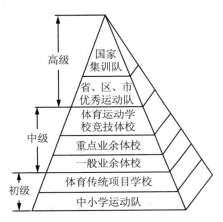

图 7-1 我国现行运动训练管理体制模型（孙汉超，秦椿林，1999）

在纵向层次上，它可划分为三级：

（1）高级训练形式。国家集训队和各省、市、自治区、解放军与各行业的优秀运动队。它们作为我国竞技体育的一线队伍，担负着培养优秀运动员、攀登世界体育运动技术水平高峰的任务。

（2）中级训练形式。指省（自治区、直辖市）体育运动学校、体育院校附属竞技体校和各类青少年业余体校等。它们是我国竞技体育的二线队伍，其主要任务是培养和输送优秀运动员后备力量，同时也为社会培养中等体育专业人才。

（3）初级训练形式。指遍布全国城乡的体育传统项目学校和中小学运动队。他们的主要任务是对在体育方面有培养前途的中小学生进行系统的课余训练，打好基础，并将有发展前途的优秀运动员后备人才推荐给业余体校或上一级训练单位。

在横向层次上，它又可划分为以下部分：

（1）专业训练体系。它包括国家集训队、省级（包括解放军、各行业）优秀运动队两个方面。随着竞技体育的社会化，省级运动队已逐步在向行业体协和大型企业扩展，部分有条件的高校也在试办这类运动队（如国家体育总局直属体育院校附属竞技体校中所设优秀运动队等），以拓宽我国培养高水平运动员的途径。

（2）业余训练体系。它包括我国三级训练网中的中级和初级两种训练形式，这是我国运动训练管理体制中极为重要的基础环节。在具体组织实施时，又可以根据需要将业余训练体系再进一步细化，将其划分为若干层次。

（3）职业训练体系。主要是指一些实行职业化运作的俱乐部等实体的训练形式。随着 20 世纪 90 年代以来我国部分运动项目的职业化改革，我国已有部分项目逐渐走上了职业化发展的道路，随之职业化运动训练体系逐步建立。

2. 现行运动训练管理体制的特征

我国现行的三级训练网是一个基础大、顶上尖、层层衔接，呈"塔形"的训练管理体制。它主要具有如下特征：

（1）便于体现国家意志，在现有的条件下，将有限的人力、物力和财力集中起来，保证重点投入，为部分肩负重大使命的运动员或重点运动项目提供更好的训练条件。

（2）由于该体制层次分明，逐级升级，对运动员有很强的激励作用，能激发运动员的进取心理，致力于不断提高自己的运动成绩。

（3）可以与中小学保持有机的联系，取得学校的支持，以利于挑选更多的后备运动人才，同时也能促进中小学体育的发展。

（4）现行运动训练管理体制是一种过渡型的体制类型。从其发展趋势看，以国家行政力量为主导建立起来的三级训练网将发生分化，多元化的运动训练管理体制将逐步建立。

三、运动训练管理的基本内容

（一）运动队管理

运动队由不同的人员组合而成，主要包括领队、教练员、运动员，以及队医、科研人员和后勤保障人员等。其中，运动队最基本的人员就是教练员与运动员，其他成员依运动队的规模及所具备的条件而设。

1. 教练员管理

教练员是运动训练的直接组织者和设计者，同时也是运动员的教育者和指导者。因此，建设一支高水平的教练员队伍，是加强运动训练管理的一个重要环节。

（1）教练员的选配。选配教练员要从任职条件、文化程度、科研能力、外语水平、工作业绩五个方面进行衡量，对于不同专业技术职务的教练员，根据其任职条件有不同的要求。在选配教练员时，还应有以下要求：①按照不同层次教练员与运动员之间的限额比例选配教练员。根据国家有关规定，国家队教练员与运动员之间的配备比例应以1∶3～5(人)；省、区、市优秀运动队应为1∶4～6(人)；竞技体校、体育运动学校应为1∶6～10(人)；重点业余体校、体育中学应为1∶8～12(人)；普通业余体校不低于1∶12；②按照不同层次教练员的高、中、初级专业技术职务之间的结构比例选配教练员。根据有关规定，省、区、市优秀运动队国家级教练员不超过高级职务人数的10％，高级职务教练员不超过教练员职务总数的20％，中级职务不超过教练员职务总数的50％；各类体育运动学校的高级专业技术职务不超过教练员职务总数的15％，中级职务不超过教练员职务总数的50％；③注意优化各项目教练员的整体结构。随着竞技体育的发展，运动训练正不断从教练员的个体指导形式向集体攻关形式转化，因此在选配教练员时，应十分注重其智能结构的整体优化，使不同风格的教练员有机结合在一起，形成"远缘杂交"优势，产生更大的综合活力与效能；④坚持任职条件，克服单纯以个人以往的运动成绩作为唯一选拔依据的倾向，实行教练员持(岗位培训合格)证上岗制度。

(2)教练员的培训。为保证有高质量的教练员队伍，就需要不断更新教练员知识，开阔教练员视野，提高教练员的综合能力。要坚持教练员岗位培训工作，使之成为一项制度并与上岗资格挂钩，另外还要通过考核来加强对教练员的管理。对教练员的岗位培训要以提高教练员思想、业务水平与管理能力为目的，从我国教练员队伍的实际出发，着眼世界竞技体育技术的发展，面向运动训练与竞赛，按不同运动项目的高级、中级、初级教练员职称标准的需求确定培训内容。加强考核是检验教练员工作任务完成情况和促进教练员素质提高的重要措施。同时也有助于管理者及时了解教练员各方面情况的发展变化进而正确地选配和培训教练员。在教练员的考核与晋升工作中，除应遵循人才管理一般性原则之外，还应特别注意贯彻《体育教练员职务等级标准》、《教练员管理工作暂行办法》等制度，拟定教练员的考核内容与标准。进行岗位培训和考核的同时，要引进竞争机制和风险机制，鼓励创新人才的产生，使教练员意识到自己的工作职责，从而使我国的教练员队伍整体素质水平得以提高。

(3)教练员的使用。在选定教练员之后，管理工作的关键就在于如何妥善地使用教练员，使之发挥最大的效能，完成运动队的训练目标：①充分信任教练员，推行"主教练负责制"。主教练负责制是加强运动训练业务管理，充分发挥教练员主导作用的一种新型管理制度。其实施办法是，由上级主管部门聘用运动队的主教练，明确其任期及目标责任，赋予相应的权力，并规定必要的奖惩措施，缴纳一定的风险金。然后由主教练提名，成立以主教练为核心，由若干教练员组成的教练员小组。在主教练的主持下，由教练员小组负责运动训练的各项组织和实施工作。实施主教练负责制的运动队，仍可设领队，但领队的主要职责是配合主教练做好运动员的思想政治工作和有关生活管理工作，而对训练业务工作一般不予干预。有的运动队为了既调动主教练的积极性，又发挥领队的作用，试行"领队领导下的主教练负责制"，具体效果有待进一步观察；②扬长避短，人尽其才。人各有长短，用人之道，在于用其长，避其短，人尽其才。为此，教练员的任用也必须遵循这样三个基本要求：其一，不要求全责备；其二，要做到扬长避短；其三，要建设一支优势互补、结构合理的教练员队伍；③破除论资排辈，切实做到量才用人，年龄大、资历深的教练是我们的宝贵财富，他们阅历长，经验丰富，观察分析问题比较深刻。而年轻教练，接受新生事物一般较快，思想比较开放，精力也比较充沛。因此，新老教练各有所长，视运动队的具体要求，均可在训练管理中发挥各自作用。应调动他们的积极性，特别是对脱颖而出的年轻教练，要大胆培养，大胆使用；④重视开发教练员的潜能。对教练员的使用，不仅仅要看其带队比赛的成绩，平时也应采取全面考核、严格审查、定期进修提高等措施，发挥其潜在优势，破除教练员"终身制"。管理部门要对现有教练员的年龄结构、知识结构、业务水平、工作能力等做到心中有数，并在此基础上进行科学分析，制定加强教练员队伍建设的长远规划，做到"着眼未来，积极培养，人尽其才，物尽其用"；⑤关心教练员，帮助他们排忧解难。一种职业社会地位的高低与其政治、经济地位有着密切的联系，因此，有计划地提高教练员的政治、经济地位，是长期稳定教练员队伍的重大战略措施之一。教练员长期训练、比赛在外，领导要尽可能为他们排忧解难，解除他们来自生活、家庭、经济等各方面的后顾之忧，为教练员创造一个良好的社会环境，使他们能集中精力从事运动队的训练、管理工作，为国家培养更多更好的优秀运动人才。

2. 运动员管理

运动训练管理的最终目标要通过运动员来实现，因此，运动员是从事运动训练的主体，也是运动训练管理最主要的管理对象。随着现代竞技体育的迅猛发展，运动员的竞技能力已发展为涉及生物学、心理学、社会学三维领域内诸多因素构成的复杂体系结构，这使得运动员的管理成为一项十分复杂的系统工程。

（1）运动员的选材管理。①成立办事机构。在体育主管部门领导下，成立选材中心领导小组，全面安排和组织本地区各训练层次的选材工作，如下达研究课题，安排制定选材综合评价标准工作和每年的统一测试，普查和进行有关讲座的时间、内容等，并在人员编制、经费仪器设备等方面给予保证；②建立选材网络。选材工作是一个从初级到高级层层筛选的过程，从业余训练的初级阶段（普通中小学）一直到优秀运动队，应建立不同层次的以教练员、医务人员、科研人员相结合的各级专职选材小组，开展日常工作；③建立选材业务指导制度。科学选材小组负责单位本层次选材工作，并对下一层次的选材网进行业务指导，如统一测试内容、方法、测试细则、测试指标、测试时间，等等；④开展选材普查、制定选材标准。普查内容以身高为主，结合发育程度，身体素质，家史等全面了解体育人才资源状况，以便从中择优，为初选做好准备，有条件的可组织生理生化及微量元素、身体成分等指标的测试。根据普查的结果，制定出不同项目运动员的选材标准；⑤初选、复选、精选。初选。做好初选工作，才不会把适合体育运动的人才漏掉，由于进行初选的人数较多，所以初选所应用的指标必须既是客观又易推广的，还要能反映出运动能力。对初选对象进行分析评估的内容可包括：家庭健康史的调查，遗传特征的分析、发育程度、一般身体素质、运动能力等；复选。初选后经过1～2年训练的基础上进行复选，逐步加入专项素质、技术、形态、机能、心理、承受运动负荷能力，运动成绩等指标，逐年进行评价。在此期间必须对运动员发育期高潮持续时间长短分型进行鉴别，对通过训练后机能、素质、专项成绩的进展速度快慢进行评价。对其提高成绩的稳定性和幅度进行评价。此选材阶段一经确认运动员具有运动天赋，将被吸收进入专门的体育运动学校；精选阶段。对在选材育材过程中发现的优秀苗子进行重点跟踪，促进运动员成材，把有限的财力、物力重点放在有发展潜力的运动员身上，向他们提供特殊的营养，完善的医务监督和测试条件，这已成为科学选材工作的战略重点，此时期为优选阶段（年龄可根据项目特点而定），即进入专项深化阶段。按照各项目优秀运动员模式特征来评定运动员的身体和技术训练成绩提高率，该阶段是运动员达到最高成绩的准备阶段。由于青少年正处在成长发育时期，生理上变化大，速度快，该阶段测试时间间隔可三个月到半年一次。

　　（2）运动员的思想教育管理。运动员的思想教育是运动队管理中一项经常性的工作，思想教育的内涵就是用先进的世界观和方法论，解决运动员的政治立场、思想、观念、人生价值、奋斗目标等认识问题，使运动员提高驾驭自我能力，以调动人的主观能动性，向运动极限冲击。做好运动员的思想教育工作，需要注意以下三点：①帮助运动员树立正确的人生观和世界观。由于运动员的动机、行为不是物质刺激的简单反应，也不是精神刺激引起者简单反应，运动员对外界事物的反应都是通过大脑的分析、综合、归纳、选择后，做出他们个人行为的决策。因此，研究运动员的行为，不是只研究它们对事物的反应，而是先研究运动员内因的形成与发展，既要研究运动员思想的形成和发展，研究他们的人生观与世界观的形成与发展。因此，从运动员人生观、世界观高度分析运动员的各种行为，并实施有效的管理，是对运动员管理的一项基本原则；②用说服教育的方法解决思想问题。在运动员管理的过程中矛盾是普遍存在的。有实际问题，也有思想问题，而思想问题大都是由思想观点方面产生的偏差造成的，解决这样的问题，只有用说服教育的方法去解决；③运用有效的激励手段，充分发挥运动员的积极性和创造性。在管理中必须注意对运动员进行精神激励，激发他们的精神需求。对运动员可以采用宏观激励和微观激励相结合的方式。宏观激励就是将远大目标、集体的共同目与共同利益告诉运动员，以开发运动员内在潜力的激励方法。微观激励则是利用目标、责任、奖惩、榜样等方式激励运动员。

（3）运动员的文化学习管理。运动员的文化学习是运动队管理的一项重要内容，加强运动员的文化学习，不仅仅是促进运动员全面发展的一个重要方面，也是训练科学化的客观要求，同时也是运动员智力训练的一项重要内容。①健全文化学习管理机构。运动队要有一名行政领导分管文化教育工作，下设文化教育专门机构，具体负责组织安排，各项目队也要有专人分管这项工作；②建立一整套完整的管理制度，如考勤制度、学籍管理制度、奖惩制度；③采取灵活的方式，科学地安排和落实文化学习时间。要与训练运动和比赛的实际情况结合起来，做到机动灵活。

（4）运动员的生活管理。运动员生活管理与训练水平的提高有直接关系，它的管理范围很广，需要各方面管理人员密切配合，共同完成。①建立健全严格的生活制度。对运动员的作息时间、就餐就寝、内务卫生、休假审批、业余生活乃至吸烟喝酒都要做出具体明确的规定，此外，还需订立文明公约、卫生公约等辅助措施，为了保证这些制度实施，还应进行监督检察；②运动员训练后的恢复与营养安排。恢复是运动训练的有机组成部分，由于它大多是在训练以外的时间进行，所以就成为生活管理中一项十分重要的内容，严格遵守生活制度是疲劳快速恢复的重要前提，在此基础上还需采取一些专门的措施与手段才能促进运动员的恢复，如建立药物浴、桑拿浴、按摩室等；③运动员生活管理也应充分考虑到营养安排。由于不同项目、不同年龄、不同性别、不同等级的运动员对营养有不同的要求，营养师应根据每个运动员的情况制定相应的食谱，同时要分别给每个运动员签发营养卡片，要求运动员详细填写进食量、饮水量，以便随时检查运动员的营养摄入情况，并根据运动员营养需要调整食谱。

（5）运动员的参赛管理。运动竞赛是检验训练水平的最主要形式，由于现代竞技体育日益紧张、激烈，在很大程度上是在人体多种能力的极限水平上进行的，因而运动员生理、心理较之日常有很大的变化和反应，这就使运动员参加比赛时的管理也需要相应地在各方面进行一些有别于日常训练的特殊安排，以适应运动竞赛的特殊条件和要求。①对运动员参赛时的思想教育，要特别考虑到运动员的心理负担，采用多鼓励、表扬、少批评或不批评的方式，特别是在临场指导方面，教练员更应倍加注意自己的一举一动，防止运动员受到教练员的情绪感染；②参加比赛时的业务管理，主要分为临场和场下两方面。临场的业务管理效果取决于教练员的指导水平，而场下的业务管理主要指对比赛的准备，它包括科学的安排赛前训练，合理地调节运动负荷，适时地组织准备会，周密地安排竞赛方案，合理的生活管理等；③参赛时的生活管理。此时的日常生活管理要比训练时更严格，特别要注意加强纪律要求，通过严格的生活管理，帮助运动员保持良好的竞技状态，全力以赴争取比赛的胜利，创造优异运动成绩。在这方面还需安排一些心理训练，帮助运动员稳定情绪，以便在比赛中正常地发挥出应有水平，此外在伙食、医务监督、业余活动、恢复、洗浴等方面要注意科学安排，以适应比赛的需要。

（6）优秀运动员的退役管理。做好优秀运动员退役的安置工作，对于解除现役优秀运动员的后顾之忧、稳定运动队伍、提高技术水平有着非常重要的作用。对优秀运动员退役的管理要抓好两个方面：首先，要对优秀运动员在就业方面给予优待。①各级领导尤其是人事部门予以充分的重视和支持，在计划经济向市场经济过渡时期，对退役运动员的就业安置需要政府采取一些特殊的政策措施；②探寻优秀运动员就业的新途径，拓宽就业渠道。如行业与运动队联合，运动员作为行业里的一分子，这样退役后就成为行业里的员工；③加强二次就业前的职业培训工作，使优秀运动员能在激烈的人才市场竞争中有一技之长，以适应社会对各类人才的需求；④扩大优秀运动员到各类院校学习的范围。不仅退役优秀运动员可以通过免试上大学，在役优秀运动员也可根据协议到院校学习，退役后通过毕业分配渠道就业。其次，要对优秀运动员在升学方面给予优待。目前，我国针对著名及优秀运动员的升学问题有这样的规定：年龄在 30 周岁以下的优秀运动员中，奥运会、世界杯、世界锦标赛单项前三名获得者或集体项目前三名的主力队员以及世界纪录创造者，由国家体育总局会同国家教委和有关高校，免于参加全国高等学校招生统一考试，由高等学校进行必要的文化考核予以录取。因此，各级管理部门应充分贯彻国家有关规定，解决运动员的后顾之忧。

（二）运动项目管理

运动训练管理的主要对象是运动员，运动员的活动必须依托于一定的运动项目，所以对运动员所从事运动项目的管理也是运动训练管理的又一主要内容。运动项目的管理内容主要包括运动项目分类、布局管理和运动项目协会制管理等。

1. 运动项目的分类管理

截至 1999 年年底我国正式开展的体育项目有 96 个。为适应体育运动发展需要，进一步与国际接轨，统一标准，促进竞技体育科学、规范管理，2006年经国家体育总局批准，对我国正式开展的体育运动项目进行重新分类调整，调整后的运动项目为 78 项。

国内外体育运动管理的实践证明，各地区经济状况和各种内、外环境差异较大，在项目设置上不可能一样，即使经济实力较强的地区，也不宜搞"大而全"或"小而全"。必须在国家统一规划的指导下，在认真总结和论证的基础上，确定各自项目布局的发展模式，集中人、财、物力，重点发展优势和传统项目，形成各省、区、市自己的"拳头"项目。国家在投入和竞赛政策上再给予相应的引导，在这样的基础上，形成全国的优势项目。

目前，我国将运动项目分为以下三大类进行管理：

第一类项目为国家重点投入项目（共 18 项），是我国确定的奥运会优势项目和经过短期努力可达到世界先进水平以及影响大、金牌多的项目。

第二类项目为国家一般性投入的项目（共 20 项），是除优势项目之外的其他奥运会项目和我国具有悠久历史传统、又可以在亚运会上夺取金牌的项目。

第三类项目为其余的 16 个运动项目，是国家在短期内仍给予一定的经费扶持，但要逐步过渡到主要依靠社会和自我发展轨道上去的一些运动项目。

对这三类项目，在政策、投入和人才、外事、训练、竞赛等的管理上均要予以区别对待。

2. 运动项目的布局管理

国内外竞技体育管理的实践证明，各地区经济状况和各种内、外环境差异较大，在项目的设置上就不可能一样，即使经济实力较强的地区，也不易搞"大而全"或"小而全"，必须在国家统一规划的指导下，在认真总结和论证的基础上，确定不同项目布局的发展模式，对我国竞技体育的项目布局，应该集中人、财、物力，重点发展优势和传统项目、并开辟新的潜在金牌项目。统筹资源的使用，要在不同的省、区、市形成自己的"拳头"项目，努力培养我国竞技体育的"金牌增长点",力争在社会效益和经济效益上取得双丰收。为此,需要加强以下几个方面的工作:科学制定竞技体育发展战略及规划,合理设置运动项目;通过竞赛有效的整合运动项目的布局;加强单项协会的管理;根据各种条件的变化不断调整,使项目布局始终处于合理状态。

3. 运动项目的协会制管理

过去,我国运动项目的管理体制基本是由体育行政部门直接进行管理,结果往往造成分段管理、多头领导、政事不分、职责不清的弊端。为了解决这些问题,必须探索出一条具有中国特点的"协会制"(协会实体化)道路。"协会制"是指各运动单项协会具有独立负责本项目管理的法人资格,并根据章程履行自己的管理职责和义务,它是国际上特别是体育发达国家对运动项目管理通常采用的做法。

当前,我国的运动项目协会制尚处于实践的探索中。体育行政部门是实体协会的业务主管部门,对实体协会实行宏观管理和归口业务指导。其管理职能主要是:审定协会的长远规划、发展战略和有关方针、政策,对训练、竞赛、外事、宣传等项业务进行指导、综合平衡和组织协调;根据一个时期体育工作的需要,对实体协会下达任务,定期或不定期地听取协会工作汇报,研究解决协会工作中的重大问题;根据各运动项目的特点和担负的任务,确定国家拨款的数额,对经费的使用进行监督和审计,在协会实体化的初期,对各运动项目体育事业经费部分的拨款数额按基数原则上三年不变,三年后再根据各项目的具体情况进行必要的调整;负责协会主席、专职副主席、秘书长人选的推荐或资格审查,审批对协会主要领导人的奖惩,以及协会副秘书长以上人选的综合平衡和协调;负责协会常设机构事业和社团编制的审核管理,主要依靠国家拨款的事业型协会实体,其人员编制要严格控制,对已基本实现经费自理的协会实体的人员编制根据工作需要可适当放宽;负责协会以体育行政部门的名义行文的审批;负责协会的成立、变更、注销等事项的审查,以及协会所属经营性实体的申报登记的审批。

(三)运动训练科研管理

1. 运动训练科研管理机构

运动训练的职能机构包括国家体育总局科教司,省、区、市体育局科教处,优秀运动队,体育运动学校的科研处(科)。这些机构自上而下地形成我国运动训练科研管理的组织网络。其主要职责为拟定政策,提出发展方向,制定规则、计划,确定重点课题,掌握分配科研经费,协调、检查科研计划的执行,组织科技人员培训,组织相应层次学术活动的交流等。例如,国家体育总

局科教司的主要职责是:

(1)研究拟定体育科技、教育和反兴奋剂工作的方针政策、规章制度和发展规划。

(2)研究、提出体育科技、教育改革方案并组织实施。

(3)指导全国和直属单位的体育科技工作;组织体育领域重大科学研究和技术攻关;组织重大体育科技成果的审查、鉴定和推广应用。

(4)管理总局直属体育院校。

(5)组织和指导全国教练员岗位培训和优秀运动队文化教育工作。

(6)组织开展反兴奋剂工作。

(7)承办总局交办的其他事项。

各级各类学术组织是学术方面的评议机构,一般由学术水平较高的专业骨干组成,称之为学术委员会。如国家体育总局体育科学学会主要职责是,负责学会科研发展方向、科研规划审议,学术交流活动的组织、科学普及、科研课题的选题论证、成果鉴定以及科技人员学术水平的评议等工作。

2. 运动训练科研管理的基本要求

运动训练科研管理的内容十分丰富,它包括规划与计划的管理、课题管理、成果管理和科研条件(人员、仪器设备、经费、情报等)管理。在科研管理中需要注意以下方面内容:

(1)强化组织与领导。要形成运动训练科研"一体化"的结构体系。各级体育局应由副主任主管训练与科研,亦可建立联席办公制度。运动队应建立总(主)教练负责下的训练、科研"一体化",即组织一些综合教研组派往国家队,并形成制度化,作为指令性任务,教练员和科研人员必须严格执行。

(2)加快综合训练科研基地的建设。我国目前体科所多达30余个,训练基地近20个,但多数科研能力和科学训练能力水平较低。特别是省、区、市体育科研机构,要突出本地区重点运动项目的综合研究,办出地方特色。

(3)科学确定重点学科、重点项目、重点课题。在我国现阶段人力、物力、财力极为有限的前提下,要尽快提高运动技术水平,关键是要科学地确定运动训练科研工作中的重点学科、重点项目与重点课题,使有限的投入得到最大的产出效益。为此,探讨选择重点的原则和评价的理论,制定各类评价标准和评价方法以确定重点是科研管理工作的前提。

(4)创造有利于科研的学术氛围。除了从经费、设备、人才、信息等各类条件方面予以保证外,要允许科学研究中不同学派的存在。创造充分的学术民主气氛,坚定不移地执行"百花齐放,百家争鸣"的方针政策,是繁荣发展科研工作的保证。

（5）加强运动训练科研信息管理。信息管理就是对信息的收集、加工和利用的综合活动过程。信息管理是科研管理工作的基础和条件，其基本过程包括信息的收集、汇总、加工、处理、分析、储存、传输。体现在我国体育信息系统的任务是：建立有效的文献支持系统；建立完善的检索系统；加强全国体育信息的职能管理；加强国内外体育信息工作的交流与合作。

（四）运动训练经费管理

1. 运动训练经费的来源

（1）政府的财政拨款。我国目前有相当一部分的运动项目训练经费主要来自此渠道。国家对体育事业财政拨款有两种形式：一是直接拨款，即根据我国财政分级管理原则，中央财政预算拨款用于中央管理的体育事业，地方财政预算拨款用于地方管理的体育事业。中央为扶持"老、少、边、穷"后进地区的经费补贴等均属此类拨款。二是间接拨款，如国务院各部委预算中给予体育活动的拨款，包括教育部用于学校体育的拨款等，均属此类拨款。运动训练的耗资是相当大的。在我国目前经济尚不发达的情况下，依靠政府拨款发展体育事业是十分有限的，而这有限的经费中再用于运动训练的部分就显得更为不足。因此，竞技体育要想赶超世界先进水平，必须借鉴国外已成熟的经验，谋求自我发展之路。

（2）经营创收。主要是利用运动训练实体的场地、器材和优秀运动队的自身优势进行经营创收。主要包括场地器材出租、门票、纪念品、体育咨询、兴办实体等途径。随着我国体育市场发育的日渐成熟，运动训练实体的经营创收空间会不断增大，如出售电视转播权、发行体育彩票、股票上市等。

（3）社会集资。主要包括社会集资、企业赞助等形式。随着我国经济体制改革的逐步深入，企业活力的不断增强，企业赞助优秀运动队蕴藏着巨大的潜力，优秀运动队领导应充分利用这些有利条件，主动争取企业的赞助。要积极支持和鼓励社会各种力量办队，扩大体育的社会化程度，以弥补政府独家办队经费的不足。

2. 运动训练经费的使用

运动训练是一个复杂的系统工程，需动用大量的人力、财力、物力。就我国目前国情看，训练经费不足一直是一个实际问题。如何合理分配、使用有限的资金，是运动训练经费管理的一个重要课题。为此，应注意以下方面：要健全和完善财务管理制度；要坚持计划，按规定用款；要确保重点，不断提高经费的使用效益；要严格管理，厉行节约，精打细算。

四、运动训练管理的基本方式

(一)运动训练管理的过程

运动训练管理系统中诸多要素并非孤立静止的，而是相互作用、相互影响，处于运动状态。正是这种运动才推动了管理工作的进行，使管理过程成为一种动态过程。运动训练管理的基本过程，就是运动训练的管理者选拔具有适合专项素质的优秀运动员苗子，利用已有的体育器材和设施，在投入一定资金的前提条件下，运用掌握的运动技术，经过一定时间，将优秀运动员苗子培养（训练）成为优秀运动员的过程。这一过程可以简化为如下基本模式(图 7-2)。

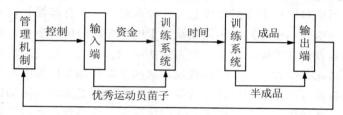

图 7-2 运动训练管理过程

运动训练管理过程是由教练员、管理人员利用设备器材、训练手段等一定的组合方式合成的一个专门系统。这个系统的对象是优秀运动员苗子，在对这些苗子进行训练的过程中需要消耗较多的资金。这个系统生产的产品有两种：一种是成品，即被培养成优秀运动员；一种是"半成品"，即中途退役的运动员。从运动技术水平提高的角度来说，后者是"不合格"产品。

从抽象的模式看，最佳训练方案，就是投入尽可能少的经费，选尽可能多的苗子，即训练系统的输入要尽可能小；反之，要求半成品尽可能少，即保证有效产出尽可能大，也即尽可能降低训练淘汰率，提高成功率。这个过程也称为最佳控制过程。

(二)运动训练管理的方法

1. 行政方法

运动训练管理的行政方法是指，依靠各级运动训练管理机构和领导者的权力，运用行政手段，按照行政系统规范进行管理活动的方法。它由行政管理系统采用命令、指示、规定、指令性计划和职责条例等行政手段对其各子系统进行调节与控制。由于它是由上级发布命令，下级则要服从上级，上下级之间的关系非常清晰。这就要求在运用行政方法上，上级对下级所下达的命令、指令或指令性计划等，一定要符合本部门的实际和管理活动的规律；更要求上级领导者，除了要有责有权外，还必须具有较好的领导素质，即有较高的理论政策水平和较强的组织管理能力。否则，就会降低管理的质量，影响管理的功效和目标的实现。

2. 法律方法

运动训练管理的法律方法，是指在运动训练管理过程中，运用法律、法令、条例、决议和章程等各种形式的法规来进行管理的方法。运动训练管理的法律方法具有强制性、普遍性、规范性和阶段性等几大特征。运用法律方法管理运动训练工作，是运动训练管理实行"法治"的重要内容之一。

3. 经济方法

经济方法是指按照客观经济规律的要求，运用经济手段，调节各种不同经济主体利益之间的关系，以实现管理目标的方法。这里所说的经济手段主要包括价格、税收、信贷等宏观经济手段和工资、奖金、罚款、经济合同等微观经济手段。不同的经济手段在不同的领域发挥各自不同的作用。社会主义市场经济中，经济方法可以有效地提高运动训练管理的效能，克服体育管理中过去那种单纯依靠行政管理的做法，调动和激发运动员、教练员的积极性、创造性和主动性，使运动训练这一特殊的社会劳动价值得到充分的尊重和体现，从而不断增强管理的活力。

4. 宣传教育方法

宣传教育方法是指通过宣传和教育等方式，使人们围绕着共同目标而采取行动的方法。宣传教育方法是以人们对思想活动的发展规律的正确认识为客观依据的。在运动训练管理系统中，各项工作的进行都离不开采用灌输、疏导和对比等教育工作方法，激发行政管理人员、教练员、运动员的工作和训练热情，以促进管理目标的实现。另一方面，宣传教育方法对其他管理方法的综合运用起着宣传、解释的优化作用。各种管理方法所具有的优点和缺点，如何兴利除弊、综合运用，如何适应现代运动训练管理的发展而不断完善等问题，都需要应用宣传教育方法，通过多种形式和途径向人们进行宣传、解释，使之能正确认识、客观对待、灵活运用，以便发挥它们的作用，提高运动训练管理整体功效。实践证明，我国运动训练各级管理所应用的各种方法或者所制定的各种法规、方针、政策和规章制度等实施效果的好坏，都同宣传教育方法对其宣传、解释是否有力密切相关。

第二节　运动竞赛管理

运动竞赛是指在规则允许下，运动员或运动队之间竞技能力的较量行为。运动竞赛可以促进社会经济发展、为国民经济增长起到直接或间接的促进作用，还可丰富人们的社会文化生活，满足人们的高级审美刺激等需求。运动竞赛管理是运动竞赛系统的管理者通过一定方式整合资源、实现运动竞赛目标的活动。

一、运动竞赛管理的概念

竞赛是体育运动的主要特点。早在原始社会就出现了竞技、球赛等竞赛活动，随着人类文化的发达，运动竞赛也得到更加广泛的开展。所谓运动竞赛（Athletic competition）是指在规则允许下，运动员或运动队之间竞技能力的较量行为。运动竞赛的实质是以争取优胜为直接目的，以运动项目（或某些身体活动）为内容，根据规则进行个人或集体的体力、技艺、心理的比赛行为。

通过运动竞赛，可以宣传体育运动，吸引和鼓舞人们参加体育锻炼，推动群众性体育运动的开展；检查教学和训练工作质量，总结交流经验，促进运动水平的提高；使观众受到高尚体育道德作风的熏陶与激励，振奋精神，增添乐趣，丰富和活跃业余文化生活。通过运动竞赛还可加强国内各族人民之间的紧密团结，促进与世界各国人民之间的了解和友谊。

所谓运动竞赛管理（Athletic competition management）是运动竞赛系统的管理者通过一定方式整合资源、实现运动竞赛目标的活动。

二、运动竞赛管理的体制

（一）运动竞赛管理的组织机构

运动竞赛管理体制（Athletic competition management system）是指运动竞赛的管理机构设置、权限划分及管理制度等的总和。一个国家的运动竞赛管理体制从宏观上决定了一个国家管理运动竞赛的方式、组织形式和运行机制以及各种管理关系，管理体制的运行情况将直接影响竞技体育多元目标的实现，并对竞技体育的资源配置起导向作用，同时受到国家体育管理体制的影响和制约。

我国运动竞赛管理机构的设置，有其不同的层次和明确的分工，自上而下分为国家体育总局综合司竞训部门，各省、市、自治区体育局综合处、竞训部门和基层业余训练系统的竞训部门三个层次。

1. 国家体育总局综合司竞训部门

国家体育总局综合司竞训部门以及带有实体性的各运动项目管理中心是我国竞赛管理体制中最高层次的管理机构。其主要职责为：

(1)把握竞赛导向，统一全国竞赛管理中的指导思想。

(2)拟定国家的体育竞赛制度和全国竞赛活动的规划。

(3)编写全国竞赛活动的规程，主办并组织全国性比赛，对承办全国性竞赛任务的下属部门进行业务指导。

(4)组织、指导国内区域性竞赛活动，提高我国单项运动技术水平。

(5)为参加国际性竞赛活动，组织好全国优秀人才的选拔和集训工作。

(6)为促进国际体育交往，组织好在国内举办的国际性单项运动竞赛或双边性的竞赛活动。

(7)管理审批全国以上各种运动成绩和记录。

(8)管理审批国家级裁判员等级，负责推荐国际级裁判员并对其进行业务培训和考核。

国家体育局综合司主要负责国际与国内综合性运动会的事务管理。

2. 省、直辖市、自治区体育竞训部门

省、直辖市、自治区体育局的综合训练处、竞赛处等竞赛机构是我国运动竞赛体制上下衔接重要的中间环节，其主要职责是：

(1)依据本地实际，制定本省(市或自治区)的竞赛制度和竞赛计划。

(2)拟定本地区的竞赛规程，组织本地区的竞赛活动，检查训练质量并通过比赛为国家发现和选拔体育后备人才。

(3)组织承办国家体育总局下达的竞赛任务。

(4)对承办省市级竞赛活动的下属基层体育局进行业务指导。

(5)审批并管理省市级各项运动成绩和记录。

(6)管理、审批一级裁判员技术等级，负责国家级以上裁判员的推荐工作。

3. 地市、县级体育竞训部门

地市、县级体育局所设的竞赛训练科室，是发现和培养本地区青少年业余体育后备人才的基层部门。其职责是：

(1)制定本地区竞赛活动计划和规程。

(2)组织本地区中小学生的体育比赛。

(3)管理和审批本地区各项运动成绩和纪录。

(4)管理、审批二、三级裁判员技术等级，负责推荐一级裁判员。

(5)推荐选拔青少年后备人才。

此外，中华全国体育总会在各省、直辖市、自治区体育总会都设有竞赛部等，各层次社会体育组织中都设有竞赛机构。

(二)运动竞赛制度

运动竞赛制度(Athletic competition institution)是指为有效地协调各类竞赛活动，提高运动竞赛管理的规范化和制度化而制定的有关组织竞赛的法规和准则。竞赛制度的制定为推动竞赛事业的发展起到了积极的协调、导向、规范作用。我国现行的竞赛制度主要包括以下方面：

1. 全国综合性运动会制度

全国综合性运动会是调动地方、行业、部队等各方面的积极性发展体育事业的有力杠杆，是发展重点项目、落实奥运会战略的保障措施。全国性综合运动会只设全国运动会(简称全运会)和全国城市运动会(简称城运会)。它由国家体育总局主办，省、自治区、直辖市承办。全运会每4年举行1次，其设置的项目以奥运会项目为主，兼顾非奥运会项目特别是国内优秀项目，以省、自治区、直辖市、解放军和全国一级行业体育协会组成代表团参赛。城市运动会是竞技体育培养、锻炼优秀后备人才的综合性运动会，每4年举行1次。其项目设置以我国开展的重点项目为基本项目。它以省会(自治区)城市、计划单列市、沿海开放城市、经济特区城市、特别行政区为基本参加单位。

2. 全国行业系统运动会制度

全国行业系统运动会是调动各行业办体育的积极性以推动各行业系统的群众性体育活动的开展、发现优秀运动人才为目的的综合运动会。这种性质的运动会包括全国工人运动会、全国农民运动会、全国少数民族传统体育运动会、全国残疾人体育运动会、全国大学生体育运动会、全国中学生体育运动会。

3. 全国体育运动单项竞赛制度

全国体育运动单项竞赛是锻炼队伍，检验训练成果，促进出成绩、出人才最有效的手段。

(1)单项竞赛的种类。根据我国的具体情况和管理的需要，国家体育总局把单项竞赛分为正式比赛、辅助竞赛两大类。正式比赛主要包括锦标赛、冠军赛、联赛(球类)以及经国家体育总局批准的单项最高水平的比赛。辅助性比赛主要包括达标赛、分区赛、邀请赛、调赛、协作区赛、杯赛、通讯赛、集训赛。

(2)单项竞赛项目分类及竞赛次数和规模。全国开展的运动项目分为四类，并按类别和主次顺序安排竞赛次数和规模。第一类，奥运会比赛项目中的重点项目。这类项目每年安排 2 次全国最高水平的比赛、1 次青年比赛、1 次少年集训赛。第二类，奥运会一般项目。这类项目每年安排 1～2 次全国最高水平的比赛，安排 1 次青年比赛。第三类，非奥运会比赛项目。这类项目每年安排 1～2 次全国最高水平比赛，还可以安排 1 次青年比赛。第四类，其他项目。这类项目提倡社会办比赛，形式可以多种多样。

（3）单项竞赛时间及地点。单项竞赛以每年 4～11 月为全国夏季运动项目竞赛期。全国各单项竞赛原则上应安排在竞赛期内进行。已经根据项目的特点和国际竞赛需要安排了夏训时间的，原则上不安排全国比赛。冬季可根据项目特点安排竞赛。业余体校的全国单项竞赛以不误上课为原则安排竞赛。竞赛地点和承办单位实行计划与招标相结合的办法予以确定。

（4）参赛单位和参赛办法。全国夏季运动项目的竞赛以省、自治区、直辖市、特别行政区、计划单列市、解放军、全国一级行业体育协会为基本参加单位；冬季项目的竞赛以地、市、州（盟）、解放军、全国一级行业体协为基本参加单位。

4. 全国综合性运动会申办办法（试行）

制定并实施全国综合性运动会申办办法的目的是为了适应我国政治、经济、文化的发展，特别是国际、国内体育竞赛的发展需要。同时还可以充分调动各方面的积极性，提高竞赛的质量和效益，推进竞赛的社会化。目前试行的全国综合性运动会申办办法中对竞赛所属权、申办单位的范围、申办的基本条件、申办单位的权利和义务、申办程序和要求、申办表决方式等内容都作了详细的说明。

5. 运动员参加全国比赛代表资格注册管理办法（试行）

这项管理制度是为了进一步适应体育竞赛改革的要求，促进人才合理流动，加强运动员代表资格的管理而制定的。管理办法确定了负责审查运动员资格和进行注册的管理机构、注册的基本单位、注册的依据和注册的时间等主要内容。

此外还有全国综合性运动会试行工作条例、全国体育竞赛赛区工作条例、体育运动全国纪录审批制度和运动竞赛奖励制度等。

三、运动竞赛管理的基本内容

（一）赛前工作的组织与管理

赛前管理工作主要包括讨论确定组织方案、制定竞赛规程、组建组织机构、拟定具体工作计划和行为准则、编制秩序册等。赛前管理工作在竞赛组委会（或领导小组）正式建立前，由竞赛筹备委员会（或筹备小组）负责。组委会正式建立后，则由组委会负责。

1. 研究确定组织方案

在竞赛计划的统一部署安排下，一项竞赛活动要有步骤地展开，必须首先进行总体设计构思并提出组织方案。竞赛组织方案大体包括以下内容。

（1）比赛名称和目的任务。根据比赛的内容、性质、赛制、时间和规模等因素确定比赛名称；根据比赛性质、项目特点和本地区、本部门的具体要求等，确定比赛的目的任务。

（2）比赛的主办与承办单位。

（3）比赛时间与地点。

（4）比赛规模。包括规定参赛者范围、比赛等级、比赛场馆器材设备的档次要求与数量等。

（5）比赛的组织机构。包括竞赛组织管理各职级机构设置和工作岗位安排以及人员配置的数量等。

（6）经费预算。包括竞赛经费来源与筹资计划、经费使用原则与使用范围、收支计划与增收节支措施等。

（7）工作步骤。确定竞赛整体工作的阶段划分和各阶段的工作重点与具体步骤。

2. 制定竞赛规程

竞赛规程是组织实施某一项（届）运动竞赛的主要政策与规定，对该项竞赛活动的组织管理具有高度的权威性和指导性，是竞赛组织者和参加者都必须遵循的法规。竞赛规程由主管竞赛的部门制定。单项竞赛活动需制定单项竞赛规程，综合性运动会则需同时制定竞赛规程总则（即总规程）和单项竞赛规程。

（1）竞赛规程的主要内容。包括竞赛名称、竞赛时间和地点、竞赛项目及组别、参加单位、运动员资格、参加办法、竞赛办法（采用的竞赛规则和所采取的赛制、团体总分的设置办法、决定名次和计分的办法等）、仲裁委员会的组成以及有关经费的规定。

（2）制发竞赛规程的注意事项。制发竞赛规程是一项非常严肃、细致和慎重的工作，应考虑到以下几个方面的内容。

√ 竞赛规程的制定要以竞赛的目的任务和竞赛计划为依据。

√ 竞赛规程要与国家颁布的有关方针、政策、法规相适应，并与体育竞赛制度、计划和国际组织的有关规定及国内竞赛的有关规定协调配套。

✓ 竞赛规程的制定要符合客观实际，既要符合国家、地区的情况和体育项目的实际，又要反映国际、国内体育运动发展的水平和趋势，以及运动员对竞赛的需求状况等。

✓ 竞赛规程应充分体现公平竞争精神。

✓ 竞赛规程应提前制发。竞赛规程下发的时间应视情况而定，一般应提前半年到一年。

✓ 比赛的规模越大，层次级别越高，其执法时间提前量应越大，以便参赛单位和运动员有充分准备。

✓ 单项规程要与总规程吻合。综合性大型运动会各单项竞赛规程的制定要以总规程为依据，口径一致，不允许有矛盾现象。

✓ 应具有稳定性。竞赛规程一经审定颁发必须严格执行，不能朝令夕改，变化无常，并尽可能少发补充通知或修改规定。

3. 建立竞赛组织机构

建立竞赛组织机构是运动竞赛组织管理工作的关键环节。各种竞赛的组织机构一般采用委员会制。运动竞赛的组织委员会，是全面领导整个竞赛组织工作的最高机构，其机构编制、人数等没有具体限额，应视比赛性质和规模而定。大型运动会组委会一般由政府一级行政领导担任组委会主任，主办单位的有关领导为副主任，并吸收包括有关体育部门的各职能机构领导，协作单位职能机构的领导，各单位竞赛委员会主任，与本次比赛有关的新闻、服务、公安等单位负责人，以及部分有代表性的参赛单位负责人为委员，使运动会能在各方面的积极支持下顺利进行。竞赛组织委员会一般设主任一名，副主任和委员若干名。地方或基层小规模比赛的组织领导小组，其成员人数应当酌减。

竞赛组织委员会直属职能部门应根据组织竞赛需要完成的各项任务来设置，并与竞赛规模相适应。一般包括办公室、竞赛、宣传（新闻）、保卫、行政、后勤等主要工作机构。另可根据竞赛需要，设外事接待、大型活动、工程、科研、集资等部门。组织机构成立后，应根据精简高效的原则，视实际需要分批借调工作人员，以节约人力、财力。

4. 拟订工作计划和建立规章制度

组织委员会成立后，应根据竞赛规程、组织方案和责任分工，拟订各职能部门的具体工作计划和有关行为规范，如竞赛工作计划、宣传工作计划、大型活动计划、安全保卫工作计划和财务计划，以及工作人员守则、作息制度等，经组委会讨论审定后执行。目前，在运动竞赛的组织管理过程中，除常规制订计划的方法外，较多采用编制计划网络图、工作流程图及各类图表的方法来制定运动竞赛总体规划和各职能部门计划。

5. 编制竞赛秩序册

竞赛秩序册是运动竞赛组织和具体竞赛秩序的文字依据，它由运动会的竞赛部门负责编制，报组委会审定并颁发。综合性大型运动会需要在各单项竞赛秩序册的编制基础上及时汇编总秩序册。各种类型运动竞赛的秩序册都必须提前下发。

竞赛秩序册一般应包括比赛名称、时间、地点，主办与承办单位，竞赛组织机构图，运动竞赛规程和补充规定，大会各部、处、室人员名单，各项目竞赛委员会、仲裁委员会成员和裁判员名单，各代表团名单，运动竞赛总日程表和各项目竞赛日程，分组名单，竞赛场地示意图，最高纪录表等内容。此外，基层运动竞赛根据需要，也可将运动员、教练员、裁判员守则及各种评优条例等内容附在竞赛秩序册后。

（二）赛中工作的组织与管理

1. 开幕式的组织

开幕式的程序一般应包括：宣布开幕式开始，裁判员、运动员入场，奏乐（国歌、会歌）升旗，领导人致开幕词，运动员代表讲话（或宣誓），裁判员、运动员退场，开幕式表演开始，宣布开幕式结束。

为了保障开幕式既庄严隆重、热烈欢快，又紧凑精练、完满安全，一般应成立开幕式临时指挥系统，负责控制、指挥开幕式各项活动准确、顺利进行。全国性大型综合性运动会，开幕式现场临时指挥机构一般由大型活动部牵头，组委会及其他部门临时选派有关人员配合组成。根据需要，可以在总指挥部下设置负责开幕式各项具体工作的分指挥部，比如：入场式分指挥部，负责开幕式仪仗队、各代表团队伍、裁判员队伍的组织以及与入场式相配合的奏乐、献花和升旗仪式等组织工作；背景台表演分指挥部，负责背景台表演人员的组织及现场指挥等各项工作；大会宣传分指挥部，负责开幕式大会现场宣传、新闻发布、记者组织、观众教育及会场环境布置等项工作；嘉宾区分指挥部，负责主席台及嘉宾区的各项组织接待工作；大会服务分指挥部，负责会场所需水电、音响设备、电讯、医疗急救以及各类服务保障工作；安全警卫分指挥部，负责开幕式场内外安全保卫、警卫人员配备及交通管理等项组织指挥工作。小型运动会，由于规模小人数少，开幕式的组织工作相对简单，可由组委会任命3～5人，分工合作，组成临时指挥小组具体负责。负责的具体内容可以参照大型运动会的分工和办法进行。

2. 赛事活动的管理

比赛正式开始后，运动会的主要指挥管理人员要深入赛场第一线，对赛事活动实行全面、具体的组织领导。要以果断、及时、准确为原则，严格掌握比赛进程，加强各职能部门之间的互相协调配合，防止比赛出现脱节、漏洞和误差。遇到困难或问题及时召集现场办公会、仲裁委员会或组委会会议，特别注意研究和及时解决比赛中出现的弃权、争议、罢赛、弄虚作假、赛风等方面的问题和各种突发事件，确保赛事活动顺利进行。

3. 人员管理

竞赛期间的人员管理，主要包括对裁判员、运动队(员)及观众的教育和管理工作。

(1)裁判员的管理。运动竞赛能否顺利进行，与裁判员队伍的水平高低密切相关。要抓好裁判员的职业道德教育，把"公正、准确、严肃、认真"八字方针贯彻到裁判员工作的始终，杜绝"私下交易"、本位主义等不良裁判作风；要在赛前组织裁判员认真学习竞赛规程、规则和裁判法，统一认识，统一尺度，周密研究可能出现的问题和处理办法；重要岗位的裁判员要反复训练，并组织必要的考核；要开好赛前裁判员准备会，合理分工，重要场次比赛要提前认真研究，慎重安排水平较高的裁判员担任临场工作，对抗性强的项目和评分项目，尽量安排与参赛队无关的裁判员，确保万无一失，公正准确；要及时认真地组织每一场比赛的赛后裁判总结与讲评，做到裁判工作天天有小结，阶段有总结，全程有评比，不断提高裁判工作质量。

(2)参赛运动队(员)的管理。较正规的运动竞赛应事先拟订运动队(员)的管理教育计划，采取分级管理办法，即大会抓各队，提出统一要求和具体规定，并做好各队之间的协调工作，定期召开联席会议，听取意见，处理问题，改进工作；领队、教练员抓队员，负责全队运动员的管理。通过严格、切实有效的管理，使各队自觉做到公正竞赛、团结拼搏、文明礼貌、互相尊重，保持良好的竞技状态，创造优异成绩，不断提高运动竞赛的综合效益。

(3)观众的管理。观众是体育比赛的重要参与者，特别是当比赛处于紧张激烈的竞争之时，若对观众的组织管理不当，很可能影响比赛的顺利进行，甚至破坏社会的安定。因此，加强对观众的组织管理，既是保证比赛顺利进行的必要措施，又是充分发挥竞赛积极功能的客观要求。为此，竞赛组织者应该从人们的社会心理承受能力和赛场的特殊氛围出发，寻求防患于未然的系统预防治理方法。

4. 后勤管理

竞赛期间的后勤管理工作包括认真检查比赛场地、设备和器材的布置与使用管理情况，落实运动员、裁判员的住宿、用餐、沐浴、交通和安全保卫工作，监督运动竞赛的各项预算执行情况，以及医务方面的伤病防治和临场应急准备等项具体工作。

5. 闭幕式的组织

在各项竞赛活动结束后，根据事先确定的闭幕式组织方案，闭幕式的各项组织工作必须提前准备完毕。闭幕式的基本程序是：宣布运动竞赛闭幕式开始，裁判员、运动员入场（也可不入场），宣布比赛成绩和获奖者名单，发奖，致闭幕词，宣布大会闭幕，闭幕式表演开始，宣布闭幕式全部结束等。闭幕式的组织工作和指挥系统由开幕式指挥系统负责，大型综合性运动会一般由大型活动部牵头。

（三）赛后工作的组织与管理

√ 办理各队离赛的各种手续，确保及时离去。

√ 借调的有关人员返回原单位。

√ 用于比赛的场地、器材、服装、用具等物资设备的及时归还、转让、出售和处理工作。

√ 竞赛财务决算。

√ 汇编、寄发比赛成绩册和其他技术资料。比赛成绩册的编制，应根据各项竞赛规程中有关录取名次和计分方法的规定。成绩册的主要内容依次为：破纪录情况，各单项名次情况，获其他奖励名单及各项目比赛成绩表。

√ 填报等级运动员和破纪录成绩。

√ 移交、整理有关文档资料。

√ 向新闻单位发布运动竞赛的有关情况。

√ 竞赛工作总结，上报当地党政机关和上级体育部门。属于承办全国竞赛的赛区，还须填报赛区情况统计表。

√ 评比表彰工作。对参与大会工作的单位和个人、支持与协助大会的单位和个人，以及竞赛的各级组织者、指挥者和工作人员进行表彰，表示致谢。

四、运动竞赛管理的基本方式

（一）运动竞赛管理的过程

1. 运动竞赛管理的计划

运动竞赛管理的计划（Athletic competition plan）是指在竞赛目标的导向下，预先对竞赛内容所做的筹划与安排。运动竞赛计划是科学有效地开展竞赛活动的理论依据，运动竞赛计划制定的科学与否将会直接影响运动竞赛管理的效果。

（1）运动竞赛计划的种类与内容。运动竞赛计划按照不同的标准可以分为多种类型，常用的划分方法有：按照计划的范围可分为全国运动竞赛计划、地方运动竞赛计划和基层运动竞赛计划；按照计划的期限可分为长期、中期和短期运动竞赛计划；按照竞赛的主体和竞赛业务可分为竞技体育计划、群众体育竞赛计划、学校体育竞赛计划。一项完善的运动竞赛计划大致由以下几个内容构成：运动竞赛的目标和任务；运动竞赛的种类与规模；运动竞赛工作的步骤、程序与工作要求；运动竞赛的日程安排。主要包括竞赛名称、参加对象、竞赛日期、竞赛承办单位和竞赛地点、备注等各项内容；竞赛工作负责人、主办单位、承办单位、协办单位及部门。

（2）运动竞赛计划的制定。1）运动竞赛计划制定的程序。我国运动竞赛计划采取自上而下的制定程序，最高层全国体育运动竞赛计划由国家体育总局有关业务部门和各单项运动协会根据中国体育运动发展方针、既定的体育运动竞赛制度和国际比赛活动的规律和国内体育发展的实际而定，经全国体育工作会议讨论确定后颁布实行。各省、自治区、直辖市体育局根据各地（市）、县体育部门及各项单项运动协会则根据上一级竞赛计划，并结合本地区本项目实际需要、逐级制定并颁布；2）运动竞赛计划制定的步骤：a. 明确运动竞赛的目标。一般来说，我国运动竞赛的目标主要有迎接上一级比赛组织运动队；促进运动技术水平的提高；检查训练效果；活跃群众文化生活，推动基层群众体育活动开展等。制定运动竞赛的目标时，要对运动竞赛系统面临的外部环境及内部条件进行全面的调整分析，以确保目标的客观性。b. 制定运动竞赛方案。运动竞赛目标确立后，应拟定各项竞赛多个具体方案以供选择，使竞赛目标落到实处。竞赛方案的具体内容主要包括确定比赛形式，即组织竞赛的任务、竞赛的范围、参赛者的年龄和竞赛项目的数量等因素；确定比赛时间，即上一级竞赛活动的日程、比赛的常规时间、比赛地点的气候状况、竞赛持续时间及节假日等因素。此外，随着运动竞赛职业化、商业运作的发展，在安排社会影响较大的竞赛活动时应考虑到电视、新闻媒体的需要以吸引更多的企业、商家进行商业宣传，充分利用和挖掘社会资金办竞赛，提高竞赛的经济效益；确定比赛地点和承办单位，即各类比赛的举办地点应具备场地设施与交通、接待条件以及当地的经济、文化和欣赏水平等。综合性运动会通常采用组织申办的方式确定承办单位和比赛地点。c. 优选运动竞赛方案。对竞赛方案进行优选是提高竞赛计划科学性的必要程序，优选竞赛方案要采取系统的综合分析方法，将各种实际因素系统考虑，最后决定出最佳方案。d. 确定方案，编制计划。备选方案拟订以后，决策者必须仔细分析各个方案的优劣长短，通过各种比例关系的协调统一，提高竞赛计划的整体性，对竞赛计划进行综合考虑和汇总后报请有关决策机关审定、批准，再作为正式计划文件下达各部门、各地区和基层单位贯彻实施。

2. 运动竞赛的组织

运动竞赛组织（Athletic competition organization）是运动竞赛组织管理工作的关键环节。就运动会的规模和层次而言，可分为规模较小的运动会、大型运动会、规模较大的综合性运动会。各种竞赛的组织机构一般采用委员会制，运动会的组织委员会是指全面领导整个竞赛工作的最高机构，其机构编制、人数没有具体限额，应视比赛的性质和规模而定。大型运动会组委会一般由政府一级行政领导担任组委会主任，主办单位的有关领导为组委会副主任，吸收包括体育部门各职能机构的领导、各单项竞赛委员会主任，与本届运动会有关的新闻、服务、公安等单位负责人，以及部分有代表性的参赛单位负责人为委员。组委会一般设正主任一名，副主任若干，委员若干。几种不同规模层次的竞赛组织机构分别如图 7-3、图 7-4、图 7-5 所示：

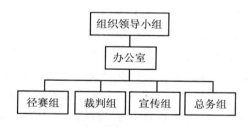

图 7-3　规模较小的竞赛组织机构

3. 运动竞赛管理的控制

（1）竞赛纪录管理。运动竞赛全国纪录是运动员在竞赛中创造、经有关机构按法定条件和程序审查确认的某一体育项目的全国最好成绩。为鼓励运动员在体育竞赛中顽强拼搏，争创佳绩，国家制定了《体育运动全国纪录审批制度》，运动竞赛纪录管理的主要内容有：1）设立运动竞赛全国纪录的体育项目。设立或撤销全国纪录项目须经国家体育总局批准。我国已设立全国纪录的有田径（包括室内田径）、游泳（包括短池）、举重、射击、射箭（包括室内双轮）、赛车场自行车、速度滑冰、室内短道速度滑冰、飞机跳伞、滑翔、航空模型、蹼泳、滑冰、航海模型、摩托车共 15 项。2）申请运动竞赛全国纪录的条件和程序。凡是在国家体育总局，省、自治区、直辖市体育局，中国人民解放军、各

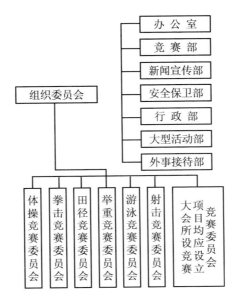

图 7-4　规模较大的竞赛组织机构

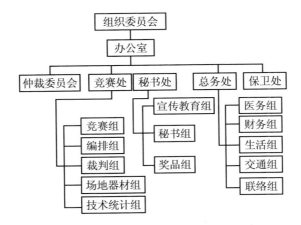

图 7-5　大型综合性运动会的组织结构

系统全国一级体育协会主办或认可的正式竞赛中，严格执行国家体育总局审定的运动竞赛规则，有符合规定名额的该项国家级或国际级裁判员执行裁判工作，运动员在参加正式国际竞赛中运动成绩刷新全国纪录者，均可申请为创全国纪录。其中射击、室内短跑道速度滑冰的各个项目，必须是在国际比赛、全国竞赛中，运动成绩刷新全国纪录者方可申请为创全国纪录。竞走的各个项目，必须是在国际竞赛，省、自治区、直辖市竞赛或相当于省级以上单位举办的竞赛（包括国家体育总局批准的由省级主办的邀请赛），并且有国家体育总局指定的裁判在场担任主要裁判工作的竞赛中，运动成绩刷新全国纪录者，方可申请为创全国纪录。青少年运动员刷新全国青少年纪录，同时刷新全国纪录者，可以申请为创造全国纪录。创造新的全国纪录的申请，必须在该项竞赛结束后 10 天内报国家体育总局。出访的运动队，必须在回国 10 天内办完申请手续，并报国家体育总局。

(2)竞赛纪律。运动员（队）、裁判员在比赛中端正赛风，严守纪律，赛出风格，赛出水平，是建设精神文明的一个十分重要的方面。《关于争取赛风根本好转的决定》和《关于违反〈全国体育竞赛赛区工作条例〉的纪律规定》中明确规定：

——运动员违反竞赛纪律的，应根据情节轻重，给予警告、严重警告、取消该次比赛资格、取消若干场比赛资格、停止半年或一年参加比赛资格直至撤销运动员技术等级称号的处分。

——运动队在赛区发生严重违反纪律的事件，都要追究教练员、领队的责任。属于教练员、领队参与、怂恿或不予制止而发生的，应根据其情节轻重，给予教练员警告、停止半年或一年不得带队参加全国比赛的处分，对领队应按照《国务院关于国家行政机关工作人员的奖惩暂行规定》给予行政处分。

——裁判员违反竞赛纪律，应根据情节轻重，给予警告、严重警告、取消该次比赛或若干场比赛、停止半年或一年比赛裁判工作、降低或撤销裁判技术等级的处分。

——在比赛期间运动员饮酒，教练员、裁判员酗酒的，应给予批评教育甚至处分，裁判员不得安排执行裁判任务。

——运动员、教练员、裁判员衣着、仪表不整，不遵守社会公共秩序，不遵守赛区规定，经教育不改的不得参加比赛，不得安排执行裁判任务。

——凡损坏公物和场馆设备的须照价赔偿，有意损坏的应严肃处理。

——凡将淫秽的画报、书刊、录音、录像带到赛区的，一律没收送交有关部门处理。

——凡调戏妇女的，应给予处分。参与观众寻衅闹事、起哄、扰乱秩序的，应给予纪律处分，严重的应按照《治安管理处罚条例》处理。

——凡受到赛区纪律处罚的，年终应降低评定奖励等级；受到取消该次比赛资格或行政记过以上处罚的，年终不得参加评奖。

(3)竞赛仲裁。仲裁也称为公断，指当事人双方在争议发生前或争议发生后达成协议，自愿将争议交由第三者裁决，承担裁决决定，双方负有义务自动履行的一种解决争议的方式。1)体育仲裁的范围。首先，体育纠纷是指因禁用药物、运动员流动、参赛资格等体育专业纠纷；其次，只适用于竞技体育活动中发生的纠纷；再次，体育纠纷不包括赛场上的具体技术争议和其他一般性纠纷。因此《体育法》中的仲裁机构不同于体育赛事中临时设立的仲裁委员会。2)体育仲裁机构。由于仲裁的民间性，首先，体育仲裁机构是由法律、体育和技术等方面的专家组成的民间机构；其次体育仲裁机构的仲裁活动根据国家法律及仲裁规则进行，不受任何机关、团体和个人的干预。另外，由于体育仲裁所涉及的体育纠纷的专业性、竞技体育管理体制的特殊性，根据《体育法》规定，体育仲裁机构设立办法和仲裁范围，将由国务院根据仲裁理论、仲裁制度和我国体育实践的具体要求另行规定。

(4)禁用药物和方法的管理。禁用药物和方法是指国际奥委会和其他有关国际体育组织确定的禁用药物和方法，俗称"兴奋剂"。使用禁用的药物和方法是指运动员应用任何形式的药物，或者以非正常量，或者通过不正常途径摄入生理物质的方法，企图以人为的和不正当的手段提高竞赛能力。我国体育界一贯采取明确的态度反对这一国际体育公害，为此国务院体育行政部门对此作出了一系列详细规定，主要内容是：

——在体育运动中严令禁止、严格检查、严肃处理使用兴奋剂的行为，维护体育运动的纯洁性。

——国家体育总局对全国的反兴奋剂工作实行统一的领导，由中国奥委会反兴奋剂委员会组织实施，各级体育行政部门、各有关体育组织和体育事业单位应有相应的机构或指定专人负责管理本地区、本系统、本单位的反兴奋剂工作。

——禁止运动员以任何形式或理由使用兴奋剂，禁止强迫、指使、诱导、欺骗、指导、配制、试用、销售、购买、有偿或无偿提供兴奋剂的行为，或者为上述目的筹集或提供经费。

——运动员应按照规定接受体育竞赛内和竞赛外的兴奋剂检查。检查由禁用药物检测机构按照有关规定进行。目前我国的禁用药物检测机构是指国家体育总局兴奋剂检测中心。

4. 运动竞赛管理的评估

(1)运动竞赛管理评估的基本内容。由于运动竞赛组织管理工作本身是一个繁杂的系统工程，对其评估的内容和指标体系的建立也是一个相当复杂的过程。从管理的角度，对以下几个方面的内容进行评价。

1)竞赛组织管理工作评估。竞赛组织管理工作评估内容主要包括：a. 设立竞赛的各类管理组织机构和指挥系统情况。b. 竞赛前期筹备工作情况，按计划进展，逐一落实情况。c. 硬件、软件、活件的运行情况。d. 大型活动的组织管理是否正常有序，包括开、闭幕式、场内外各项活动的组织管理与协调配合、观众的组织管理等。e. 运动员、教练员以及其他有关人员对生活、比赛、交通和工作环境以及服务质量的评价。f. 科学高效完成竞赛工作的程度。包括比赛日程的安排和比赛环境是否符合运动项目的客观规律，是否符合运动员的心理状态，是否有利于运动员竞技状态的形成与发展，以及在不违反科学规律的前提下能否以最短的时间完成比赛任务等。g. 选派、调用裁判员的级别、使用管理、执裁等情况。h. 赛风赛纪以及创造优异成绩的环境和氛围情况。i. 对兴奋剂等国家明令禁止的有关规定的执行情况。j. 突发事件的发生率以及处理事故的效率及效果。k. 赛后管理工作的执行情况。

2)社会效益的评估。运动竞赛社会效益的评估内容主要包括：a. 比赛的宣传效果以及赛事活动与节假日的合理安排情况。b. 观众的参与状况。c. 竞赛活动的开展促进城市建设、社会经济、对外交流、民众凝聚力的增强等情况。d. 对推动或带动群众体育发展的促进情况。e. 观众及竞赛秩序的保障情况。

3)经济效益的评估。对运动竞赛的经济效益评价可以用举办竞赛的投入与举办竞赛的收入的比值来表示。举办竞赛的投入越小，取得的经济效益就越高，举办大型运动会的投资，一般有三个方面，一是直接竞赛投资，包括场地、器材的损耗、住宿费、伙食补贴、裁判员费用、交通、奖励、保卫、办公、广告性宣传费用等。二是竞赛场地设施基建投资。三是竞赛所需的市政建设，如交通、通讯投资。在收入方面一般有电视转播费、门票收入、商业赞助等。

（2）运动竞赛评估的指标体系。对于不同类型、不同竞赛条件、不同竞赛目标的运动竞赛活动而言，其评估的内容及指标体系也是不一样的。竞赛管理部门应从竞赛实际情况出发，制定符合自身实际情况的评估内容与指标体系。

（二）运动竞赛管理的方法

1. 行政方法

运动竞赛管理的行政方法是指依靠各级运动竞赛管理机构和领导者的权力，运用行政手段，按照行政系统规范进行管理活动的方法。行政方法由行政管理系统采用命令、指示、规定、指令性计划和职责条例等行政手段对其各子系统进行调节与控制。运动竞赛管理中的行政方法要通过运动竞赛行政组织中的职务和职位来实施，它强调的是职责、职位而不是个人能力和特权。运动竞赛组织系统为了管理工作的需要从上而下建立了一整套的行政机构，其内部设有若干职位和职务，并有严格的职责和工作范围，上下级和同级之间关系清晰。

2. 法律方法

运动竞赛管理的法律方法是指利用各种法规、法令有效地规范和调整运动竞赛活动中各种关系的方法。广义的法律不仅包括国家正式颁布的各种法律，也包括各级政府和各个管理系统所制定的具有法律效力的条例、规章制度等。法律方法就是运用法律规范以及类似法律规范性质的各种行为规则来进行管理，它需要通过各种法律及司法、仲裁工作，规范和调节各管理要素之间的关系，以促进管理系统和谐有序地发展。法律方法的形式主要包括法律、法令、条例、决议、命令、细则、合同、标准、规章制度等。法律、法规等是由国家行政组织通过立法确立的，它带有强制性、规范性和普遍性，运动竞赛工作者要学会运用国家的法律、法规、制度、条例来开展工作。

3. 经济方法

运动竞赛管理的经济方法是指按照客观经济规律的要求，运用经济手段，调节各种不同经济主体利益之间的关系，以实现管理目标的方法。这种方法强调按照客观经济规律的要求，运用经济手段来促进管理目标的实现，即通过使用经济手段把组织内成员个人目标与组织整体目标协调起来。经济方法既不是否定利益共存，又不是按照平均主义的形式进行利益分配。经济方法的实质就是贯彻物质利益的原则，按客观经济规律办事。随着我国社会主义市场经济体制的建立和完善，管理者会更多地依赖经济方法实施管理。宏观方面的经济方法包括价格、税收、信贷等经济手段。在微观方面，经济方法包括工资、奖金、福利等经济手段。

4. 宣传教育方法

运动竞赛管理的宣传教育方法是指通过宣传和教育等方式，使人们围绕着共同目标而采取行动的方法。管理是人类有目的的活动，人是管理中最积极最活跃的因素，而人又是有思想、有感情、能思维的动物。人们行为的动力首先通过头脑，转变为愿望和动机，由动机引发人类的行为。这就要求管理者应注意掌握被管理者的需求，分析他们的动机，引导他们的行为。因此，宣传教育方法是以人们对思想活动的发展规律的正确认识作为其客观依据的。宣传教育方法的形式多样、灵活不拘，常用的宣传教育方法有作报告、讨论、对话、谈心、家访、典型范例、形象教育、对比教育等。

复习思考题

[1]什么是运动训练管理？运动训练管理的目标是什么？

[2]运动训练管理的体制是什么？

[3]运动训练管理的基本内容与方式是什么？

[4]什么是运动竞赛管理？运动竞赛管理的目标是什么？

[5]运动竞赛管理的体制是什么？

[6]运动竞赛计划有哪些内容？

[7]运动竞赛管理的基本内容与方式是什么？

第八章　体育产业管理

【内容提要】

体育产业是对为满足人们的体育需求而从事体育产品生产及经营活动的总称。体育产业中最活跃的部分是竞赛表演和健身娱乐业，而它们的基本组织形式是职业体育俱乐部和休闲健身俱乐部。体育赛事具有多方面价值，它是体育产业管理及开发中的重要活动内容，同时也是竞赛表演业的"载体"及表现形式。本章对体育产业管理的基本领域职业体育俱乐部、休闲健身俱乐部和体育赛事经营管理的概念、内容及运作方式等进行了分析探讨。

【学习目标】

● 掌握职业体育俱乐部经营管理的概念
● 了解职业体育俱乐部的组织管理结构
● 明确职业体育俱乐部经营管理的基本内容
● 掌握休闲健身俱乐部经营管理的概念
● 掌握休闲健身俱乐部的组织管理结构
● 明确休闲健身俱乐部经营管理的基本内容
● 掌握体育赛事及其经营管理的基本概念
● 明确体育赛事运营的组织管理结构
● 掌握体育赛事经营管理的基本方式和内容

第一节　职业体育俱乐部经营管理

现代西方职业体育俱乐部拥有一个完全按照市场机制运行的职业运动队，俱乐部按市场机制经营运作，在为社会提供精彩纷呈的竞技同时，通过商业运作，获得经济回报。在职业体育俱乐部中，需要拥有一大批优秀运动员，这样使得职业体育竞技水平达到同类运动项目的最高端。中国已具备发展体育俱乐部的基本条件，很多方面带有中国特色，并且有待完善。

一、职业体育俱乐部经营管理的概念

（一）职业体育俱乐部的概念

职业体育俱乐部（Professional sport club）是现代竞技体育的基本组织形式，最早产生于工业革命时期的西欧。1650 年，英国成立了著名的"赛马俱乐部"。其模式很快被英国的板球、拳击等其他运动所效仿，并进一步在欧美国家流行，迄今为止已经有几百年的历史。但是，直到第二次世界大战结束之后，特别是近二三十年来，随着竞技体育的升温，职业体育俱乐部才日渐发展壮大。

关于职业体育俱乐部的含义，不同的国家和不同学者有各自的理解，而且各个运动项目的规定也不尽相同。表 8-1 列出了各个国家对不同运动项目俱乐部的界定：

表 8-1　不同国家对不同运动项目俱乐部的界定

来源	概念
中国足球协会：《中国职业足球俱乐部的基本条件》	以足球产业为基础，具有企业法人资格，在中国足球协会会员协会注册，经中国足球协会审核并备案，拥有一支甲级足球队的足球俱乐部
西班牙：《体育法》	职业体育俱乐部界定为"体育股份公司"，并要求参加全国性职业比赛的职业队，必须遵照《体育法》组成体育股份公司
美国	职业体育联盟是"体育界的卡特尔"，把职业体育俱乐部看成是高盈利的体育企业
2008—2009 赛季中国男子篮球职业联赛俱乐部准入实施方案	中国男子篮球职业俱乐部必须为企业法人，并依照《中华人民共和国公司法》在国家工商行政管理部门正式登记为××篮球俱乐部有限责任公司或××篮球俱乐部股份有限公司，获得企业法人营业执照。俱乐部一线队伍国内球员在中国篮协注册必须达到 12 名，但最多不超过 16 名。俱乐部必须拥有或协议拥有一支不少于 12 名球员并在中国篮协注册的二线队伍

续表

来源	概念
《美国职业橄榄球大联盟章程》关于联盟组成成员的条文中规定	任何具有良好声望，以运作职业橄榄球俱乐部为宗旨的个人、联合体、公司或其他实体均具有成员资格。但是，不具有营利性质的公司、联合体、合作体、实体以及慈善组织都不具备成员资格
日本职业足球联赛	日本职业足球俱乐部为在日本工商注册的股份公司，且日本公民拥有50％以上的股份

从上述国内外对职业体育俱乐部的规定来看，所谓职业体育俱乐部是指由职业运动员组成，并且有资格参加职业运动竞赛的体育俱乐部，从本质上而言，它是一种特殊的企业，经营高水平运动项目的训练和竞赛，开发其附属产品，最终的目标是追求利润最大化。

（二）职业体育俱乐部经营管理的概念

1. 职业体育俱乐部经营管理的概念

（1）职业体育俱乐部的性质定位。职业体育俱乐部是体育企业，它是一个独立的经济实体和经营单位，有着它独立的管理机构和管理方式。职业体育俱乐部在符合条件的情况下向协会登记注册后，即享有法人的各项权利和义务。经济上自筹资金、自主经营、自负盈亏，并按国家有关规定上缴利润和税收。俱乐部在国家法律和规定范围内进行经营活动和开展竞争，其经营活动同时也受到法律保护和约束。

在市场经济环境下，作为体育企业的职业体育俱乐部和其他的市场企业一样，要遵循市场的价值规律，经历市场优胜劣汰的过程。因此，市场的压力和对整体利益的追求迫使这些职业俱乐部重视俱乐部的经营与管理，重视球员、教练及经营人才的引进和培养，不断优化内部管理结构、整合内外资源，提高经营的效率，从而在竞争中取得比较优势，能够得到不断的发展壮大。

（2）职业体育俱乐部经营管理的概念。职业体育俱乐部经营管理是指职业体育俱乐部的管理者通过一定方式整合资源，以实现职业体育俱乐部目标的活动。职业体育俱乐部经营管理活动的实质是在遵循市场规律的前提下，根据社会和市场需要，结合俱乐部本身实际，树立正确的经营思想，拟定自己的经营目标、经营方针、经营战略及其实施途径，通过不断优化俱乐部内部管理结构和更加有效的内外资源整合，不断向市场推出更加优秀的以竞赛表演为中心的系列产品，从而最终不断提高俱乐部的经济效益和社会效益。

2. 职业体育俱乐部经营管理的基本要素

企业经营管理（Operation and management of business）：对企业整个生产经营活动进行决策、计划、组织、控制、协调，并对企业成员进行激励，以实现其任务和目标等一系列工作的总称。

而职业体育俱乐部是企业的一种特殊形式，所以职业体育俱乐部经营管理指在遵循市场规律的前提下，根据社会和市场需要，结合俱乐部本身实际，树立正确的经营思想，拟定自己的经营目标、经营方针、经营战略及其实施途径，通过不断优化俱乐部内部管理结构和更加有效的内外资源整合，不断向市场推出更加优秀的以竞赛表演为中心的系列产品，从而最终不断提高俱乐部的经济效益和社会效益。

职业体育俱乐部作为体育竞赛表演的生产经营性企业，除了具有一般企业的共性特征外，还具有区别于其他第三产业，区别于一般文化娱乐企业的特征，所以在经营管理上也区别于一般文化娱乐企业。

（1）资产的管理。资产指可作为生产要素投入生产经营过程中，并能带来经济效益的财产。职业体育俱乐部的资产是由高水平运动员组成的职业运动队，它的社会效益、经济利益主要来自于职业运动员竞赛表演的娱乐观赏性，可以说没有运动员就没有观众，从而不会有电视转播及赞助商。因此，职业队与运动员的管理培养对职业体育俱乐部有着十分重要的意义，俱乐部的工作几乎都围绕着球队、运动员展开，由此产生一系列的活动，如运动员工作合同、运动员工资奖励等福利、运动员转会、运动员管理规章制度、运动员形象的包装与开发、后备人才培养等等，目的都在于使这一重要资产得到充分开发利用，使俱乐部资产保值增值。

（2）竞赛水平的经营管理。职业体育俱乐部提供的商品是体育竞赛娱乐服务。运动员在竞赛中展现的运动技能是职业体育俱乐部生存和发展的手段。运动员在比赛中的表现可以理解为某种以运动竞赛为载体的特殊产品的质量，因此，俱乐部的竞赛水平就成为俱乐部生存发展的基础，只有俱乐部竞赛水平提高了，俱乐部的知名度才能提高，无形资产才能升值，经营领域才能拓展，经济上的良性循环才能形成。

（3）俱乐部之间的合作管理。竞赛必须有对手的参与，否则自身无法构成对抗。而体育竞赛也是如此，只有水平相当，对抗才激烈，比赛结果才会有不确定性，这样才能吸引更多的观众。体育竞赛的对抗性决定了职业体育俱乐部的生产经营活动不同于其他企业。一家企业可能独立生产某种特殊的产品，由此形成的垄断地位可能带来垄断性的利润。而职业体育俱乐部则不同，它必须由各个俱乐部共同生产经营同一个产品——竞赛。所以，职业体育俱乐部要更好地实现产品的生产经营，就必须建立起协调、合作、制约的关系，并解决一系列问题。

（4）无形资产的经营管理。职业体育俱乐部的经营管理虽然包括类似俱乐部标志性产品等实物型商品的经营管理，但它主要的内容是俱乐部的无形资产的管理。职业体育俱乐部的无形资产有俱乐部冠名权、球星的广告开发权、电视转播权、场地、队服、俱乐部标志物的使用权等。即使是俱乐部实物产品、门票销售也与俱乐部无形资产有联系。实物产品由于附着了俱乐部的社会知名度，提高了市场品位，提高了市场竞争力，因而也获得了超出实际价值的附加值。

二、职业体育俱乐部的组织管理体系

（一）职业体育俱乐部独立经济实体的性质定位

1. 职业体育俱乐部是独立的法人实体企业

职业体育俱乐部是体育企业，这一判断早已被国内外的学者所证实。它是一个独立的经济实体和经营单位，有着它独立的管理机构和管理方式。职业体育俱乐部在符合条件的情况下向协会登记注册后，即享有法人的各项权利和义务。经济上自筹资金、自主经营、自负盈亏，并按国家有关规定上缴利润和税收。俱乐部在国家法律和规定范围内进行经营活动和开展竞争，其经营活动同时也受到法律保护和约束。

确切地说，职业体育俱乐部的产品是以竞赛表演为中心的，生产活动主要以人力资源的开发为主，具体为投资方提供场地、器材、运营资本和拥有操作性知识的生产者；教练生产竞赛产品、劳动力商品，通过人力资源开发进行扩大再生产；管理人员开发比赛的衍生产品，使俱乐部资源价值最大化；运动员是商品生产者也可以作为商品买卖。形成两者契约关系：投资人和其代理人的关系：委托—代理；代理人与雇员的关系：雇用—被雇用。各种要素资源最终统一于俱乐部这一管理性框架中。

2. 职业体育俱乐部的独特性特征

虽然职业体育俱乐部是体育企业，但它毕竟不同于其他企业，管理和经营具有它的独特性，因为竞赛产品的生产不同于其他物质产品的生产，与文化产品的生产也有很大区别。运动员的管理与一般工人的管理不同，经营以无形资产开发为主。俱乐部无形资产的形成主要是对运动员和管理人员的专业能力培养，以形成良好的品牌和商誉，吸引观众的消费，因此职业体育俱乐部是一个以人力资源为主的体育组织，运动员是俱乐部最重要的资产，具有它的独特性。

正是由于职业体育俱乐部具有独立法人性质的同时又有着它自身的独特性，因此在实际的管理操作过程中必然存在着信息的不对称，在信息不对称的情况下难以避免"搭便车"行为，为此国内外一些成功的职业体育俱乐部经过不断的摸索与改进，同时运用市场机制和内部监控、激励，形成了一些适合职业体育俱乐部自身发展的组织管理模式。

3. 职业体育俱乐部的组织管理机构设置

职业体育俱乐部是能承担民事责任的、具有法人资格的经济实体，因此有着较为明确的组织结构。一般情况下，职业体育俱乐部的组织结构由董事会和一些职能部门组成。俱乐部主席领导俱乐部董事会，俱乐部总经理管理运动员、经营部、财务部、办公室等职能部门，并直接对董事会负责。俱乐部董事会主要由俱乐部股东或代表组成，对俱乐部发展的重大问题做出决策。俱乐部主席由董事会推选或指派，通常由出资最多的一方或由其指定代表担任。董事会聘请总经理负责俱乐部的日常事务和运作。同时，俱乐部还设有主管具体业务活动的职能部门，如宣传公关部主管宣传、公关、广告业务等，运动管理部负责俱乐部球队的竞赛训练工作，办公室主管俱乐部的行政性事物，会员部负责俱乐部和球迷之间的联系等等，这些职能部门均对总经理负责。

（二）国内外职业体育俱乐部的主要组织管理结构模式

1. 国外俱乐部典型结构模式示例

图8-1为西班牙皇家马德里足球俱乐部的"四马"型组织机构。在这个组织结构中，主席团由主席、副主席、秘书处组成，由新当选的主席选择副主席的人选，副主席对主席负责，其职能是辅助主席做好俱乐部的战略决策和选择各

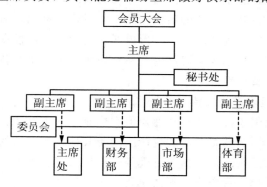

图 8-1 皇马"四马"型组织结构

职能部门的负责人（General Directors）。秘书处负责主席团的日常行政工作。目前，委员会由 14 名委员组成，对主席团的决策进行表决，并给予监督。

皇马俱乐部将管理层划分为四个职能部门，分别是主席处、财务部、市场部和体育部，每个部门设负责人 1 人，直接对主席负责；另外，副主席也间接地辅助各部门负责人的工作。由于俱乐部的经营管理工作几乎都由这四个部门完成，四个部门就像四匹拉动俱乐部前进的骏马，因此将这种组织结构称为"四马"型组织结构。

这一组织结构的建立让俱乐部摆脱了过去混乱的经营管理模式，使得俱乐部的经营管理走上了稳定、高效的道路，同时，各职能部门的负责人直接对主席负责也加强了中央集权。这一组织结构模式的实施使得皇马俱乐部的品牌和财富迅速扩大，当前，国外大多数的足球职业俱乐部采用的基本组织结构模式都与这一"四马"型模式相同或相似，然后再结合俱乐部各自的实际情况予以调整和完善。

图 8-2 为 NBA 职业篮球俱乐部公牛队的组织结构图，目前 NBA 里所有球队采用的组织结构都与之相同或相似。

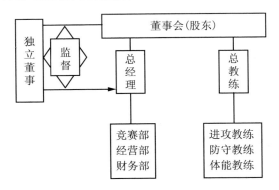

图 8-2　公牛队的组织结构框架图

和 NBA 大多数球队一样，公牛队作为职业篮球俱乐部不属于地方政府的体育部门，而是属于一伙投资者，是投资者盈利的产业，是自主经营、自负盈亏、独立核算的经济实体，所以产权归属明确，责、权、利一致。在这一框架中，董事会和经理负责球队的经营决策管理工作，肩负球队发展与资产保值、增值的重任；而独立董事专为监督和保障董事会、经理遵守联盟、俱乐部所制定的规则或股东意愿开展工作；球队的训练则由俱乐部聘请的主教练和几位专项教练负责。俱乐部内部分工明确，相互配合紧密，所以 NBA 里几乎所有球队都选择这种或与之相似的结构模式。

2. 国内俱乐部典型结构模式示例

随着我国足球职业化工作的不断开展，我国的一些职业足球俱乐部的管理结构也日益完善。目前，我国的足球俱乐部大多数采用有限责任公司和股份公司这两种形式的俱乐部制度，就俱乐部的组织结构而言，具有代表性的是两种：一种是没有设立监事会的"国安式"架构（图 8-3）；一种是设有监事会的"鲁能式"架构（图 8-4）。

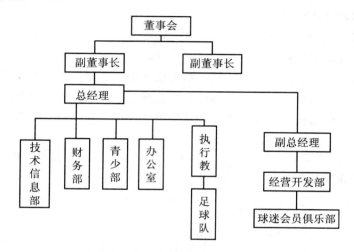

图 8-3　国安足球俱乐部组织架构图

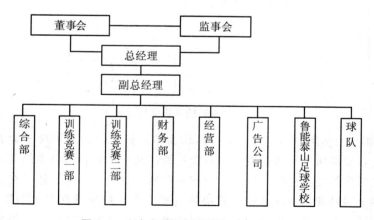

图 8-4　山东鲁能足球俱乐部组织架构图

可以说，我国职业足球俱乐部经过十几年的发展，已经初步形成了自己的一套组织管理框架体系，但是我们必须认识到，当前我国大部分职业足球俱乐部没有设立监事会，部分职业俱乐部设立了监事会，但由于监事会成员也来自于股东企业，实际上起不到权力制衡的作用。因此，完善这些制度的关键是监督制度的完善，监事会成员必须是中立者，如球迷、媒体、俱乐部外的专家学者等，只有这样才能通过合理的管理结构和有力的监督对投资者及其代理人形成一定程度上的激励和约束，提高整个职业俱乐部资源的利用效率。

三、职业体育俱乐部经营管理的基本内容

所有职业体育俱乐部都是一个经营实体，经营活动是职业体育俱乐部赖以生存的基础，是经济上独立核算、自负盈亏、实行合同制的先决条件和重要保障，职业体育俱乐部经营活动的特点是走体育与市场相结合的道路，实行企业化管理，严格按照市场经济的竞争、价格和供需三大基本法则来开展经营活动。职业体育俱乐部经营活动主要有以下几个方面。

（一）门票经营管理

门票收入是职业体育俱乐部赖以生存的基础，虽然职业体育俱乐部在经营渠道上不断拓展，营利内容不断增多，但门票收入仍是职业体育俱乐部的一项重要收入来源。例如，美国职业棒球大联盟各俱乐部平均年收入 6600 万美元，其中 40% 来自于门票收入；曼联俱乐部的营利水平，之所以在英超的所有俱乐部中雄踞榜首，很重要的原因在于它的门票收入达到总收入的 40% 左右，在英超俱乐部的门票收入比重排列第一。俱乐部在进行门票销售时应当注意门票的定价要合理，尤其要考虑到当地的经济状况；并要合理拉开各等级球票之间的价格，保证不同的人都能看得起比赛。

（二）电视转播权经营管理

出售电视转播权是职业体育俱乐部的又一重要经营活动，电视转播权已经成为当今西方职业体育组织经济增长的支柱。观众群体的规模是影响电视转播权收入增长的根源。庞大的职业体育观众吸引了赞助商与广告商的巨额投入，赞助商、广告商和媒体商对职业赛事投资的目的是职业赛事庞大的观众群带给他们商业机会。电视广播公司通过转播职业体育赛事在赞助商与广告商那里得到了巨额利润。电视对职业体育赛事的传播与宣传又提高了职业体育赛事的影响力，扩大了职业体育赛事的受众范围。由于电视机构为争夺转播体育节目权而展开的竞价，导致电视转播费增长十分迅猛。至 20 世纪 90 年代，美国职业体育组织的电视转播收入已经达到惊人的数字。国家橄榄球联盟与狐狸公司签订的 1995 至 1998 年电视转播权协议达 15.8 亿美元，在 1998 年年初，国家橄

榄球联盟与美国广播公司签订的为期 8 年的转播权协议高达 180 亿美元，是职业体育史上价格最高的电视转播合同。

(三)球员转会经营管理

球员转会的经营主要是指俱乐部根据自己的经营目标和球队成绩的实际情况，以最合理的价格买入和卖出球员的经济活动。球员转会经营最重要的是科学确定转入或转出球员的市场价格，力争以最小的投入买入最好的球员，以最优的价格卖出转会球员。对俱乐部而言球员转会经营最重要的是要清楚转入或转出球员价格的估算方法，并以此为底价设计谈判方案，争取以最合理的价格与对方俱乐部达成协议。俱乐部若经济拮据，濒临破产，则可通过转让自己的球员，甚至是优秀球员，以换取转会费来渡过难关，若俱乐部经营有方，也可通过培养优秀的后备球员并转卖给其他球队。

(四)特许产品经营管理

特许经营不是一种行业，只是一种营销商品或服务的方式。多年来的市场营销竞争实践证明，特许经营已经在许多国家被证明是一种有效地分销商品和服务的方法，并对经济的发展产生了积极的影响。体育特许产品通常是指将体育组织、体育赛事、运动明星等名称标识的专利权或产品及服务中已注册版权的设计方案的使用权授予特许经销商，授权人从中获得商业利益的经营行为。体育特许经营权是体育组织、体育赛事承办人、明星运动员无形资产的重要组成部分。体育特许经营权的使用可以为授权人与受许可人双方带来经济效益。特许销售活动为许多职业体育组织带来了丰厚的利润，美国橄榄球联盟从 1990 年到 1994 年，体育特许产品的销售几乎翻了一倍，从 53 亿美元增长到 103.5 亿美元。

(五)体育广告经营管理

体育广告是指以体育活动、体育场馆、体育报纸杂志、运动员及其他与体育有关的形式为媒介，将商品、劳务和精神产品等信息传递给经营者和消费者的手段和方式。职业俱乐部可经营的广告主要有：场地广告、比赛服装和器材上的广告、门票广告、赛场实物广告以及拍广告片等。广告的经营既可由俱乐部的市场开发部来运作，也可由中介机构来代理运作。广告与体育结下了不解之缘，广告支撑着现代体育运动，体育同经济的密切结合，已经成为引人注目的社会发展趋势。这是由于体育具有较强的交往功能，经济有着旺盛的拓展需求，这种功能与需求都是客观的、内在的、不以人的意志为转移的。社会环境等外因的变化为职业体育组织提高广告收入提供了契机，企业要利用比赛扩大自己的知名度、介绍和推销自己的产品，愿意付给俱乐部或运动员的广告费是十分惊人的。1992年巴塞罗那奥运会，仅可口可乐公司的广告费就达3000万美元，1994年世界杯足球赛，制订了一个耗资2000万美元的广告计划。

（六）体育赞助经营管理

体育赞助是赞助双方的事情，双方各有其利益。就被赞助方的职业体育经营者而言，是扩大财源、增强活力、扩大影响的重要手段，主要解决生存和发展的问题。就赞助方而言，通过冠名、赛场广告、电视现场转播等手段，可以提高企业知名度、美化企业形象、增强和目标顾客及社会接触机会，以利于扩大产品销售等。目前。职业体育中的赞助主要是指以联赛为对象的赞助。赞助的形式可以是对赛事的赞助，也可以是对俱乐部的赞助或是对明星运动员的赞助等。当前许多大型大型体育比赛，特别是大型国际比赛就明确规定，必须首先取得赞助权，方可问津该赛事的广告。以1994年美国世界杯为例，企业必须首先出资2000万或3000万美元取得赞助商资格后，才有权在所有赛场放2块或4块广告牌。有了赞助权除了广告之外，还有标志和吉祥物使用、指定产品、现场销售等权利。

（七）标志产品经营管理

标志产品是职业联赛的经营者将赛事标志、队徽标志、球星形象制作成各种适应体育迷需求的产品，以产品的形式有偿转让给某一企业的一种商业行为。虽然标志产品与竞赛本身没有直接联系，但它的市场状态却与竞赛的水平有着必然联系。高质量的竞赛是树立联赛形象的根本，也必将推出一批深受球迷们喜爱的明星运动员，而高质量竞赛的观赏性和明星运动员的精彩技艺必然吸引众多的球迷，围绕赛事和明星们将会形成一个相对稳定的球迷群体。通过设计、制造和发行带有赛会标志的运动服、帽、纪念章、球星卡等球迷产品，可以满足球迷们对赛事和明星的认同感。因此，球迷产品的经营既是创造经济效益的渠道，也是树立赛事品牌，扩大球迷群体的一个有效手段。

（八）其他

俱乐部可以利用自己的场地提供有偿训练、开办主题公园、俱乐部观光旅游、娱乐健身等以获取相应的经营收入。

四、职业体育俱乐部经营管理的基本方式

（一）扩大财源

职业体育俱乐部的收入主要来自五个渠道，即会员会费、比赛门票、炒卖运动员、体育广告、体育彩票。

1. 会员会费

这是一笔固定而可观的收入。特别是一些著名的大型俱乐部，会员数以万计，虽然摊在每个会员身上的费用并不太多，但聚沙成塔，加在一起也是一笔不少的数字。再说会员的意义不仅在会费，而且人多势众，特别是比赛时，以球迷为核心的广大会员观众为本队的加油声和欢呼声所起的鼓舞和威慑作用，是一笔更为巨大的无形财富。因此，各个俱乐部无不把扩大会员队伍当做一件生命攸关的大事来抓。

2. 比赛门票

观众是上帝，是职业俱乐部存在的前提。没有观众的比赛，就如同没有顾客的商店。体育广告效益的好坏，也和观众的多少息息相关。因此，各职业体育俱乐部都把争取观众放在首位，每年都公布观众人数和门票收入情况，并和上一年度进行比较，以此来衡量自身的业绩。

3. 炒卖运动员

优秀运动员是职业体育俱乐部的灵魂。他们在吸引观众和球迷、提高和巩固俱乐部荣誉、提高票房价值和广告效应等方面所起的轰动效应，是任何力量也无法比拟的。因此，目前各著名职业体育俱乐部都不惜重金，千方百计地网罗世界超级明星来巩固自己的地位。

4. 体育广告

体育广告有很多种，如赛场广告牌(含广告横幅、广告旗、广告气球等)、比赛服装(含器材)广告、门票广告、体育电视片广告和赛场实物广告等。其中应用较多、效果较好的为赛场广告牌和比赛服装广告两种。这是因为这两种广告载体分别处于赛场背景和运动员身上显著位置，无论是现场观看还是电视转播时重复出现率均很高，广告效益最为明显。当然，这两种广告形式的费用也最高。

5. 体育彩票

体育彩票以高额奖金为诱饵，吸引人们自愿参加，是一种收集社会游资的行之有效的方式，为许多国家广泛采用。体育彩票的常见形式有两种。一种是幸运摇奖彩票，即在每场比赛结束后当众摇奖，确定中奖号码。中奖者凭门票

第八章　体育产业管理

领取奖金或奖品，奖品一般为小轿车一辆。这种形式比较简单，完全凭运气，规模不大，只限于当场观众，一般由承办比赛的主场俱乐部经营，收入主要归自己。另一种是比赛结果预测彩票。形式也有多种。有的是猜某一场比赛的输赢家，有的是猜某一次大赛的前几名或所有参加者的名次，有的是猜一轮联赛各场次的输赢家。虽然这类彩票大都不是个别俱乐部所能经营的事，而是由政府或体育总会指定专职部门或私人企业来经营。但由于这类彩票大都是职业体育俱乐部比赛的产物，所赌内容是它们的比赛结果，而且彩票的一部分收入最终也让有关俱乐部参与分享，因此，也可以把这种形式的彩票看成是职业体育俱乐部的财源之一。

（二）抓好职业运动队伍的管理

职业运动队是职业体育俱乐部的基础和核心。职业体育俱乐部的社会效益和经济效益全都来自职业运动队。职业体育俱乐部的所有工作都是围绕着职业运动队而开展的。因此，职业运动队的建设和管理对职业体育俱乐部来讲具有重要意义。

1. 职业运动队的人员构成

职业运动队的人员构成少而精。除运动员外，一般还有下列工作人员：经理（有的国家也称作领队）1人，主、副教练各1人，经理助理1人，按摩师1人，后勤1人。

经理是职业运动队的实权人物，掌管全队的管理和财务大权，负责和教练员及运动员签订合同，确定和发放比赛奖金，签发全队的各项开支。运动员的进出，主教练可以提出个人意见，但最后决定权掌握在经理手里。经理还负责对外联系，包括与赞助商商谈和签订合同，对外联系商业性比赛事宜，签订租赁体育场合同等。此外，还负责公关和新闻发布等工作。总之，整个运动队除训练和比赛以外的一切事务，均由经理来谋划和主管。

主教练负责全队与训练和竞赛有关的一切事务，包括物色、选拔和淘汰运动员；制定比赛和训练规划和计划；设计和实施技术、战术、身体素质、心理和智能等方面的训练；确定比赛战略和战术以及参赛运动员的人选，并进行现场指导；负责运动员的恢复以及必要的生活管理和监督。

经理助理。协助经理处理各项具体工作，兼管运动队的文秘和档案工作。

副教练。根据主教练的旨意，协助完成与训练及比赛有关的一切具体工作。包括布置训练器材，做些现场统计、记录等工作。

按摩师。主要负责运动员训练和比赛后的身体按摩，促进其恢复。同时还负责运动员在赛场上的伤病处理，配置运动饮料以及一般性的医务监督。此

243

外，运动员和按摩师之间的关系一般都比较融洽。因此，按摩师大都身兼运动心理师，利用按摩的机会对运动员做些心理疏导工作。

上述人员构成情况只属一般中、小型职业运动队的最低要求。由于国情、运动项目和运动队规模的不同，在人员种类和数量方面会有一定差异。

2. 职业运动员的管理

职业运动员是职业运动队的基础和灵魂，其水平与质量直接影响职业运动队以及职业体育俱乐部的命运。因此，各个职业体育俱乐部和运动队无不把运动员看成是自己的生命线，下大力气抓好运动员的管理，使之发挥最大效益。国外对职业运动员的管理一般均遵循下列几个方面：

（1）进行法制管理。所谓法制管理是指严格按照法律、规章、制度和合同来进行管理，使这些法律、规章、制度和合同起到引导、规范和保障作用。首先，通过宪法或其他专项法律来规范和保障职业运动员的合法地位和权益，使他们的职业合法化。其次，各主管运动协会都通过法规对职业运动员的资格、就业、转会、参赛条件、合同、奖金及纠纷处理等问题作出明确规定，一方面是为了确保职业运动员的质量，另一方面也是为了规范和保障他们的义务和权利；再次，职业体育俱乐部和职业运动员之间签订合同；最后，职业体育俱乐部通过严明的纪律规章来进行管理。

（2）按照价格法则激励运动员。职业运动员的工资和奖金是其运动水平和业绩的标志。水平越高，业绩越好，所获得的报酬就越多。主要做法是：第一，提高工薪起点。由于职业运动员所创造的票房价值和广告价值均很高，加上运动员是一项既比较危险，从业年龄又较短的职业，他们伤、病的概率较高，导致终生残疾甚至夭折的事例时有发生，因此，他们的工薪理应高于一般职业。第二，拉开差距，突出明星的地位。著名球星是场上的灵魂和核心，他们的出现，不但对本队起组织、指挥和稳定军心的作用，对对方起牵制和威慑作用，而且还是吸引观众和赞助及广告，提高球队档次和知名度的法宝。因此，他们的工薪高出一般队员许多倍。第三，奖金浮动，真正体现多劳多得，立功授奖。第四，鼓励运动员通过广告活动提高知名度。第五，杜绝"铁饭碗"，坚持优胜劣汰，人才流动。

3. 职业教练员的管理

教练员是运动队训练与比赛的设计者、指导者和指挥者。其水平、能力与态度均和运动队的成绩有着直接而密切的关系。国外在职业队教练员的管理方面有下列几个主要特点：一是十分注意教练员的任职资格。国外不但普遍重视教练员的任职起始资格，而且还十分强调业务进修。二是实行合同制。俱乐部和教练员之间普遍实行合同制。合同一方面赋予教练员指挥训练与比赛的全权，其中包括任何时候都可以淘汰他认为不合适的运动员的大权。但同时又对教练员自身的工作和任期目标有严格的规定。

(三)重视体育后备人才的培养

吐故纳新是职业体育俱乐部生存和发展的根本之道，因此，每一个俱乐部都十分重视后备人才的培养和选拔。其主要途径大致如下：

1. 俱乐部自己培养

欧洲国家大都采用这一办法。而且许多国家都把培养后备人才看成是职业体育俱乐部的先决条件之一。例如德国足协规定，每个职业足球俱乐部必须至少拥有 10 个青少年足球队。而实际上，几乎每个俱乐部所拥有的青少年足球队，都大大超过这一要求。

2. 俱乐部成立专项学校

南美洲足球大都采用这一形式。这一形式和上述欧洲普遍采用的形式差不多。不同的只是学员不能自由参加，而是需要经过考核甄别，只有达到一定标准的人才能被录取。学员们也按年龄分组进行训练和比赛。例如，阿根廷从 12 岁起到 20 岁，一岁一个年龄组。该国还规定，甲级足球俱乐部，每个年龄组都必须设置代表队参加所在城市和地区的各年龄组锦标赛。

3. 从学校代表队中选拔

在美国，学校是美国体育的摇篮。该国从小学到大学普遍重视体育教学和课外业余训练及竞赛。因此，各个项目校内、班级内和班际的比赛，以及校际间的比赛常年连绵不断。

4. 成立预备队

许多国家的职业体育俱乐部均设预备队，成员大都为本俱乐部的青年精英，也有一些是通过球探从其他俱乐部物色来的新秀。一般只有极少数人有幸留下来签约成为正式队员，其余被淘汰的人或转入俱乐部成人业余队继续从事业余足球训练和比赛或另谋出路。为了避免有的俱乐部垄断过多的优秀青少年选手造成积压和浪费，一般都对学徒队的成员数量有严格限制。

(四)扩大会员队伍，做好球迷工作

如前所述，职业体育俱乐部与会员之间有着鱼水关系，因此，各个俱乐部都十分重视扩大会员队伍的工作。除了采取前述业余体育俱乐部的一些相应措施外，还采取下列一些办法来巩固和扩大会员队伍：如通过代购门票，提供赠票和优惠票等方式，保证会员们能看到一些重大比赛。以提供队服、队旗和在

交通、住宿方面提供方便以及优惠的方式鼓励会员随队到外地或国外去观看比赛，不但满足他们的观赏欲望，还可扩大"啦啦队"的阵容；以优惠价向会员出售年票、季票和月票等长期门票，使会员们在价格上享受优惠，也保证了每场比赛的基本观众和基本门票收入；采用减收会费的方式来吸引外地和郊区球迷入会。

第二节　休闲健身俱乐部经营管理

休闲健身俱乐部经营管理是指经营管理者通过一定方式整合资源，以实现休闲健身俱乐部目标的活动。休闲健身俱乐部的资源包括教练员、服务人员、营销人员、场地设施、财务、信息、关系等。为了发挥各种资源的最佳绩效，管理者不仅需要采用合理计划、组织、控制等管理的一般职能式管理方式，还需要通过建立各种规章制度、制定各种措施方案、采用各种营销手段等促使俱乐部经营目标的实现。

一、休闲健身俱乐部经营管理的概念

（一）休闲健身俱乐部的概念

自我国 20 世纪 90 年代颁布《全民健身计划纲要》以来，随着经济发展水平和人民生活水平的逐渐提高，广大城乡居民的生活方式与消费理念悄然发生着变化，"花钱健身"的观念渐入人心。为满足不同层次大众的需求，社会上开始大量涌现各种类型的体育俱乐部、健身房、健身中心等休闲健身消费场所。

俱乐部是英文"club"的音译，通常作为一种组织制度来解释，如"为参加某一特定活动而聚在一起的人群或社团或为付费成员提供服务的商业性组织"。在我国，按俱乐部经营的性质，健身俱乐部可分为公益型和商业型两种。公益型健身俱乐部是指各种为满足广大人民群众的健身要求，以开展群众体育活动，增进身体健康为主要目的的基层体育组织，其经营的目的在于为大众身体健康服务，如国家体育总局于 2000 年推出的利用体育彩票公益金兴建的青少年体育俱乐部。

休闲健身俱乐部（Recreation health club）是指为满足大众健身、休闲、娱乐等需求，经营者以商业型健身设施为活动场所，依靠市场机制和利益机制运转的健身俱乐部，其经营的主要目的在于营利。因此，这类俱乐部属于商业型的俱乐部。

休闲健身俱乐部既有高档的健身休闲体育项目，如高尔夫球、冰雪项目、航海航空项目、赛车等；也有新兴的极限运动和时尚运动，如滑轮、滑板、攀岩、悬挂、滑翔、冲浪、帆船帆板、漂流、滑草、滑沙、跆拳道等；同时还有一大批大众普及型健身休闲体育项目，如篮球、足球、排球、网球、羽毛球、乒乓球、台球、保龄球、武术、健身健美操、游泳、棋牌等；既有综合性的，也有单项的，均以开展群众体育活动为主。一些高级的休闲健身俱乐部除了提供体育服务外，还开展娱乐、餐饮、旅游、度假等综合服务。有些俱乐部虽然收费较高，但由于服务项目较多、服务态度较好、服务水平较高等特点，能够满足较高层次人士以及热爱体育活动的人的需求。

（二）休闲健身俱乐部经营管理的概念

休闲健身俱乐部的经营管理（Leisure sports club management）是指经营管理者通过一定方式整合资源，以实现休闲健身俱乐部目标的活动。健身俱乐部的资源包括教练员、服务人员、营销人员、场地设施、财务、信息、关系等。为了发挥各种资源的最佳绩效，管理者不仅需要采用合理计划、组织、控制等管理的方式，还需要通过建立各种规章制度、制定各种措施方案、采用各种营销手段等促使目标的实现。

休闲健身俱乐部管理者经营管理水平的高低直接关系到俱乐部的效益。俱乐部的经营管理过程的重要任务就是吸引会员并留住会员，而影响这一过程的基本因素包括健身房选址是否准确，收费是否合理，环境是否舒适，设施是否齐全，经营品种是否具有诱惑力，健身指导是否专业，服务是否周到，俱乐部推销和宣传手段是否到位等诸多方面。俱乐部管理的主要内容在于对俱乐部的发展作出合理的经营规划，并建立有效的组织及合理安排相关人员的职责，其目标在于最终在市场中生存并盈利。

二、休闲健身俱乐部的组织管理体系

（一）组织机构设置

休闲健身俱乐部的组织结构受多种因素的影响，各健身俱乐部有所不同。小型健身俱乐部一般组织架构简单，主要由管理层及运营部（销售部）组成。工作人员由教练员、场地维护管理人员、销售人员组成。作为有一定规模的高级休闲健身俱乐部组织一般具有以下组织结构（图 8-5）：

高级休闲健身俱乐部一般都设董事会和理事会。董事会由资方代表组成，是最高领导机构，决定俱乐部的经营大计。理事会为最高管理机构，通常设理

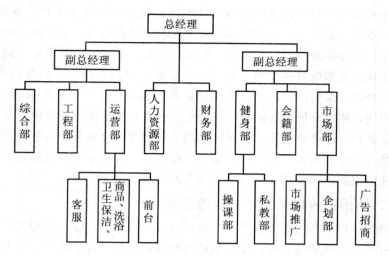

图 8-5   高级休闲健身俱乐部的组织管理结构示例

事长一名，副理事长若干名，常务理事和理事若干名。理事长由董事会任命，副理事长经董事会推荐由理事会聘任。理事会成员协助理事长管理俱乐部的各项业务。理事会为顺利完成俱乐部的各项经营工作，可设立若干专业委员会，并吸收一些专家、名流担任理事、委员和委员会负责人。

（二）部门分工与职责

高级休闲健身俱乐部的组织部门一般包括市场部、会籍部、运营部、健身部、综合部、工程部财务部和人力资源部等。根据这些部门的分工设置，其职责如下：

1. 市场部

（1）市场部经理：负责俱乐部整体市场计划的制订和实施，监督进展情况；负责与其他部门和上级部门的沟通协调，支持市场部各项工作的有效执行；负责市场部内部的人员培训、考核和评定；负责俱乐部 CI 形象战略计划的确定和实施；负责与全国相关媒体接触，建立良好的长期合作关系。

（2）企划文案：负责大型市场推广、公关活动的文案策划、新闻稿撰写等；负责为相关媒体杂志提供稿件；负责俱乐部市场数据调查与预测及市场活动的总结反馈；负责俱乐部市场资料的收集和整理；负责会员刊物的筹划和出版发行；负责俱乐部的市场咨询和培训。

（3）广告招商：负责俱乐部宣传广告事宜和媒体宣传；负责俱乐部内部广告位开发和招商；负责俱乐部市场收入的开发与拓展；负责俱乐部大型市场推

广活动的招商事宜。

(4)市场推广：负责俱乐部市场推广事宜：联合商家、社区开拓、小型市场推广活动等，加强俱乐部市场运作能力；负责俱乐部市场活动的创意、协调和组织，定期不定期地策划市场活动；负责和相关客户的紧密联系和合作事宜。

(5)平面设计：负责俱乐部内外部广告、DM 小册、宣传 FL、海报等的设计制作；负责印刷品的制作，并与相关公司保持联系。

2. 会籍部

(1)销售经理：负责会籍部日常管理工作，制定会籍部月、周、日销售业绩计划并确保实现，保证俱乐部每日营业额；负责信息分配，确保会籍顾问每日信息量；负责会籍部内部的人员培训、考核和评定；负责为会籍顾问 TO。

(2)会籍顾问：电话销售：电话预约、追踪；接待 WI，接听 TI；配合市场做市场推广活动，主动收集信息。

3. 运营部

(1)运营部经理：负责运营部管理监督和各项工作的协调安排；负责运营部内部的人员培训、考核和评定；负责便利中心(商品部)商品购入的出库入库事宜；负责便利中心商品销售的财务结算；负责处理棘手的会员投诉问题，并有责任向分管副总经理汇报。

(2)运营主管：协助经理处理相关问题，确保运营部各项工作的顺利进行。

(3)前台：接待会员咨询，回答会员问题，处理会员投诉；接听 TI 电话，留下健身咨询者信息，转接给会籍顾问；登记会员健身状况；接待来访宾客，通知各个部门；将信件、报纸、杂志等传送到相应部门。

(4)客服：负责处理会员服务事宜，包括会员生日问候、会员咨询、健身爱好者咨询等；负责准备会员生日礼物，筹备会员生日晚会；负责将会员增值服务及时有效地传递给会员；负责处理会员投诉事宜。

(5)便利中心：负责向会员推销运动产品，包括运动服、水壶、饮料、保健品等；负责商品供需统计，并处理好商品物流问题。

(6)卫生保洁：办公区、健身区、男女浴室、洗手间等地的卫生保洁工作；早晚一次的器械卫生打扫，协助工程部做好器械保养；负责俱乐部内盆景的养护。

4. 健身部

(1)健身部经理：负责健身部日常管理工作和人员协调工作；负责会员健身服务工作(身体测试、会员健身指导)的有效执行；负责组织健身课程的开发；负责健身部内部人员的培训、考核和评定；配合市场部协调外联活动事宜；节目编排、课程展示等。

（2）操课部主管：负责制定每月操课课程；协助健身部经理管理好健身部各项工作。

（3）私教部主管：负责私教的开发和管理；协助健身部经理管理好健身部各项工作。

（4）器保：负责场地的会员健身服务，在工作时间内为会员提供健身器械使用、健身技能专业指导和器械保护服务；配合工程部做好器械养护工作。

（5）私人教练：做好私教服务，体现俱乐部专业健身水平，提高会员健身质量；制订会员专业的、人性化的健身计划。

（6）兼职教练（若干）

5. 综合部

（1）综合部经理：负责俱乐部日常用品和商品的订购问题及其财务结算；负责管理俱乐部会员卡的流通、制作、领取、使用管理等；负责单次卡、周卡、体验卡等的制作、印刷、领取、使用等的管理问题；负责赠卡、置换卡及特惠卡管理及监控；负责俱乐部会员管理系统的管理；负责俱乐部内部财产管理；负责安排节日、员工生日的一般性福利。

（2）普通职员：负责日常用品和商品的出库入库事宜；负责会员卡和会员信息的核对；负责会员信息的计算机录入和会员档案管理。

6. 工程部

（1）工程部经理：负责工程部日常管理工作；负责有关器械零件、工程工具的采购方面的申报和购买。

（2）普通职员：确保俱乐部各项设施正常运行：水、电、灯、器械等；负责俱乐部各类器械的养护和维修；负责俱乐部内部的日常施工。

7. 财务部

（1）财务总监兼主管会计：俱乐部财务管理工作；负责俱乐部各类财务报表的制作；负责财务分析，从财务专业方面提出意见，为俱乐部运营决策提供参照资料。

（2）会计：负责俱乐部工资薪酬的发放；负责俱乐部营业额的结算。

（3）出纳：负责管理公司的日常收支情况；负责监控俱乐部财物和费用使用情况。

8. 人力资源部

（1）人事总监：负责俱乐部整体人事管理工作；负责俱乐部的工薪制度、

晋升制度的建立和实施；负责俱乐部人员的招聘、审核、解聘工作；负责俱乐部人员的业务评定、绩效考核、奖惩实施、薪酬核算等，确保工薪制度的实施；负责俱乐部人员定期、不定期的职前和在职培训计划，并编写部分培训教材；负责俱乐部企业文化的建立和实行。

（2）人事助理：协助人事总监做好人力资源部各项工作；联系各类招聘媒体；整理应征人员信息，收存未录入人员的个人简历，应征人员的预约等；建立与保管员工档案；为各部门提供人力资源的良好服务，以协助提高各部门专业工作效率；负责员工各类保险、福利等的办理工作。

三、休闲健身俱乐部经营管理的基本内容

（一）休闲健身俱乐部的人力资源管理

规模较大的休闲健身俱乐部的人力资源大体可以分为四类：管理人员、教练、场地设施维护人员和服务人员（和本节有重复内容部分，此处不再赘述）。作为一个企业，健身俱乐部同样要有基本的人事构架和工作分工，如财务、市场、销售、教学、服务，各个岗位的人员都需要经过专业的培训。

1. 管理人员

管理人员主要指健身俱乐部的总投资人以及各连锁点的行政管理者。俱乐部的经营理念是俱乐部经营管理的指导方向，是其在市场竞争中实现经济效益和社会效益最大化的行动指南，因此俱乐部必须主动适应环境等因素的变化，主动更新经营理念。经营理念引入健身俱乐部产业是中国健身业步入市场经济轨道的重要标志之一，20 世纪 90 年代后期，我国健身俱乐部行业的经营理念、经营目标和经营行为有了明显转变，健身俱乐部根据产业环境与条件的变化，结合自身情况，树立以市场为主导、以客户为中心、以人为本、以质量服务为宗旨的市场营销理念正在形成。

2. 教练员

随着人们健身动机的多元化和消费的理性化，教练的指导已经不再局限于单纯的技术指导，而必须掌握保健科学、运动生理学等知识，这就对专业教练必须具备专业素质和服务意识提出了更高要求。教练员的专业素质包括专项技能和相关知识。专项技能主要是获得资格证书和各种技能培训。相关知识包括体育保健学、运动生理学、运动医学、人力资源管理、心理学、测量学、教育学、营养学等知识。高素质的教练不仅要具有专业资格，良好的服务意识也是赢得顾客的重要砝码。目前，国内很多体育类院校没有开设专门培养健身教练的专业，尽管北京体育大学前两年开设了社会体育指导员本科课程，但是由于

培养的人才缺乏针对性、实用性，如体能评估、运动营养搭配、运动处方的制定等较弱，还不能完全满足社会对健身指导人才的要求。而由专业人才转变成的健身教练大多技能单一，科学性指导方面较弱。

教练员应该熟悉相应运动项目的具体情况，为消费者提供正确有效的运动方案和日程安排。目前中国的教练员认证制度已经基本完善，所以，在聘用教练员的时候要有标准和尺度，根据俱乐部的定位选择合适的教练人员。为了更好地发挥教练员在俱乐部的作用，调动其执教的主动性，更好地为会员服务，使俱乐部朝着健康有序的方向发展，在教练员队伍的建设上应适应市场不断发展的需要，尽快调整好教练员队伍结构并加大培训力度，优化和完善健身俱乐部教练员队伍的具体实施方案，如对现有教练员队伍进行结构优化和重组；明确责任，各尽其职；完善培训体系；加强考核、明确赏罚；严格执行量化制度等。

3. 场地设施维护人员

一个好的健身场所离不开科学的健身计划和运动指导，人们希望到这里来不仅要得到锻炼，还要体会到一种身心放松的感觉。俱乐部的环境与服务条件使它把健身和休闲的功能集中在一起，使锻炼者和经营者之间的距离拉得很近。场地设施维护人员需要进行上岗培训，负责场地的卫生管理和器材的技术维护工作。这些维护人员要以敬业精神和责任心作为前提，他们虽然不同于管理者会作出重要的决策，但他们的工作是健身俱乐部正常运行的基础。

4. 服务人员

服务人员将给予消费者对俱乐部的第一印象。服务人员的水准建立于消费者对俱乐部的期望与标准基础上，服务人员良好的仪容能使消费者感到光临更有价值。服务人员的礼节规范包括：主动提供服务，以表现我们对其热心的照顾；对会员的要求应耐心且有礼貌地办好；不要离开你所服务的会员太远，免得会员有任何需要时没有人去服务；随时保持自然、亲切的笑容，表达我们对会员的欢迎和感谢。服务人员须随时注意自己的身体语言及得体的对答。如"您好"、"欢迎光临"、"谢谢光临"、"我能效劳吗"、"谢谢"、"谢谢您"、"不客气"、"对不起，请稍待"、"是的，马上来"、"请"、"请问"、"请吩咐"、"请稍候"、"请用茶"、"请慢用"、"请慢走"、"请慢慢品尝，多指教"等。

（二）休闲健身俱乐部的投资管理

1. 投资环境分析

休闲健身俱乐部的创建及经营思路要充分考虑周围的环境。一般而言，健身俱乐部的环境因素包括社会经济发展水平、余暇时间、生活方式、体育意识等。

随着世界范围内休闲时代的来临，社会服务系统日趋完善，家庭劳动自动化程度不断提高，以及家庭结构的变化，人们的余暇时间正逐渐增多，这会直接影响到健身俱乐部的发展。健身体育的发展与人们的生活水平和生活方式也有直接的联系。闲暇生活方式是指人们在闲暇时间内的活动内容和活动类型。从人类社会发展史来看，随着生产力的不断提高，人们由于社会生产的时间越来越少，闲暇时间越来越多，闲暇生活方式也将越来越丰富多彩。可以说，闲暇生活方式是社会发展程度的重要标志，人们热衷的闲暇生活方式是健身体育存在和发展的外环境。因此，闲暇生活方式也就成了健身俱乐部发展的一个重要因素。现代社会快节奏、高效率的生产生活方式给劳动者带来身心上的高度紧张与疲劳，因而追求身心健康及个性的协调发展，将成为未来社会人们的共同目标和社会时尚。

2. 消费者分析

休闲健身俱乐部的发展是以消费者的认同为前提的。俱乐部要真正达到体验经济层次上的"按需定制"，使会员真正参与到俱乐部无形产品的生产中来。在这种体验经济中，生产者与消费者是互动的，消费者也是生产者。这样，在俱乐部与会员之间才能形成一个良好的、互动的、和睦友好的伙伴关系，会员才会长期成为本俱乐部的忠诚消费者。

对俱乐部的消费者进行分析，需要具体地考虑以下三方面问题：

(1)购买、消费群分析。要分析最大的购买者是谁？潜力最大的顾客群是谁？竞争者主力顾客是谁？本俱乐部的市场应如何区分？如目前由于传统文化观念的影响，到健身房健美的人群以 20～45 岁的年龄段为主，其中又以女士为多，明显呈中青年化的趋势。据此，就要进一步规划俱乐部的经营思路。

(2)消费者入会动机分析。要考虑消费者入会的真正动机是什么？消费者参加本俱乐部的目的是什么？本俱乐部队入会者的吸引力是什么？如国外商界大亨洽谈生意基本上是遵循这样一种趋势：50 年代在办公室，60 年代在饭馆，70 年代在家里，80 年代特别是 90 年代则在高级商业体育俱乐部里。

(3)消费者参加其他俱乐部尚未获得满足的需求。要考虑消费者的满足程度如何？消费者参加会员俱乐部之后遭遇的问题是什么？本俱乐部针对上述问题改善后的市场基础是什么？

3. 竞争对手分析

在分析俱乐部的竞争对手时，应首先确定本俱乐部的直接与间接竞争对手是谁？然后要了解竞争对手的有关基本内容，如：

(1)运行绩效。包括竞争对手的现有市场规模、成长率及获利能力。

(2)经营目标与分析

(3)市场营销的战略

(4)企业文化

(5)对未来趋势的策略及发展方向

(6)成本结构

(7)竞争优势

(8)弱点

(9)技术与新产品创新能力

(10)财务状况、调度能力与财务资源

(11)服务质量、管理品质

(12)员工忠诚度

(13)会员行销推广绩效

(14)会员的反应与认知

(15)管理层面的优点、缺点

(16)会员价格：入会费、保证金、年费、入会缴款方式

(17)会员权益：主要权益、附加价值、延伸商机

(18)服务设施、项目：服务机制、服务规模、收费与价格

4. 自身资源条件分析

健身俱乐部的自身资源条件对其经营效益会产生直接影响。俱乐部的自身资源条件包括企业内部人才、经营能力、资产总额、组织架构、俱乐部档次、场地规模、器材设备、配套服务设施等方面。据国内有关人士对健身俱乐部的调查研究发现，目前，规模大的俱乐部其经营效益相对较好，原因在于俱乐部资金雄厚，档次高，场地设施以及后勤服务配套设施齐全，服务质量好，能够吸引更多的消费者前往健身。规模小的健身俱乐部的经营效益也普遍尚可，这是由于俱乐部投入与产出之间达到一定平衡，因此经营状况有盈利。而规模中等的俱乐部，处于前两者之间，在夹缝中求生存。其资金的投入要高于规模小的俱乐部，而相关的配套设施，服务质量又不及规模大的健身俱乐部，在经营中的回报较少，从而导致投入与产出不平衡，影响俱乐部的经营状况。

（三）休闲健身俱乐部的器材与设施管理

大型体育健身俱乐部往往需要对健身场馆进行豪华的室内外装修，一些超大型体育健身俱乐部还配有多种辅助服务设施，如停车场、游戏厅，也大大增加了经营成本。通过兴建多样的服务设施树立品牌形象来增加健身者的舒适

度。健身设施管理混乱无疑会给俱乐部的形象打折，例如健身器械的档次不低，但哑铃片、杠铃片、小哑铃等小配件散落一地，健身者走来走去十分危险，同时也给训练带来许多不便，有人会说收拾了也会被拿乱的，等大家练完之后再去收拾。作为教练员或服务生应随时随手将哑铃片等放在规定的位置，并要求会员也养成这样的习惯，以便利人利己。另外哑铃组的摆放一定要按磅数递增，不可东一支西一支。杠铃通常在无人来之前不放配重，有人练过之后及时将配重拆下以便他人使用，杠铃片的拆置要整齐有序，重视美观和方便。

俱乐部的物品和装饰时常会出现许多小问题，这些小问题虽不会影响使用或给俱乐部带来安全隐患，但会影响美观，会给会员带来不舒服的感觉，（例如及时更换久已灭掉的灯泡）这样的小事往往被忽视，但会员却记忆深刻，管理者应格外注意。

（四）休闲健身俱乐部的会员管理

健身俱乐部的会员分荣誉会员、个人会员和团体会员三种。荣誉会员是指对俱乐部作出重大贡献的会员，这类会员往往须经理事会推荐，董事会批准，除享有荣誉称号外，在会费方面还可享受一定优惠甚至全免。团体会员是指以单位名义参加的会员，会员证本单位的人均可使用。个人和团体会员的会员证有的俱乐部不分等级，有的俱乐部分金卡、银卡、铜卡三个等级，每个等级的收费标准和权利不等。会员的会费分入会费、年会费和保证金三种。入会费是入会时的注册费，一次缴纳，退会时不退款。年会费每年缴纳一次。保证金是会员在俱乐部内的信誉担保，无利息，会员如拖欠俱乐部费用时可从保证金中扣除，退会时可退还给会员。在实行等级制的俱乐部，上述三种费用均分别按三个等级的标准收取。金卡最高，银卡和铜卡递减。团体会员的这三种费用，一般均高出个人会员费用1倍。

俱乐部在管理内部员工的同时，也应对会员进行管理。许多会员刚刚加入俱乐部，并不了解俱乐部的规则，往往给俱乐部的环境和管理带来许多不便。俱乐部应明确提出对会员必要的要求，这些要求往往是为会员安全和卫生着想，一般会员会乐于接受。教练员和服务人员应积极配合俱乐部长期对会员监督，使之养成习惯。

目前体育健身俱乐部主要提供的消费方式分为会员制消费、各种培训课程和普通的日费消费。会员制是健身俱乐部提供的一种主要服务方式，它是通过引导健身消费者进行长期的健身消费，而为俱乐部的发展提供保证的一种普遍的营销方式。成熟的会员制同样标识着一个健身俱乐部的档次和信誉，因此，推行会员制需要有一套完善的会员管理制度。

(五)休闲健身俱乐部的营销管理

1. 产品营销管理

休闲健身俱乐部的产品以提供无形的服务产品为主。健身俱乐部的服务就是俱乐部为满足健身者或会员及宾客的需求而提供的无形或有形的活动和利益。

健身者在俱乐部进行消费时，他们主要关注的是：健身房的品牌形象；健身房的环境及器械；销售人员的承诺；对未来运动效果的预想。因此，健身俱乐部有了规模，更要有服务，服务将决定俱乐部的成功与否。因此，最关键的是满足或超过目标客户的对俱乐部的服务质量的期望。他们预期的服务质量是由过去的感受、口头传闻和服务公司的广告宣传所形成的，在此基础上接受服务后，把感知的服务和预期的服务进行比较，如果达不到预期，客户便失去对这家俱乐部的兴趣，如果达到或超过了，他就会再次光顾。

为此，健身俱乐部必须不断加强员工服务质量的管理。在健身俱乐部的服务产品营销策略中需特别注意以下两点：

(1)树立市场品牌意识，使会员具有忠实的体验意识。一个好的市场品牌不仅能够大大降低市场推广费用，而且能有效地吸引消费者。健身俱乐部通过突出自身服务产品的专有特性，把组织形象、产品形象，甚至个人形象展现出来，从而使自身形象在消费者的心目中与其他同类组织、同类产品、同类服务有所区别。市场品牌是商业运作的艺术体现和里程碑。一个好的市场品牌体现着质量保障，体现着为消费者带去的利益和服务，体现着提供者向接受者作出的承诺。

(2)向会员送去具有个性化的产品，使会员在个人感觉层面上创造体验。个性化产品主要是指俱乐部提供的各种无形服务产品，如教练所教的各种健身运动，服务员的语言、举止、态度，销售人员的承诺等。会员购买健身卡后并不会像购物一般得到实质性的东西，这与一般消费者购物的行为有很大的差异。加入俱乐部后，消费者只得到了一个进入健身房的"通行证"，只是代表了消费者拥有了使用健身房的权利及健身房所提供的服务。服务不属于实体产品，购买前无法感觉或听到。因此俱乐部在消费者购买健身卡之前，要提供使用的机会(如教练的技术、服务态度，健身房的环境与器材等)，否则消费者无法实际去感觉或体验所购买的无形产品服务。并且在购买后，俱乐部应根据会员不同的目的、个性特点，进行个性化的教学和服务，会员才会感到"宾至如归"，才会真正体验到服务的价值。

2. 价格营销管理

(1)影响健身俱乐部定价的因素。体育健身俱乐部健身服务产品具体价格构成的因素可以分为宏观影响因素和微观影响因素。宏观影响因素包括国家经济政策、国家体育法规和国际市场价格。微观经济因素主要包括市场需求、经营成本、市场竞争状况、消费者心理等因素。

1)市场需求。需求是有弹性的，不同市场需求弹性变化很大，直接影响到服务定价的稳定性。某些档次较高俱乐部采用永久会员制所针对的顾客群属于中高收入阶层，人群规模虽然不大，但其消费时更加注重品位、档次和服务质量，只要会员满意，只要认为物有所值甚至物超所值，他们愿意也能够支付高价甚至溢价。因此，这类会员消费的需求弹性不大。而针对较低收入的大多数人来讲，月卡价格的变化对需求的影响要大得多，则属于弹性需求。

2)经营成本。健身俱乐部的经营成本必须在顾客销售收入中支出，它由固定成本、营销成本、流通成本三部分构成，其中固定成本主要由固定资产折旧、管理费用等几部分组成。流动成本是随着消费人数变化而变化的费用开支，包括现场服务开支、教练费用和洗浴费用等。在非会员制健身俱乐部中，月卡价格必须根据总成本来考虑，而会员制健身俱乐部会籍价格的决定主要根据固定投资额和期望收回投资的时间，月费价格则根据除固定资产投资后的其他成本总和来计算。

3)市场竞争状况。市场竞争最主要的形式是价格竞争，价格竞争主要表现为供给与需求之间的价格竞争，同时还体现在供给方即健身俱乐部经营者之间的竞争。健身俱乐部为了争夺市场资源，到一定时期会竞相削价，这是供给方内部的相互竞争所致。供给方之所以相互竞争，是因为资源有限、市场有限、机会有限。市场经济下的参与者都是平等的，要获取有限的资源、市场、机会，就得参与竞争，证明自己比别人更优。竞争是整个健身俱乐部市场优化。优化选择使社会在健身俱乐部和消费者之间形成一个价格尺度。在市场经济条件下，价格竞争是市场经济下最基本的竞争形式。其他所有竞争形式，包括品牌竞争、质量竞争、服务竞争、品种竞争以及技术竞争等，都是价格竞争的延伸。

4)消费者心理。由于我国体育健身俱乐部发育尚不成熟，多数消费者对健身俱乐部市场信息掌握不多，对价格的感知模糊，消费者心理对健身俱乐部价格决定的影响不同。健身俱乐部在制定价格时应充分考虑消费者不同的心理需要。从总体上讲，体育健身俱乐部健身消费是一种感性消费，满足的是一种精神需要，这种消费形式甚至可以认为是一种感动消费。人们对体育健身服务产品的需求量，与价格呈反方向的变动关系。但由于某些心理倾向的作用，这一关系常常被打破而出现反常购买行为。

（2）休闲健身俱乐部的定价策略。

1）大型体育健身俱乐部应当采用高价策略。大型及超大型体育健身俱乐部的消费者的需求弹性较小，价格的轻微变动不会给消费需求带来多大变化。而有实际需要和消费能力的消费者，在较高的价格下也不会影响其选择高档次的健身俱乐部。高规格的健身器材，高档次、豪华的室内室外装修，富于现代气息的高品质的音响效果，甚至高价格都可以迎合高层次消费者的奢华需求和心理欲望，能够向社会显示自己的声望，使该层次的消费者在高档次的健身会所进行消费，获得更多心理上的满足。

采用高价主要是针对高收入阶层，前提是高价格不会对会员的参与产生抑制作用，并且加上看齐效应的影响，也会吸引一部分中等收入消费者的加入，从而扩大市场占有率。其次，服务质量与健身效果如果能和高价相符，就能树立起名牌形象，为连锁经营打下良好的基础。再次，高档健身俱乐部在进入市场初期，将价格定得很高，也便于日后降价，并且还会提高健身俱乐部的商誉。

高档次体育健身俱乐部也不应忽视中等收入甚至低收入消费者。对于中、低档消费者，可以采用减少服务种类的方法将价格降低，以满足该层次消费者的需求。例如，北京中体倍力健身俱乐部的消费对象，是大学毕业 5 年以后，25 岁到 45 岁，平均月收入 8000 元以上的白领。主要人群中 75％以上是这个年龄段、这个收入水平。中体倍力健身俱乐部也吸收了一部分中低收入消费者，这部分消费者，只使用健身器械，以及跟随健身操教练进行健身操练习。健身俱乐部高档次的洗浴、休息室和台球厅的免费使用等附加服务，不对这部分消费者开放。

随着健身俱乐部的发展，当高层次消费水平的消费者逐渐增多的时候，由于受场地、器械的限制，不可能满足更多的消费者同时参与健身的时候，为了获得最大利润，就得减少中、低消费水平消费者的人数。同时为了中、低收入水平消费者不致流失，在经营允许的范围内，通过扩大连锁店数量来解决这个矛盾，是很好的途径。但往往高档次的体育健身俱乐部由于对中、低档消费市场不够熟悉，缺乏经营中、低档健身会所的经验，甚至对经营中、低档健身会所利润不够高的现实不满，不愿意在经营高档会所的同时，投资经营中、低档体育健身俱乐部。

2）中档体育健身俱乐部适宜采用中价策略。中价策略也叫满意定价策略，健身俱乐部将价格定在高价与低价之间，兼顾健身俱乐部与消费者的利益。中档体育健身俱乐部在我国的市场存量较高，所占比重较大。由于资金投入相对高档健身俱乐部小，硬件设施难以与高档健身俱乐部相比，中档健身俱乐部如果盲目采取高价格，就会遭到消费者的拒绝。而采取低价，会使利润降低，资金回收周期延长，增加企业经营的风险。所以，中档健身俱乐部适合采取中价策略，面向中低收入消费者。以高档健身俱乐部价格作为参照，做一定幅度的降低。在不降低服务质量与经营收入的前提下，通过连锁经营，以平价赢得消费者，赢得市场。健身俱乐部应根据自身实际，把握面向消费者群体的消费心理，分析竞争对手的实力，在不同时期灵活采用组合定价策略，以便在市场竞争中占据主动。

3. 地点营销管理

俱乐部的服务地点或者物质环境对消费者影响很大。选择俱乐部的场地大有学问，这个环节如果出现错误，可能直接断送俱乐部的发展。健身房最好选址在人流最大但交通并不拥挤的地方，楼层不宜过高，停车场方便且有通透的视线。

一个好的健身场所离不开科学的健身计划和运动指导，人们希望到这里来不仅要得到锻炼，还要体会到一种身心放松的感觉，俱乐部的环境与服务条件使它把健身和休闲的功能集中在一起，温暖舒适有点像家的感觉很容易使客人和经营者之间的距离拉得很近。例如，北京浩沙健与美健身俱乐部位于京鼎大厦的四层，营业面积 1300 平方米，不仅运动设施先进齐备，而且服务措施也一应俱全，水吧、更衣室、淋浴、美容室的条件一流，可与一些星级饭店的健身房相媲美。它的优越条件和整洁的环境，使它在开业的几个月时间里吸引了许多健身爱好者的目光。他们还请来多位在健美操界和大众中颇有名气的健美操教练员参与教学，整个教学过程和布局都做了科学划分，俱乐部在对学员的个人资料进行分析的基础上，使有氧健美操、形体训练课、哑铃操、跆拳道等课时合理搭配，安排具有不同教学风格的教练供学员选择。

4. 促销管理

促销是指企业向消费者传递商品信息和企业信息，刺激和诱导消费者购买的过程。促销的根本目的是聚集人气，吸引客流，提高销售额。常见的健身俱乐部促销方式有会员卡促销、打折优惠、广告宣传、组织竞赛或其他活动等。

国内健身俱乐部的会员卡按时间一般分为年卡、半年卡、季卡及月卡等，按人数分为集体办卡、情侣卡、家庭卡等，按次数有 100 次卡、200 次卡等。会籍会员打折优惠项目可享受体育场网球俱乐部打折，还可通过开展竞赛活动及户外活动为会员建立交流平台。

广告宣传是现代企业最常用的促销手段之一，是运用各种手段向消费者和各类机构提供各种商品、服务与信息、传播企业形象扩大知名度和提高销售额的一种方法。广告能引发顾客的注意、兴趣，激发顾客购买的欲望，最终导致顾客购买行为。目前健身俱乐部常用的广告宣传媒体有电视、报纸、杂志、展会、户外媒体、广播、互联网等。一般认为，这些媒体存有各自的优缺点：

电视：宣传效益较好，受众人群广泛，但费用昂贵，时间太短。

报纸：宣传受众人群广泛，但专业报纸太少，费用高，时效短。

杂志：宣传会起到直接客户效益，费用较高但受众局限，只有购买杂志的人才能看到。

展会：宣传会起到知名度的提高，费用较高但带来的客户有限，客户只局限在参展的人士内。

户外媒体：户外灯箱、牌匾宣传会起到一定范围内的影响，费用中高，带来的客户只限于周边人群。

广播：宣传只会局限在收听广播的人群之中，时间太短。

互联网：宣传会直接带来目标客户和潜在客户，具有持久性。

健身俱乐部在做媒体广告宣传促销之前应该详细分析目前会员和长期潜在的会员对网络、电视、杂志等的认知程度，然后针对自己俱乐部选择最有效的媒体，并以满足会员的需要作为促销工作的出发点。

四、休闲体育俱乐部经营管理的基本方式

一般休闲健身俱乐部是纯商业机构，其经营之道主要是通过提高服务质量、增添优良练习设施和器械、加强专人辅导和保护、维护环境美观和整洁、延长服务时间、降低费用等方法来招徕顾客。

（一）及时进行客户需求预测

需求预测(Demand Forecasting)为俱乐部给出了其服务在未来一段时间里的需求期望水平，并为俱乐部的计划和控制决策提供了依据。既然俱乐部的目的是向社会提供服务，其生产决策无疑会很大程度地受到客户需求预测的影响。需求预测与俱乐部生产经营活动关系最紧密。对休闲健身俱乐部服务的实际需求是市场上众多因素作用的结果。其中，有些因素是俱乐部可以影响甚至决定的，而另外一些因素则是俱乐部无法控制的。在众多的因素中，一般来讲，服务需求取决于该产品或服务的市场容量以及该企业所拥有的市场份额。

客户需求预测的全过程是调查研究、综合分析和计算推断的过程。一个完

整的需求预测，一般都要经过以下几个步骤。

1. 确定预测目标

进行一项需求预测，首先必须明确为什么要进行这项预测？它是解决什么问题？预测的目的关系到预测的一系列问题，收集什么资料、怎样收集资料、采用什么预测方法等。只有目标明确，才能使预测工作有的放矢，按照要求进行。

2. 搜集、整理资料

资料是预测的基础，必须做好资料的搜集工作。搜集什么资料，是由预测的目标所决定的。对所搜集到的资料要进行认真的审核，对不完整和不适用的资料要进行必要的推算和调整，以保证资料的准确性、系统性、完整性和可比性。对经过审核和整理的资料还要进行初步分析，观察资料结构的性质，作为选择适当预测方法的依据。

3. 选择预测方法

需求预测的方法很多，各种方法都有自己的适应范围和局限性。要取得较为正确的预测值，必须正确选择预测方法。其选择的原则，主要考虑以下几个方面：

（1）预测的目的。不同的预测目的，要选择不同的方法。例如，为了分析和辨明两种相关联产品之间的内在联系及需要量的联系，可以运用相关分析法；如果是为了发展一种新产品，预测新产品未来的市场容量，可以采用从上往下或市场因子推演法。

（2）预测时间的长短。短期的销售预测。一般采用各种平均法、平滑法。中、长期预测一般要采用直线或曲线趋势法。

（3）占有历史统计资料的多少及完整程度。中、长期预测一般要有三年以上的统计资料，如果历史统计资料比较丰富和完整，可以运用各种统计方法进行预测；如果历史统计资料不完整，一般只适宜采用主观经验判断法、销售人员集合意见法、德尔菲法等。

（4）产品寿命周期。产品寿命周期的不同阶段，有不同的市场特性，市场经营决策的目标也不同，因此，要采用不同的预测方法。如家用电器的市场需求量，在产品的投入市场阶段、成长阶段、成熟阶段，其市场需求趋势很不相同。产品处于成长期，销售增长很快，则要用直线式或曲线式最小平方法；如果产品受季节波动的影响，则要用季节指数法，消除季节性波动的影响；产品进入成熟期，销售增长率一般不少于5%，比较稳定，可以采用移动平均法、平滑法进行预测。因此，要分析产品寿命周期和更新换代的转折点，从而选择不同的预测方法。

4. 提出预测模型

预测模型是对预测对象发展规律的近似模拟。因此，在资料的搜集和处理阶段，应搜集到足够的可供建立模型的资料，并采用一定的方法加以处理，尽量使它们能够反映出预测对象未来发展的规律性，然后利用选定的预测技术确定或建立可用于预测的模型。如用数学模型法，则需确定模型的形式并求出模型的参数；如用趋势外推法，则要确定反映发展趋势的公式；如用概率分析法，则要确定预测对象发展的各种可能结果的概率分布；如用类推法，则要找到可以应用于本预测的历史的或他人的经验规律，等等。

5. 评价和修正预测结果

市场预测毕竟只是对未来市场供需情况及变化趋势的一种估计和设想，由于市场需求变化的动态性和多变性，预测值同未来的实际值总是有差距的。比较不同的预测方法的精确度时，用它们的平均误差、平均绝对误差、均方根误差的大小来衡量。通常把具有最小均方根误差的方法作为最好的预测方法。

6. 编写预测报告

经过预测之后，要及时写出预测结果报告。报告要把历史和现状结合起来进行比较，既要进行定性分析，又要进行定量分析，尽可能利用统计图表及数学方法予以精确表述。要做到数据真实准确，论证充分可靠，建议切实可行。然后，还要对预测的结果进行判断、评价，重点要进行预测误差分析。预测是一种预计，很难与实际情况百分之百吻合。但是，预测的误差不能过大，否则，就失去了预测的意义。一旦发现误差过大，就要找出原因。如果引起误差的原因是选择预测方法不当，就应该重新选择预测方法，以求得正确的结果。预测报告是对预测工作的总结，用以向预测信息的使用者汇报预测结果。除了应列出预测结果之外，一般还应包括资料搜集与处理过程、选用的预测技术、建立的预测模型及对模型的评价与检验、对未来条件的分析、对预测结果的分析与评价（包括对利用模型得到的结果进行修正的理由和修正方法）以及其他需要说明的问题，等等。

（二）制定俱乐部的营销规划

休闲健身俱乐部要以提供较高质量的体育服务为手段来营利并获得利润，俱乐部也会因此获得生存发展的基础。为达到这一目的，俱乐部必须依靠有效的营销手段吸引会员。从这种意义而言，俱乐部营销（Club marketing）是指建立顾客俱乐部，吸收购买一定数量产品或支付会费顾客成为会员的过程。鉴于本节关于营销的内容已在前面介绍，此处不再赘述，仅针对会员营销进行分析。

目前国内外休闲俱乐部会员吸纳有两种形式，一种是传统的会员制，以个体形式参与，每个参加者都是会员，俱乐部依靠会员缴纳的会费开展活动，并抽取一部分经费用于发展经营，为俱乐部创收；另一种是发展团体会员制，根据会员的构成可将团体会员分为企业会员、家庭会员和企业大家庭会员三大类。

1. 企业会员

俱乐部吸引企业会员往往通过会员健康管理这一重要手段，俱乐部健康管理的主要内容是为会员建立个人健康档案，定期进行体质测试，并制定因人而异的运动处方。应公司要求，俱乐部还应为公司提供上述信息的统计报表。俱乐部与企业会员的合作还可以延伸到企业赞助、广告等领域，企业还可以利用俱乐部举办交流比赛等活动。俱乐部以合作的形式开发企业会员有着广阔的发展前景。

2. 家庭会员

家庭会员就是以家庭为单位加入俱乐部，是团体会员中不可缺少的形式，各国的俱乐部现在都非常重视吸纳家庭会员。每个家庭会员的构成人数不限，可以选择的活动内容较多，加之家庭成员之间往往会相互督促，使健身效果更加明显。因此，对于家庭会员的服务主要集中在课程内容、活动方式及相关配套设施。所设课程要能够吸引家庭成员中的每一个人，既要有年轻人的运动，也要有适合妇女和老人的运动项目；活动时间和方式要灵活多样，使人们能够更方便的选择；还要有休息室、沐浴间、商店、托儿所等相关设施，要让一家老小来俱乐部活动如同在家里一样方便。一家人一起来的话，可以各自选择喜欢的项目，也可以全家人一齐选择同一项目，如游泳，但又可以选择不同水平和级别的课程。家庭会员的收费方式也与企业会员不同，因为人数构成、家庭成员个人情况等的差别较大，最好能够设定多种可选择的"套餐"，价格自然也因"套餐"内容的不同而有所差异。

3. 联盟会员

联盟会员就是企业会员和家庭会员的结合。企业不仅为全体职员入会，而且同时为这些职员的家属入会，即所有入会的职员的家属在俱乐部里也与职员拥有相同的权利。俱乐部联盟的服务对象中就包括职员家属。团体会员的开发与服务已被越来越多的健身俱乐部所重视，这不仅是俱乐部的利益所在，也是企业福利乃至全社会福利事业发展的方向。

（三）加强俱乐部的服务质量管理

服务质量（Quality of Service）是指服务能够满足规定和潜在需求的特征和

特性的总和，是指服务工作能够满足被服务者需求的程度。它是俱乐部为使目标顾客满意而提供的最低服务水平，也是俱乐部保持这一预定服务水平的连贯性程度。服务质量既是服务本身的特性与特征的总和，也是消费者感知的反应，因而服务质量既由服务的技术质量、职能质量、形象质量和真实瞬间构成，也由感知质量与预期质量的差距所体现。

休闲健身俱乐部强化服务质量管理的基本流程是：一是确定企业的质量方针和目标；二是确定岗位职能和权限；三是建立完善服务质量管理流程，并使其有效运行。质量方针和目标是企业为消费者服务的宗旨，服务质量管理流程涉及质量策划、质量控制、质量保证和质量改进活动，需要企业或组织内部的全体员工参与实施，需要最高管理者深入持久地领导，需要投入一定的人力、物力、财力，可以说质量管理水平是通过服务质量管理流程的健全和有效运行来实现的，整个质量体系是动态的。因此，服务质量管理流程是一项长期而持久的系统工程。通常按惯例，服务质量管理流程的设计需要经过人员培训、组织准备、质量职能分配、确定质量方针和目标、编制质量体系程序文件、编制质量手册、编制作业文件七个步骤。

（四）提高科学经营理念，完善俱乐部的经营管理体制

现代服务业的持续经营，离不开品牌的构建与科学经营理念。为了在竞争中保持自身优势和持久盈利，休闲健身俱乐部在营销服务与客户管理等方面都必须具有对手无法模仿的特性。因此，要保持良性经营和持续发展俱乐部必须拥有科学、独特的经营理念。只有本着正确的经营理念，不断完善课程、会员以及质量管理，以会员健康为根本，建立科学的健身体系，才能建立良好的信誉口碑，稳定、持久地运营。

休闲健身俱乐部的内部管理主要包括对物的管理和对人的管理，要不断加强内部经营管理体制。为此，要完善健身俱乐部经营管理相关规章制度的建立。高效可执行的法律保障是健身俱乐部可持续发展的根本。从业人员职业标准、健身场馆合格标准、健身会员健康与生命保障法规以及财务法规等一系列法律条例需要及时明确。另外，休闲健身俱乐部除了要有完善的规章制度外、良好安全的健身设施与场地外，系统的员工职业生涯规划与培训体系、完整的绩效考核和奖罚制度都是科学管理体制不可缺少的部分。

第三节　体育赛事经营管理

体育赛事如今已成为当今社会一项非常普遍的社会活动，其正以自己的独

特魅力吸引着世人的眼球。目前中国已经步入了体育赛事的市场发展极为迅速的时期，因此，如何充分地利用各种体育赛事资源，更好地发挥体育赛事的效益，则成为了人们十分关心的内容。本节主要介绍涉及体育赛事经营管理的一些基本概念、体育赛事的组织管理结构、基本内容和基本方式，旨在让人们对体育赛事经营管理在理论上有一个清晰的认识。

一、体育赛事经营管理的概念

（一）关于体育赛事的界定

若要了解体育赛事经营管理的概念，首先必须弄清楚什么是体育赛事。近年来，人们对这个问题的探讨和争论日趋增多，但目前还没有一个统一的共识。不同的学者从不同的角度对体育赛事这一概念给出了不同的阐述，表 8-2所列出的是国内学者对于体育赛事的界定：

表 8-2　国内学者对体育赛事的界定

概　念	时间	作者
体育赛事是一种具有项目管理性的特殊事件，其规模和形式受规则、习俗和传统影响，具有组织文化背景和市场潜力，提供竞赛产品和相关服务，迎合不同参与体分享经历的需要，达到多种目的，对社会和文化、自然和环境、政治、旅游和经济各个领域产生冲击影响。	2003	叶庆辉
体育赛事是对以体育比赛为核心的一系列活动的总称。体育赛事是一项复杂的社会活动，它不仅涉及门票促销、运动员包装、媒体推广、赞助与广告策划、标志品开发等众多活动，还包括体育比赛的筹备、规划、实施、控制及收尾等各项活动。	2005	肖林鹏
体育赛事具有市场营销、项目管理、组织文化等背景特征，受运动项目、竞赛规则以及社会经济等多种因素制约，能够提供体育竞赛产品和相关服务产品，以满足体育消费者多种需求的特殊活动。	2005	王子朴
体育赛事是以人体运动为载体，用比较决定胜负，最终给出公开排名的事件。	2006	李南筑
体育赛事是一种以竞技运动为核心，以实现某种社会效益和经济效益及满足人民大众精神生活的需要为目的，协调政府、企业、大众之间的一种特殊手段，按照一定的组织规则进行运作的商业性活动。	2006	徐伟
体育赛事是指对以体育比赛为核心的一系列活动的总称。体育赛事是一项复杂的社会活动，它不仅包括体育比赛的筹备、组织、实施等各项活动，还涉及门票促销、运动员包装、媒体推广、赞助与广告策划、标志品开发等各种经济活动。	2008	李颖川

由上可知，体育赛事一般具有如下特征：（1）具有众多不同的参与者；（2）具有一定的社会影响力；（3）需要采用项目管理的方式；（4）能够产生各种效益。

鉴于体育赛事具有社会事件的本质属性及特征，一些学者认为体育赛事在特定的时间里迎合了特殊的需要，故把它看做是一个特殊事件。较多学者倾向于体育赛事是一种活动的说法。本书采取多数学者的观点，认为体育赛事是指对以体育比赛为核心的一系列活动的总称。所谓活动，是指人们对于外部世界的一种对待方式。体育赛事有别于事件，其有主题存在的外在表现形式等要素，它是一种以积极参与和体验为主体内容，由众多不同目标的参与主体协同进行的有目的、有组织形式的文化活动。

随着当今社会经济、政治、文化、科技等的加速发展，现在的体育比赛过程变得复杂起来，体育比赛所被赋予要达到的目的和目标也越来越多样化。体育比赛活动的内涵和外延也随之发生了很大的变化。而体育赛事恰是一种以体育比赛为核心，包含了其他要素的复杂的社会文化活动，这些要素可以随着社会的发展而不断变化，而唯一不变的只是体育比赛形式和本身的文化属性。体育赛事将"赛"与"事"结合起来，形成了一个广泛的社会活动，可以说这是当今社会经济和文化高度发展所产生的必然结果。

（二）体育赛事的种类

据统计，人们每年要举办成千上万次的体育赛事，体育赛事已经形成为当今社会生活中一个不可或缺的组成部分。当前，人们对于体育赛事的类型划分，有着多种多样的表述。

1. 根据体育赛事的比赛项目内容不同分类

根据体育赛事的比赛项目内容不同，可以分为两类：竞技性体育赛事和群众性体育赛事。

2. 根据体育赛事参与者的情绪体验不同分类

根据体育赛事参与者的情绪体验不同，可以划分为两类：观赏性赛事和参与性赛事。前者通常是指那些竞技水平很高，有职业选手参加的体育比赛。如F1大奖赛和ATP网球大师杯赛等。后者则是赛事参与者既作为竞赛活动的观赏者，又是竞赛活动的参加者，纯是出于身心愉悦而参加的体育比赛，例如城市马拉松比赛的半程跑。

3. 根据体育赛事的主办者的不同分类

根据体育赛事的主办者的不同，可以分为如下六类：

- 单项体育协会举办的体育赛事；
- 职业体育组织举办的体育赛事；
- 教育系统的体育赛事；
- 社区或企业单位举办的体育赛事；
- 体育社团或民间组织举办的体育赛事；
- 特殊群体/个人举办的体育赛事。

由此可见，体育赛事的种类和形式交叉纷呈，从体育赛事的形式和功能来看，既有综合性的，也有单项的；既有跨地区、跨行业、跨部门的，也有单一行政系统的；既有长期固定的，也有临时或一次性的。既有经营性的，如商业性赛事，也有福利性的，如义赛；更有相当部分是娱乐性的。因此，体育赛事的类别是根据社会生活的需要和体育自身规律的发展，按照不同参与群体和组织，不同的目的和需求来举办的。换言之，体育赛事的职能不同，决定了体育赛事的种类不同，从而决定了体育赛事经营管理的特点与要求也就大不相同。

(三)体育赛事经营管理的概念

就体育赛事而言，经营管理是一个复合概念，其可从开展活动的组织方式和实现目标来理解。经营是一种有目的的经济活动，通常是根据国家的计划任务、市场需求状况以及自身的需要，从本身所处的内外环境条件出发，展开的一系列的经济活动。"是通过一定的方式整合资源，利用资源将输入转化为输出的过程"(肖林鹏，2005)。管理则是为实现经营目标，通过计划、组织、指挥、协调、控制等职能，对体育赛事的人力、物力、财力、信息及其要素的合理利用和合理组织，保证各项经济活动顺利进行，从而达到实现经营目标的要求。从二者的关系来看，经营离不开管理，管理为经营服务，没有有效的管理就不可能产生良好的经营业绩，经营活动是通过管理来实施和指导的具体过程。因此，所谓的经营管理，是指对经营过程的计划、组织、实施和控制，是与产品生产和服务创造密切相关的各项管理工作的总称。

目前人们对于体育赛事经营管理的认识尚未形成统一，主要在于对经营管理的表述尚存在差异。但是，人们较为一致地赞同体育赛事经营管理是一个管理过程。在此，我们将体育赛事经营管理定义为，体育赛事的经营管理者通过一定方式整合资源，以实现体育赛事目标的活动。体育赛事的目标多样，如经济目标、政治目标、文化目标，以及为观众提供体育赛事产品以及良好的服务，为赞助商提供展示推销自己产品的平台目标，等等。体育赛事经营管理的实质是人们通过对体育赛事投入的人力、物力、财力和信息技术等资源进行合理加工和使用，有效地创造出竞赛产品和相关服务，从而实现预期目标的管理过程。

二、体育赛事经营管理的组织管理体系

为了有效地实现体育赛事的目标，经营管理者通常需要组建一种能产生有效的分工和协作关系的结构，并为这样的组织结构配备合适的工作人员。根据总体的任务，逐一分配给各个部门和成员去承担，通过相互分工而又相互协作的关系，形成一种组织框架或结构。

（一）体育赛事经营管理的组织结构形态

常见的体育赛事经营管理的组织结构类型有单一型组织结构与职能型组织结构。

1. 单一型组织结构

其特点是所有的决策权都掌握在体育赛事最高管理者手中。这种组织结构灵活度大，容易适应情况的变化，便于决策，而且权责明确，通常由赛事最高管理者对赛事所有工作直接负责。单项或小型体育赛事的组织管理相对于大型综合性体育赛事而言规模较小，参赛运动员数量较少，可采用单一型组织结构。

2. 职能型组织结构

其将组织按职能分成各个部分，这种方式强调工作人员的专业化。这种结构的优点是个人或团体可被安排到具体的工作领域，从而避免了任何责任的重复，同时工作人员的专业化促进了工作效率的提升。此外，采用这种结构在赛事需要时很容易增添其他职能。而职能型组织结构的潜在局限是协调困难，主要是由于职能型组织结构按职能、功能划分部门，容易导致部门之间缺乏沟通与理解。

（二）体育赛事经营管理的组织结构体系

体育赛事组织结构是服务于赛事组织目标，是为了使政府、媒体、赞助商、中介和参赛队伍等赛事参与体能够协同作用，力争使体育赛事运营取得效益最大化。体育赛事参与主体的相互关系构成了组织结构，它们之间的关系是要通过一定的作用对象体现出来。也就是说，体育赛事的参与体是通过赛事活动产生关联。所以，体育赛事完整的组织结构系统主要包括了赛事参与体、运动项目和赛事活动形式三方面。

1. 赛事参与体

任何一个赛事都必须有下列参与体：见图 8-6。

2. 运动项目

运动项目是体育赛事的基础，对于赛事运作企业来说，选择受众广、竞技

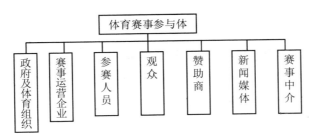

图 8-6　体育赛事参与体

性强、规模大、级别高的体育比赛，从市场角度来看，普及性广，明星运动员的数量多和竞赛项目的级别高等因素，有利于招来观众、媒介和赞助商的关注，有助于体育赛事的推广。

不同的运动项目比赛有着其独特的魅力，而不同的人群对不同的运动竞赛项目产生的兴趣也不同，从人们对竞赛的喜好程度和数量上，也会间接地表现出社会分层，赛事运作的市场接纳程度。因此，为了满足不同人群的喜好，常常需要对体育比赛的方式和方法进行相应的修改，以增加了体育赛事的精彩程度。

3. 体育赛事的活动形式

当前，体育赛事的种类和活动形式交叉纷呈，从体育赛事的功能来看，既有综合性的，也有单项的；既有跨地区、跨行业、跨部门的，也有单一行政系统的；既有长期固定的，也有临时或一次性的。既有经营性的，如商业性赛事，也有福利性的，如义赛。更有相当部分是娱乐性的。因此，体育赛事的活动形式是根据社会生活的需要和体育自身规律的发展，按照不同参与群体和组织、不同的目的和需求来举行的。换言之，体育赛事的职能不同，决定了体育赛事的活动形式不同，从而决定了体育赛事经营管理的特点与要求也就大不相同。

三、体育赛事经营管理的基本内容

体育赛事的经营管理是一个通过对目标市场分析，提高赛事质量，吸引观众、媒体和赞助商等群体的积极参与，从而实现预期目标的过程。

（一）体育赛事经营管理的主要内容

根据体育赛事本身的特点和经营管理的相关理论来看，体育赛事经营管理在某种意义上来说，也是一种服务经营与管理，它主要包括两个方面的内容：

1. 由赛事组织者主办或承办体育赛事，即为社会提供赛事产品及其相关服务。

2. 满足赛事消费者的需求，在供给和需求之间进行必要的协调。

（二）体育赛事经营的产品及其服务

体育赛事产品有很多，其主要分为两大类：一类是无形产品，如竞赛表演的一系列相关服务；另一类是有形产品的供给，如赛事纪念品。有些体育赛事产品由于具有较好的经济效益，故在赛事总收入中所占比例也相对较高。因此，人们可以通过对这些产品的开发和营销来提升体育赛事的收益水平，从而实现体育赛事经济效益的预期目标。

体育赛事经营的产品及服务主要有以下几种：

1. 电视转播权

目前，国际上许多体育赛事，尤其是大型体育赛事，将电视转播权作为一项体育赛事经营收入的"主导产品"。一些体育比赛项目因为其具有广泛的群众基础，同时，随着电视转播效果也越来越好，便形成了较为完整体系的赛事产业，比如"美国 NBA 篮球比赛"、"欧洲职业足球联赛"和"F1 大奖赛"等，由世界顶尖水平运动员参加的各类赛事，吸引了全球的关注。

当今的体育电视节目与体育项目自身的发展已经紧密地联系在一起，因此，从体育赛事经营管理的角度来看，需要了解和研究观众对电视转播的需求规律以及影响因素，从而能够提供符合观众需求、有利于扩大体育赛事影响，拓展更大的利润空间。

2. 广告与赞助

广告与赞助是体育赛事的经营管理中极为重要的部分。体育赛事的赞助主要指以体育为主题，以竞赛活动为载体，通过利益交换的形式来实现各自目标的一种特殊的商业行为。当今时代体育赞助已经不只是简单的企业向赛事出钱而已，而是逐渐演变为一种更为复杂的商业行为。近些年来，体育赛事不断向市场化和商业化的方向发展，同时越来越多的商业化运作手段被运用于体育赛事的经营管理中，而体育赛事的赞助和广告是这一发展过程中不可或缺的内容。赞助商通过对体育赛事的赞助从而让自己的品牌变得更易被观众亲近，以此来促进赞助商品牌知名度的提升和企业产品的销售增加。

此外，赛事广告也是赞助商展示企业实力，借此提高企业在消费者心中形象的极佳平台，也是企业营销产品的良好机会。随着体育赛事尤其是大型体育赛事的成功运作，赛事广告的开发也越来越深入、广泛，体育赛事的广告也逐渐从一开始单一的场地广告延伸到各个方面，包括专利广告、活动广告、印刷品广告、延伸产品广告、全场广告等多种形式和载体。

3. 门票

门票销售是体育赛事运营的重要部分，但门票销售的好坏不仅仅取决于竞技水平的高低，其还受到赛事的娱乐功能是否丰富、赛事的营销推广是否到位、门票销售渠道是否通畅、门票价格制定是否合理等诸多因素的影响。此外，社会环境中各种经济、政治、文化等各种复杂因素都会制约着门票的销售情况，例如许多职业高尔夫球巡回赛在门票销售创收上就遇到了困难，通常把门票都给了赞助商。在这种情况下，赛事主要依靠赞助收入，而门票赠送则常常作为赞助商回报的一部分。

不过，在赛事运作的实践中，赛事组织者可以通过寻求各种营销手段来增加门票销售，例如套票（赛季的门票）的销售；例如在比赛场边设立各种规格的包厢，以及通过现代网络技术例如手机、上网订票和上门送达等方式，积极扩大门票的销售渠道，等等。

4. 特许商品及指定服务

当今的体育赛事经营越来越重视赛事特许商品的开发和生产（如带有体育赛事标识的纪念品或指定生产的生活用品等），以及体育赛事中的指定服务（如交通、印刷、通讯、邮政和接待以及器具的使用，等等），也已经成为体育赛事特许经营的主要内容，已经成为体育赛事市场资源开发和利用的重要部分之一，其也是一个将体育赛事的无形资产转换为有形资产的重要途径。人们发现，特许经营还在宣传赛事形象、展现赛事承办地文化与社会发展方面显示出重要性。

四、体育赛事经营管理的基本方式

(一)制订体育赛事计划

制订体育赛事经营管理计划主要有以下几个步骤：

1. 确定目标

目标是未来行动的出发点和最终归宿，应该尽量准确，通常由数量指标和质量标准来表示。在确定目标时应该注意以下原则：

(1)先进合理性原则。目标不能太高也不能太低，要制定的恰如其分，应尽可能使目标既具有挑战性和激励性，同时又是通过努力可以实现的。

(2)可检验性原则。即制定的目标应是清晰明了，可以检验的。这就要求在制定目标时，尽可能使用一些明确的数量指标来表示，有些指标无法直接用数量来表示，可以借助一些间接的指标来表示。

2. 分析经营环境

环境条件具体包括社会政治经济条件、当地的教育科技水平、社会文化心理、民族传统习惯、人口与自然资源、体育事业的发展水平等。只有了解了计划执行时期的预期环境，即计划实施的假设条件，才能使计划目标符合实情，也才能充分利用一切可能利用的有利条件，发挥优势，并把各种不利的限制条件转化为无害条件和有利条件。

3. 提出经营方案

一个计划制订之前，必须要有几个可供选择的方案拿出来以供选择。因此，备选方案的质量在很大程度上影响决策的质量。为了保证备选方案的质量，首先要注意以确定地掌握准确的目标为中心，避免备选方案偏离目标而无的放矢。

4. 确定最终方案

对几个可行的备选方案采用经验判断、数学分析等定性和定量决策方法，仔细分析各个方案的优劣。从备选方案中选择出较为理想的方案，加以不断地补充完善。在现实中，决策方案的选择往往采取相对满意的标准。

5. 编制经营计划

首先是体育赛事的相关职能部门在调查研究、听取各方面意见和权衡利弊的基础上来确定未来的体育赛事打算，进而制订体育赛事的计划。

目前，在我国要举办体育赛事，通常是由各地区、各部门根据上级机关下达的控制数字，结合本地区、本部门的具体情况组织编制计划草案，然后逐级上报上级决策机关。由最高决策机构最后进行汇总和综合评价，制订出指导全局的计划草案，然后报请有关部门审定，经主管部门审批后，作为正式计划文件下达各部门、各地区和基层单位贯彻实施。

（二）决策与实施体育赛事计划

1. 体育赛事经营管理的决策

诺贝尔经济学奖获得者曾经说过："管理就是决策"，非常明确地表达了决策的重要性，可以毫不夸张地说，决策就是管理的核心。体育赛事的经营管理是一项涉及诸多因素相互作用与影响的系统工程。为协调好系统内部及系统内部环境与外部环境之间的关系，有效地利用和合理配置体育赛事的资源，为体育赛事运作创造良好的内外部环境，必须对任何一项未来的实践活动进行正确的判断与决定，这就是决策。

体育赛事决策的方法最常用的有两大类，一类是定性决策方法，另一类是定量决策方法。

（1）定性决策方法。定性决策是指直接利用人们的知识、经验和能力，在决策中利用已知的情报和资料，定性地对方案作出评价和选择。它适用于受社会影响因素较大、所含因素错综复杂的综合性战略问题决策。这种决策应用起来省时省力、灵活简便，但缺乏严格论证，主观成分多。定性决策方法的形式有很多，常见的有特尔菲法、头脑风暴法、对演法。

（2）定量决策方法。定量决策是建立在数学方法基础上的决策。它是把决策变量之间的关系用数学模型表示出来，然后根据决策条件，通过计算求得决策方案评价的依据。定量决策方案具有严格的数学论证，在决策所依据的资料充足、可靠的条件下，具有很高准确性。应用数学模型进行管理决策，需经过确定问题并使之结构化、建立模型、模型求解、检验解法、建立控制、贯彻解法等步骤。常用的数学模型有：①规则模型。它是研究如何将有限的人力、物资、设备、资金等资源最恰当、最有效地分配给有关的各项活动的模型，包括线性规划、非线性规划、整数规划和动态规划等模型。②投入产出模型。它是用于综合平衡的一种方法。③预测模型，其包括直观预测模型、外推预测模型和回归预测模型。

2. 体育赛事经营管理的实施

体育赛事的经营管理实质上是对体育赛事运作过程的经营与管理。人、财、物、时间、信息等都是体育赛事经营管理的重要资源，因此，在具体实施过程中，必然要涉及以下几项内容：

（1）配备人员。对组织系统内部的人力进行统筹安排，就是配备人员的过程。配备人员的总体要求是：从目标任务出发，同时考虑需要与可能，择优选用，精简经济，配备人员包括数量配备和质量配备。前者是从数量上满足既定工作任务对人力的需要，解决配备多少人的问题，要注意以各类工作人员的工作定额为计算基础，各类工作人员的配备数量等于各自承担的工作总量与工作定额之比；掌握任务、人、财、物之间比例关系的规律；人员配备数量的多少要以不同地区具有代表性的平均数为准；同时还要注意照顾到不同地区的情况，做到区别对待。后者则是要从质量上保证所配备的人员能充分胜任工作任务，解决配备什么样的人的问题。质量配备要从人员素质的个体结构和群体结构两个方面进行优化配备。

（2）建立工作规范。建立工作规范是管理组织优化运行的基本保证。在体育赛事管理的组织实施过程中，最重要的是建立各类岗位职责、工作流程、考核与奖惩制度等。制定各部门的基本职责及其工作范围。基本职责就是所承担的任务，工作范围即所管辖的界限。在将目标计划分解落实到各部门的基础上，制定出各部门的责任制，使其有所归，并收到分工合作之效。各部门要积极创造条件，尽力履行自己的职责，完成自己的使命，不推诿给上级和其他部门，在明确职责的同时，必须规定其相应的权利，使之权责相配。

各部门的任务和责任分解到每个岗位，就形成了每个岗位必须履行的责任，每个人在组织内所处的地位与所负的责任大小也不同。岗位责任制是根据每个人的职责范围与分工，从上到下地一层层建立起来的，最终落实到每个人。组织中每个人的责任的总和就构成了组织活动的全部。

对各项工作制定衡量标准，明确规定完成的数量、质量以及完成的时间等等，有助于进行执行与考核。有了工作职责、岗位责任和标准，还必须有严格有效的考核与奖惩制度，才能及时全面地了解职责与规定的执行情况，实现对组织活动的有效控制。

(3)授予权力。权利是完成职责的必要手段。所谓授权是指上级给予下属一定的责任和权力的过程，以使其下属在一定的监督之下，处理问题时有相当的自主权。在实际授权过程中，应灵活运用授权的基本原则，包括权责对等原则，要使权力与职责二者一致；责任绝对原则，即"授权留责"，分权而不放任；目标原则，即授权应围绕既定目标，按预期成果进行；边界原则，即所授之权应明确规定其实施范围和等级层次的界限；控制原则，即把各种权力委任给下级的同时，上级授权者要实行统一指挥和有效的监督控制，保证适度的干预频度。

(4)总体指挥。总体指挥是对组织运行全过程的各项具体工作环节进行领导和指导。正确有效的总体指挥，对组织运行具有重要作用。实现有效的总体指挥，必须做到：建立强有力的指挥系统和信息网络系统；要正确合理地运用指挥者的指挥权力；要对管理环境有确切的了解；要懂得管理经验与艺术的结合并正确运用各种管理方法及手段，等等。

(三)控制体育赛事过程

所谓控制，是指为保证体育赛事经营管理过程的顺利进行而采取的一系列活动。因为，合理有效地确保体育赛事经营管理系统的各项工作能够正常运转，则是提高经营管理效率，实现经营管理目标的重要手段。

体育赛事经营管理的控制方法主要有以下几种：

1. 计划控制

计划控制是基本的控制方式，通常按三个程序进行：

(1)确定总目标及反映总目标的各项指标或标准。

(2)预测在实现经营管理目标过程中会产生的影响因素。

（3）根据现有条件及未来可能受到的影响制定出保证目标实现的措施和办法。

2. 目标控制

是指采用目标管理方法所进行的控制方式，通过制定目标体系，规定各体育赛事管理层次的目标，并且按目标达成的程度来进行控制。

3. 预算控制

是对体育赛事运营中的资金运转的控制，用货币的形式制定出各个经营管理系统内的预算，把经营管理系统的所有活动纳入预算的范围，从而在预算规定的范围内进行运转活动的一种控制方式。

4. 定额控制

是指为在经营管理过程中，能够发挥人、财、物等资源的最大效用，实行严格的定额管理的控制方式。通过制定人员的定编、劳动定额或工作量、物资消耗定额及经费定额等管理措施，来提高经营管理的效益。

如上所列的控制方法，在体育赛事运营过程中，常常是综合运用的，只不过是对其中某种控制方法有所偏重罢了。值得一提的是，我国体育赛事还有一种基本的控制方法，即政策和规章制度控制方法。它是通过制定相关的政策及规章制度来对体育赛事经营管理进行控制。

（四）对体育赛事进行收尾与评价

1. 体育赛事的收尾

体育赛事结束后管理是对体育赛事管理要素的清理工作，这主要表现在后勤工作和竞赛工作上，包括：

√　场馆内的拆卸和清理工作。

√　器材、设备的归还、转让、出售和处理。

√　有关体育赛事运营管理部门的财务结算。

√　以各种形式向帮助体育赛事运营管理的有关部门、人员表示感谢。

√　办理各队离赛的各种手续，确保及时离去。

√　借调的有关人员返回原单位。

√　用于比赛的场地、器材、服装、用具等物资设备的及时归还、转让、出售和处理工作。

√　竞赛财务决算，平衡账目。

√　汇编、寄发比赛成绩册和其他技术资料。比赛成绩册的编制，应根据各项竞赛规程中有关录取名次和计分方法的规定。成绩册的主要内容依次为：破纪录情况，各单项名次情况，获其他奖励名单及各项目比赛成绩表。

    ✓   填报等级运动员和破纪录成绩。

    ✓   移交、整理有关文档资料。

    ✓   比赛成绩编制和印发。

    ✓   向新闻单位发布运动竞赛的有关情况。

    ✓   竞赛工作总结,上报当地党政机关和上级体育部门。属于承办全国竞赛的赛区,还须填报赛区情况统计表。

    ✓   评比表彰工作。对参与大会工作的单位和个人、支持与协助大会的单位和个人,以及竞赛的各级组织者、指挥者和工作人员进行表彰,表示致谢。

2. 体育赛事的评价

体育赛事评价是指对体育赛事实施仔细观察、测量和监视,以便正确评估结果的过程。体育赛事评价可以提供体育赛事的基本轮廓和重要的统计结果,为体育赛事参与者提供反馈,为体育赛事分析和提高服务,在体育赛事管理过程中扮演一个重要的角色。体育赛事的评价结果可以为新闻媒体服务,通过新闻媒体的报道宣传体育赛事所取得的成效,推广体育赛事,为未来可能再出现的重复体育赛事在计划和寻求赞助上打下良好的基础。

体育赛事评价是管理循环过程中的一环。根据体育赛事管理活动过程,评价可以分为体育赛事前评价(可行研究);体育赛事实施过程评价(人力资源管理的评价、风险评价等);体育赛事后评价(经营绩效评价、财务评价等)。事前评价明确体育赛事可能的成本和体育赛事的效果,以供体育赛事拥有者决策。体育赛事实施过程评价是为了确保体育赛事是否按既定的轨道前进,使体育赛事管理者能够及时反应和对体育赛事计划进行调整。体育赛事后评价的主要目的在于发现问题、总结得失、积累经验,以为以后体育赛事提供参考。

体育赛事评价可以运用数据收集、观察、反馈会议、调查问卷和测量等手段。体育赛事分有形和无形影响,无形影响是难以进行量化评价的,只有通过描述性进行评价,这主要集中在对社区的社会和文化影响上以及体育赛事长远的影响上。收集信息的方法有许多种,本文认为对于无形影响的评价可以运用社会学的一些研究方法,如对观众的反应评价,可以运用等级量表(5 个等级)测量。

复习思考题

    [1]什么是职业体育俱乐部的经营管理?

    [2]试析职业体育俱乐部的组织管理结构。

［3］简述职业体育俱乐部经营管理的基本内容及方式。

［4］什么是休闲健身体育俱乐部的经营管理？

［5］试析休闲健身俱乐部的组织管理结构。

［6］简述休闲健身俱乐部经营管理的基本内容及方式。

［7］什么是体育赛事经营管理？

［8］试析体育赛事的组织管理结构。

［9］简述体育赛事经营管理的基本内容及方式。

参考文献

[1]肖林鹏. 现代体育管理(第二版)[M]. 北京：北京体育大学出版社，2009.

[2]肖林鹏. 体育资源概论[M]. 北京：人民体育出版社，2009.

[3]孙汉超，秦椿林. 体育管理学[M]. 北京：人民体育出版社，1999.

[4]高雪峰，刘青. 体育管理学[M]. 北京：人民体育出版社，2009.

[5]孙汉超，秦椿林. 实用体育管理学[M]. 北京：人民体育出版社，2004.

[6]北京体育学院《体育运动管理学》编写组. 体育运动管理学(试用教材)[Z]. 1985.

[7]国家体委百科全书体育卷编写组编印. 宇土正彦著. 体育管理学，1977.

[8]芮明杰. 管理学——现代的观点[M]. 第二版. 上海：上海人民出版社，2005.

[9]王子平，冯百侠，徐静珍. 资源论[M]. 石家庄：河北科学技术出版社，2001.

[10]于冬红，彭和平. 组织行为学[M]. 北京：中共中央党校出版社，1999.

[11]于显洋. 组织社会学[M]. 北京：中国人民大学出版社，2001.

[12]朱国云. 公共组织理论[M]. 南京：南京大学出版社，2003.

[13]张瑞林，秦椿林. 体育管理学(第二版)[M]. 北京：高等教育出版社，2008.

[14]加雷思·琼斯，珍妮弗·乔治，查尔斯·希尔. 当代管理学[M]. 北京：人民邮电出版社，2003.

[15]詹姆斯·托马，劳伦斯·查里普. 国际体育管理[M]. 北京：人民体育出版社，2003.

[16]伯尼·帕克豪斯. 体育管理学——基础与应用[M]. 第三版. 北京：清华大学出版社，2003.

[17]刘兵. 新编体育管理学教程[M]. 上海：复旦大学出版社，2004.

[18]段万春. 组织行为学[M]. 第二版. 重庆：重庆大学出版社，2007.

[19]吴培良，郑明身，王凤彬. 组织理论与设计[M]. 北京：中国人民大学出版社，1998.

[20]程文广. 管理学中的定性与定量方法比较研究[J]. 商场现代化，2007，（31）：160－161. 101.

[21]Li，M.，Pitts，B.，Quarterman，J.（2008）. Research methods in sport management. Morgantown，WV：Fitness Information Technology Inc.

[22]Lisa P. Masteralexis（Author），Carol Barr（Author），Mary Hums.（2009）. Principles And Practice Of Sport Management. Aspen Publishers，Inc.

[23]Ming Li.（2008）. The development of sport management in the USA. Ohion University.

[24]韩春利. 体育人力资源开发与管理[M]. 上海：复旦大学出版社，2005，36.

[25]赵桂银，王正欧. 体育人才学[M]. 北京：人民体育出版社，1993.

[26]肖林鹏. 现代体育管理（第二版）[M]. 北京：北京体育大学出版社，2009.

[27]肖林鹏. 体育资源概论[M]. 北京：人民体育出版社，2009.

[28]窦胜功. 人力资源开发与管理[M]. 沈阳：沈阳出版社，2000，347.

[29]陈佳贵. 人力资源管理[M]. 广州：广东经济出版社，2000.

[30]王通讯. 人才资源论[M]. 北京：中国社会科学出版社，2001.

[31]谌新民. 新人力资源管理[M]. 北京：中央编译出版社，2002.

[32]芮明杰. 管理学——现代的观点[M]. 上海：上海人民出版社，1999，21.

[33]肖林鹏. 中国竞技体育资源调控与可持续发展[M]. 北京：北京体育大学出版社，2006：121.

[34]程媛，蒋建华. 人力资源开发的知识基础[N]. 中国教育报，2008-02-05.

[35]李卫华. 知识经济时代体育人力资源开发的新思考[J]. 集团经济研究，2005，12，下半月刊：199－200.

[36]曹康琳，王鹏，汤叶涛. 资源开发利用与可持续发展问题探讨[M]. 资源开发与市场，1998，14(5)：235－238.

[37]尚杰，马波. 资源经济学[M]. 哈尔滨：哈尔滨出版社，2000，91.

[38]陈勇军. 不同经济模式下体育资源的配置方式及其评价[J]. 南京体育学院学报，2001，15(6)：22.

[39]望山. 人力资源配置的三种模式和三个目标[J]. 唯实，1996，4：41.

[40]陈勇军. 不同经济模式下体育资源的配置方式及其评价[J]. 南京体育学院学报，2001，15(6)：23.

[41]张忠秋. 论高水平优秀运动员的激励原则[J]. 上海体育学院学报，1994，18(2)：16－19.

[42]吕万刚. 竞技体操创新激励机制类型与激励方法[J]. 武汉体育学院学报，2004，38(3)：83－86.

[43]肖林鹏. 现代体育管理(第二版)[M]. 北京：北京体育大学出版社，2009.

[44]肖林鹏. 体育资源概论[M]. 北京：人民体育出版社，2009.

[45][美]马修·D·尚克(Matthew D. Shank). 体育营销学——战略性观点(第2版)[M]. 北京：清华大学出版社，2003.

[46][美]Dennis R. Howard，John L. Crompton. 体育财务(第2版)[M]. 北京：清华大学出版社，2006.

[47][美]迈克尔·利兹，彼得·冯·阿尔门. 体育经济学[M]. 北京：清华大学出版社，2003.

[48]郭复初. 财务通论[M]. 北京：立信会计出版社，2000.

[49]闵健，李万来，刘青. 公共体育管理概论[M]. 北京：北京体育大学出版社，2005.

[50]余海宗. 初级会计学[M]. 成都：西南财经大学出版社，2007.

[51]孙汉超，秦椿林. 体育管理学[M]. 北京：人民体育出版社，1999.

[52]德斯勒，曾湘泉. 人力资源管理(第十版)[M]. 北京：中国人民大学出版社，2007.

[53]肖林鹏. 体育资源概论[M]. 北京：人民体育出版社，2009.

[54]肖林鹏. 现代体育管理(第二版)[M]. 北京：北京体育大学出版社，2009.

[55]孙汉超，秦椿林. 体育管理学[M]. 北京：人民体育出版社，1999.

[56]高雪峰，刘青. 体育管理学[M]. 北京：人民体育出版社，2009.

[57]孙汉超，秦椿林. 实用体育管理学[M]. 北京：人民体育出版社，2004.

[58]《马克思恩格斯全集》第23卷[M]. 北京：人民出版社，1972.

[59]马克思：《资本论》第 1 卷[M]. 北京：人民出版社，1963.

[60]马志和，马志强，戴健等. "中心地理论"与城市体育设施的空间布局研究[J]. 北京体育大学学报，2004，27(4)：445－447.

[61]胡斌，王冰冰，李元. 趋势与选择——复合型体育设施设计前期问题探讨[J]. 新建筑，2005，(1)：55.

[62]约迪·维沃尔杜. 巴塞罗那奥运场馆赛后运营模式[Z]. 北京：奥运场馆建设运营国际论坛，2005-04-18.

[63]林显鹏. 让我欢喜让我忧——体育场馆运营之路[Z]. 北京：2009 中国国际体育产业高峰论坛，2009-01-11.

[64]赵树安. 高校体育馆使用效率与效益研究[J]. 哈尔滨体育学院学报，2005，(5)：35.

[65]麦建琳. 香港体育馆的运营与发展[Z]. 北京：奥运场馆建设运营国际论坛，2005-04-18.

[66]林显鹏. 国外社区体育中心的建设与经营管理研究[J]. 体育科学，2005，25(12)：15.

[67]沈祖芸. 首批全国学校体育场馆向社会开放试点区命名[N]. 中国教育报，2006-08-07.

[68]肖林鹏. 现代体育管理(第二版)[M]. 北京：北京体育大学出版社，2009.

[69]高雪峰，刘青. 体育管理学[M]. 北京：人民体育出版社，2009.

[70]金钦昌. 学校体育学[M]. 北京：高等教育出版社，1995.

[71]孙汉超，秦椿林. 体育管理学教程[M]. 北京：人民体育出版社，1996.

[72]孙汉超，秦椿林. 体育管理学[M]. 北京：人民体育出版社，1999.

[73]李宗浩，曲天敏. 体育管理学 体育经济学[M]. 桂林：广西师范大学出版社，2001.

[74]秦椿林，张瑞林. 体育管理学[M]. 北京：高等教育出版社，2002.

[75]孙汉超，秦椿林. 实用体育管理学[M]. 北京：人民体育出版社，2004.

[76]于小霞. 学校体育教育手册（下）[M]. 天津：天津人民出报社，1997.

[77]肖林鹏. 社会体育管理[M]. 北京：北京体育大学出版社，2005.

[78]肖林鹏. 现代体育管理(第二版)[M]. 北京：北京体育大学出版

社，2009.

[79]高雪峰，刘青. 体育管理学[M]. 北京：人民体育出版社，2009.

[80]孙汉超，秦椿林. 体育管理学[M]. 北京：人民体育出版社，1999.

[81]董新光. 全民健身大视野[M]. 北京：北京体育大学出版社，2003.

[82]秦椿林，王凯珍，肖林鹏. 体育健身活动的组织与管理[M]. 北京：北京体育大学出版社，2003.

[83]罗普磷. 社会体育管理学教程[M]. 北京：北京体育大学出版社，2008.

[84]关于加强城市社区体育工作的意见. 1997 年 4 月 2 日国家体委、国家教委、民政部、建设部、文化部发布.

[85]国家体育总局 中华全国总工会. 关于进一步加强职工体育工作的意见. 体群字〔2010〕88 号.

[86]农村体育工作暂行规定. 体群字〔2002〕53 号.

[87]肖林鹏. 现代体育管理（第二版）[M]. 北京：北京体育大学出版社，2009.

[88]肖林鹏，叶庆晖. 体育赛事项目管理. 北京体育大学出版社，2005.

[89]刘青. 运动训练管理教程[M]. 北京：人民体育出版社，2007.

[90]秦椿林，张瑞林. 体育管理学[M]. 北京：高等教育出版社，2002.

[91]孙汉超，黄明教. 运动训练管理学[M]. 北京：人民体育出报社，1995.

[92]孙汉超，秦椿林. 体育管理学[M]. 北京：人民体育出版社，1999.

[93]体育院校函授教材. 运动训练学[M]. 北京：人民体育出版社，1999.

[94]李宗浩，曲天敏. 体育管理学 体育经济学[M]. 桂林：广西师范大学出版社，2001.

[95]田麦久. 运动训练学[M]. 北京：人民体育出版社，2001.

[96]张大成，李宗浩. 运动训练科学化手册[M]. 北京：人民体育出版社，1993.

[97]张文健. 职业体育组织演进与创新[M]. 北京：北京体育大学出版社，2006.

[98]肖林鹏. 现代体育管理（第二版）[M]. 北京：北京体育大学出版社，2009.

[99]肖林鹏. 社会体育管理[M]. 北京：北京体育大学出版社，2005.

［100］肖林鹏，叶庆晖．体育赛事项目管理［M］．北京：北京体育大学出版社，2005．

［101］刘平江．体育俱乐部的经营与管理［M］．北京：北京航空航天大学出版社，2009．

［102］刘清早．体育赛事运作管理［M］．北京：人民体育出版社，2006．

［103］邹统钎．中外俱乐部经营与管理案例［M］．北京：旅游教育出版社出版，2006．

［104］约翰·艾伦等著，王增东，杨磊译．大型活动项目管理［M］．北京：机械工业出版社，2002．

［105］菲利普·科特勒，凯文·莱恩·凯勒．活动项目策划与管理［M］．北京：旅游教育出版社，2004．

［106］周学云，陈林祥．我国综合性体育赛事资源开发［M］．北京：人民体育出版社，2008．

［107］李颖川．体育赛事经营管理［M］．北京：人民体育出版社，2008．

［108］王守恒，叶庆辉．体育赛事管理［M］．北京：高等教育出版社，2007．